相続法実務入門
Law of succession

Hirokazu Murakami

村上博一 著

弁護士・関西学院大学大学院司法研究科教授

関西学院大学出版会

はしがき

　きっかけは「ブログ書いてくれませんか。」という一言でした。

　大学の後輩に不動産鑑定士さんがいるのですが、専門家ブログをつくったので原稿を募集しているといわれました。当時の村上は、弁護士バッチをつけて16年目、振り返ってみると、肩書は増えていましたが、著書・論文といった実績がありません。少し恥ずかしくなっていて、何かしようと考えていた頃でしたので、二つ返事でお請けしました。

　テーマを何にしようか迷ったのですが「相続法」を選びました。相続というのは誰にでも馴染み深い出来事なのですが、これに「法」がつくとすごく難しくなります。1つの原因は、学説と実務の乖離です。

　相続法を知る上で、一般の方が入手し易いものとしては、大学教授が執筆した教科書群がありますが、それでは実務に対応できません。結果として、素人の方が十分な基礎知識も得られないまま、遺言書を書いたり、遺産分割協議をしたり、家庭裁判所を利用しているのが現実で、それは望ましくありません。他方、家庭裁判所関係者等が執筆した書籍もありますが、その記載はあまりに複雑で、専門家（特に若手実務家）ですら、一読しただけでは、十分理解できません。ただ、これが相続法の現状です。先だって、第78回日本私法学会が開かれ「現代相続法の課題」というシンポジウムがありましたが、そこでの基調報告の第一声は「戦後の相続法の議論を俯瞰したとき、そこでは、一方で、原理・原則をめぐる大上段の議論が存在し、他方で、細部についてのきわめて詳細な問題分析や解釈論が示されてきた」というものでした。

　しかし、そのような状況は好ましくなく、その穴を埋めようと、毎回読み切り形式で、半年ほどコラムを書き続けました。気付くと300頁を超え

ており、連載の中で村上の考えも少しまとまってきましたので、勤務先の関西学院大学出版会に相談したところ、御厚意により出版させて頂くことになりました。

　判り易く書いたつもりですが、実務を理解することを念頭に、素人とはいえ現実に相続問題を抱えている方、若手とはいえ専門家である実務家の方を対象にしていますので、レベルは高めだと思います。

　最後に、筆不精な村上が、本書出版にまで漕ぎ着けたのは、冒頭でふれた不動産鑑定士の伊東玉喜先生、関西学院大学出版会の田中直哉さんのおかげです。それから、村上の所属する弁護士法人村上・新村法律事務所で事務局をしてくれている圓藤佳世子さん、村上の教え子で現在司法修習生である横山大樹君には、校正その他で並々ならぬ協力を頂きました。謹んで感謝したいと思います。

　　　2014年11月

　　　　　　　　　　　　　　　　　　　　　　　　村上　博一

目　次

はしがき　iii

第1章　身寄りのない人のための法制度 ―――― 1

1–1　相続人の不存在　2
1–2　生前に有益な制度　任意後見制度と法定後見制度　4
1–3　生前にしておくこと　仏壇・墓　7
1–4　死後事務処理委任契約　9
1–5　遺言など　12

第2章　相続人・相続権 ――――――――――― 15

2–1　親族とは？　血族とは？　16
2–2　相続人とは？　養子縁組による二重資格の法定相続人　19
2–3　相続欠格とは　22
2–4　相続欠格事由5号が問題になる例　24
2–5　相続欠格事由5号に関する判例①　判決の概要　27
2–6　相続欠格事由5号に関する判例②　二重の故意論の解釈　30
2–7　相続廃除とは　33
2–8　非嫡出子相続差別違憲決定①　争点と最高裁判断　35
2–9　非嫡出子相続差別違憲決定②　今後の影響　39

第3章　相続放棄 ――――――――――――――― 41

3–1　相続放棄の熟慮期間の始期①
　　　いつから期間を計算するのか　42
3–2　相続放棄の熟慮期間の始期②
　　　特段の事情がある場合とは　45
3–3　相続放棄の熟慮期間の始期③
　　　特段の事情がある場合の解釈の広がり　48
3–4　相続放棄の熟慮期間の始期④

特段の事情がある場合──判断要素　51
3–5　相続放棄ができない場合
　　　相続財産の処分①　債権の取り立て　53
3–6　相続放棄ができない場合
　　　相続財産の処分②　動産の処分と祭祀関連費　56
3–7　再転相続と相続放棄　59
3–8　再転相続における相続放棄の順序①　具体例　61
3–9　再転相続における相続放棄の順序②
　　　昭和63年6月21日最高裁判決　63
3–10　再転相続に関する考察　66
3–11　相続放棄と不動産登記①　債権者等への対抗　69
3–12　相続放棄と不動産登記②　遺産分割協議の場合との比較　72
3–13　相続放棄の撤回・錯誤無効　75
3–14　動機の錯誤による相続放棄の無効　77
3–15　相続放棄に関する総合問題　79

第4章　遺産分割協議 ── 81

4–1　具体的相続分とは①　法定相続分との違い　82
4–2　具体的相続分とは②　特別受益の計算例と立証のポイント　85
4–3　具体的相続分とは③
　　　寄与分の計算例と特別受益との比較　90
4–4　遺産分割協議の進め方①　相続人等の確認（行方不明者）　93
4–5　遺産分割協議の進め方②　相続人等の確認（藁の上の養子）　95
4–6　遺産分割協議の進め方③　相続人等の確認（胎児その他）　98
4–7　遺産分割協議が無効になる場合①　不在者の存在　100
4–8　遺産分割協議が無効になる場合②
　　　錯誤と詐欺／遺言に違反する分割　102
4–9　遺産分割協議が成立していない場合における
　　　銀行預金の払戻し　106
4–10　遺産分割協議の諸問題（財産の不足分・解除）　108

第5章 特別受益・寄与分 ———————————— 111

- 5–1 特別受益① 認められる場合と特別受益者の範囲　112
- 5–2 特別受益② 評価基準時等と持ち戻し免除　115
- 5–3 特別受益③ 生計の資本としての贈与①
  不動産（借地権譲渡と土地無償使用）　117
- 5–4 特別受益④ 生計の資本としての贈与②
  不動産（建物無償使用）　119
- 5–5 特別受益⑤ 生計の資本としての贈与③
  現金等（借金の肩代わり・学費等）　121
- 5–6 特別受益⑥ 生計の資本としての贈与④
  現金等（生命保険金等）　123
- 5–7 寄与分① 遺留分・被相続人の意思（遺贈）との関係　127
- 5–8 寄与分② 現実的な遺留分との関係　130
- 5–9 寄与分③ 労務提供型　133
- 5–10 寄与分④ 財産給付型　135
- 5–11 寄与分⑤ 被相続人の経営する会社に対する寄与　137
- 5–12 寄与分⑥ 相続人の経営する会社による寄与　141
- 5–13 寄与分⑦ 療養看護型（配偶者）　143
- 5–14 寄与分⑦ 療養看護型（特別の寄与に関する目安と評価方法）　145
- 5–15 寄与分⑧ 扶養型　149

第6章 遺産分割審判 ———————————————— 153

- 6–1 遺産分割審判とは①
  判決との違いと注意点（公開・既判力との関係）　154
- 6–2 遺産分割審判とは② 手続きの流れと調停との関係　158
- 6–3 遺産分割審判の対象となるもの①
  物権等（不動産や賃借権等）　159
- 6–4 遺産分割審判の対象となるもの②
  債権等（金銭債権・預貯金・株式・社債等）　161
- 6–5 遺産分割審判の対象となるもの③　現金　165
- 6–6 遺産分割審判における使途不明金①
  預貯金の調査と付随問題　168
- 6–7 遺産分割審判における使途不明金②

　　　　　　死亡前の引き出し（特別受益）　170
6–8　遺産分割審判における使途不明金③
　　　　死亡前の引き出し（被相続人の為にしたという主張）　173
6–9　遺産分割審判における使途不明金④
　　　　死亡後の引き出し　176
6–10　相続における葬儀費用、遺産管理費用（固定資産税等）の負担の取扱い　180

第7章　遺言 ────────── 183

7–1　子供のいない夫婦の遺言①　問題の所在　184
7–2　子供のいない夫婦の遺言②　具体的な遺言の方法　186
7–3　子供のいない夫婦の遺言③　共同遺言とは　190
7–4　精神的障害のある子供のいる人の遺言①　後見人　192
7–5　精神的障害のある子供のいる人の遺言②
　　　　相続における財産問題　194
7–6　資産を細分化しないための遺言①　特定の資産の相続　197
7–7　資産を細分化しないための遺言②
　　　　敷金・株式等の相続に関する問題点　201
7–8　遺言能力とは①　遺言無効に関する基礎知識　204
7–9　遺言能力とは②
　　　　遺言能力の有無の判断とは？　遺言無効となる場合　207
7–10　遺言能力とは③　認知症と遺言能力に関する判例　211
7–11　遺言能力とは④　医師の診断書と公正証書遺言の問題点　215
7–12　自筆証書遺言と公正証書遺言の違い　218
7–13　自筆証書遺言の誤記訂正の有効性　221
7–14　自筆証書遺言の訂正の方法　224
7–15　自筆証書遺言の要件①　全文自書　226
7–16　自筆証書遺言の要件②　日付　229
7–17　自筆証書遺言の要件③　氏名の自書と押印　232

第8章　遺言執行 ────────── 235

8–1　遺言執行者①　遺言できる事項等の確認　236
8–2　遺言執行者②

8–3　遺言執行者③　特定の不動産の遺贈と登記の必要性　245
8–4　遺言執行者④　防衛的機能（処分行為の無効）　247
8–5　遺言執行者⑤　借地権の付着した建物の遺贈　250
8–6　遺言執行者⑥
　　　特定の不動産が遺贈された場合における登記手続　252
8–7　遺言執行者⑦
　　　遺贈不動産が第三者名義になっていた場合　254
8–8　遺言執行者⑧　特定の動産・債権が遺贈された場合　257
8–9　遺言執行者⑨
　　　特定の不動産を「相続させる」旨の遺言について　260
8–10　遺言執行者⑩
　　　相続財産の占有・管理は誰が行うのか（問題の所在）　264
8–11　遺言執行者⑪
　　　相続財産の占有・管理は誰が行うのか（平成10年判決）　266
8–12　遺言執行者⑫　相続財産の占有・管理は誰が行うのか（平成10年判決の射程範囲）　271

第9章　遺留分減殺請求権 ——— 275

9–1　遺留分侵害額の算定①
　　　相続債務がある場合の計算方法　276
9–2　遺留分侵害額の算定②　特別受益①
　　　過去の贈与も遺留分算定の際に含めるか　280
9–3　遺留分侵害額の算定③　特別受益②
　　　遺留分減殺請求の対象となるか　282
9–4　遺留分侵害額の算定④　特別受益③
　　　計算方法　285
9–5　遺留分侵害額の算定⑤　特別受益④
　　　最高裁と学説の見解の違い　287
9–6　遺留分侵害額の算定⑥　個別に相続する債務との関係　289
9–7　遺留分減殺請求権の行使①　その方法　292
9–8　遺留分減殺請求権の行使②　その効果　295
9–9　遺留分減殺請求権の行使③　価額弁償　299
9–10　遺留分減殺請求と取得時効　303

9–11 遺贈、死因贈与、生前贈与の遺留分減殺の順序　306

9–12 相手方複数等の場合の遺留分減殺請求　311

9–13 事業承継と遺留分に関する民法の特例①
従来の問題と適用要件　315

9–14 事業承継と遺留分に関する民法の特例②
合意と手続の留意点　320

9–15 事業承継と遺留分に関する民法の特例③
適用の効果と具体例　323

第10章　相続回復請求権 ―――― 327

10–1 相続回復請求権とは？　328

10–2 相続回復請求権の法的性質（集合権利説）　331

10–3 相続回復請求権の消滅時効①　884条の制度趣旨　333

10–4 相続回復請求権の消滅時効②
早期かつ終局的な確定についての考察　335

10–5 相続回復請求権の相手方　338

10–6 相続回復請求権と共同相続人①
相続権の侵害はあるのか　341

10–7 相続回復請求権と共同相続人②　主観的事情　343

10–8 相続回復請求権と共同相続人③　立証責任を負う者　345

10–9 相続回復請求権と共同相続人④　具体例　347

10–10 相続回復請求権と共同相続人⑤　遺産分割協議　351

参考文献　355

事項索引　357

判例索引　363

第*1*章

身寄りのない人のための法制度

　高齢化社会が進み、第三者の介助、介護（以下、介護等といいます。）を必要とする方が増えてきました。
　従来は「家族」という枠組みの中で、法律外で対応できることが多かったのですが、核家族化も進んだことから、老夫婦のみで生活する方や独り暮らしの老人もめずらしくなくなってきています。
　このような方は、頼れる家族がいないのですから、それに代わって第三者との間で契約を交わす等して、生活等の対応をしていくことが必要です。
　そこで、身寄りのない人を例に、その老後のための法制度について、検討したいと思います。

【この章で取り扱うテーマ】

- **1-1**　相続人の不存在
- **1-2**　生前に有益な制度　任意後見制度と法定後見制度
- **1-3**　生前にしておくこと　仏壇・墓
- **1-4**　死後事務処理委任契約
- **1-5**　遺言など

1–1 相続人の不存在

　両親、配偶者、子供、兄弟姉妹といった身寄りが全くない人が増えています。このような人（便宜上、Aと称します。）が、何もしないまま財産を残して亡くなった場合、どうなるでしょうか。

相続人の不存在
　身寄りがないのですから、戸籍の記載からも、配偶者、子供等の存在等は窺えないでしょう。ただ、例えば、父が死亡した場合、3年間は認知の訴えを提起でき（787条ただし書）それが認められるとその者が相続人ということになります。このような可能性も払拭できないことから、戸籍上相続人となるべき者が見受けられない場合であったとしても「相続人のあることが明らかでないとき（951条）」にあたるとされます。

　そして、このような場合を「相続人の不存在」と称し、利害関係人等の請求により相続財産管理人が選任（952条1項）され、その手続の中で対応した上で、それでも処分されない相続財産があればその財産は国庫に帰属するということになります（959条、反面、戸籍上相続人となるべき者の中に長年行方不明の人がいたとしても、失踪宣告等がなされていない場合は、戸籍の記載から「相続人のあることが明らか」なので、ここにいう「相続人の不存在」の規定は適用されません。）。

　しかし、せっかくの財産を国に取られてしまうことを快く思わない人も多いでしょう。そのようなときに利用されるのが遺言です。

ただ、遺言で出来ることは法定されており限られていますし、そもそも、遺言の効力は、Aが死亡した後にしか生じません。Aにしてみれば生前対応も大きな関心事でしょうから、Aの生前と死後とに分けて、身寄りのない人に有益な制度を遺言も含め、簡潔に紹介したいと思います。

1–2 生前に有益な制度
任意後見制度と法定後見制度

　両親、配偶者、子供、兄弟姉妹といった身寄りが全くない人（便宜上、Aと称します。）が増えています。
　相続人がいない場合、利害関係人等の請求により相続財産管理人が選任され、その手続の中で処分されない相続財産があればその財産は国庫に帰属することになります。
　財産を国に帰属させないため、遺言の活用も考えられますが、遺言で出来ることは限定されています。また、遺言の効力はAの死亡後にはじめて生じるものです。
　そこで、生前のAにとって有益な制度を紹介したいと思います。

　時系列的にいえば、Aの意思能力・判断能力（条文では「事理弁識能力」と表現されています。）は、正常→低下→喪失という過程を経て、死に至ります。

見守り契約＋任意後見制度
① 　Aの意思能力が正常な段階では、後述する法定後見制度の利用はできませんが、任意後見制度というものがあります。それは、例えば、Aが将来に備えて、信頼できる人（便宜上、Bと称します。）に、精神上の障害により<u>事理を弁識する能力が「不十分」な状況になったとき</u>の代理権を与えます（この代理権を与える契約を任意後見契約といいます。）。そして、Bを裁判所と任意後見監督人とで監視することで、Aの生活をサポートしようとするものです（任意後見契約に関する法律〈以下、単に任意後見法といいます。〉2条、4条、7条等）。

任意「後見」という名称ですが、この場合に求められる本人の判断能力の程度が、後述の法定後見制度における「法定後見」程度にまで至る必要がなく「補助」程度のもので足りるとされているのが、1つのポイントです。）。

このとおり、任意後見制度を利用すれば、仮にAの判断能力が低下、喪失しても、Bが代理するという形で、Aは社会生活を営むことができます。

② ただ、Aの判断能力が低下するのは何時なのか、これは定かではありません。そこで、任意後見契約を交わす際、見守り契約といって、Aの状況をBが普段から電話、面談等により把握し、任意後見制度等の利用に備える契約が広まっています（日本財産管理協会『Q&A成年被後見人死亡後の実務と書式』新日本法規出版、65頁以下）。

見守り契約＋法定後見制度

① 法定後見制度の中には、補助（判断能力が不十分な場合、15条）、保佐（判断能力が著しく不十分な場合、11条）及び後見（判断能力を欠く常況にある場合、7条、以下、これを、法定後見といいます。）の3つがあります。

Aの判断能力が、補助、保佐程度であれば、未だ自ら判断能力を有している訳ですから、この時点であれば、Aが将来に備えて、信頼できる人（便宜上、Bと称します。）に補助人、保佐人になって欲しいと依頼できます。Bが、それを了解し、裁判所から、補助人、保佐人に選任されると、例えば、借金や重要な財産の売買といった一定の行為について、Bの同意が必要となり、これがなければAの行為を取り消すことができます（17条、13条）。また、Bに代理権が与えられる場合もあります（876条の9、4）。

② このとおり、例えば、補助、保佐といった制度を利用すれば、Bに同意権や取消権も存在することから、Aに不利な行為は取り消せるので、Aの財産保護が徹底されることになります。

前述したとおり、任意後見制度は、Aの判断能力が正常な段階でも交わせる制度ですが、このような同意権、取消権が認められないと

いう意味で、その権限が若干弱いです。任意後見制度の大きなメリットの1つとして、本人の意向に沿った後見人が選任されるという点があります（法定後見制度における、補助人、保佐人、法定後見人の選任は、裁判所の裁量によるので、この点の保障がありません。）。しかし、Aには身寄りがないので、誰を補助人、保佐人にするかという点で推定相続人等による利害対立も生じないでしょう。このような場合、裁量があるとはいえ裁判所は、補助、保佐の申立の際になされる「Bを補助人、保佐人にして欲しい」というAの希望を受け入れることが多いですから、いっそ判断能力の低下が生じだした時点で、補助、保佐の申立をするというのも1つの手です。

③　注意点

ただ、何時、Aの判断能力が補助、保佐程度に至るかは不明なので、これを利用する場合でも任意後見制度の場合と同様に、Bと見守り契約を交わしておいた方がいいでしょう。

Aの判断能力が、法定後見の対象となる「事理弁識能力を欠く常況」に陥ってしまった場合は、Bに後見人になって欲しいというAの依頼すら不安定になるので注意が必要です。ただ、Bが補助人、保佐人になった後に、Aの判断応力が「事理弁識能力を欠く常況」に陥ったとしても、Bは補助人、保佐人として、自ら法定後見の申立ができるので、問題は生じません（7条）。

1–3

生前にしておくこと
仏壇・墓

　両親、配偶者、子供、兄弟姉妹といった身寄りが全くない人（便宜上、Aと称します。）が増えています。

　Aが先祖代々からの仏壇、墓を有していた（これを祭祀に関する権利といいます。墓地やそこに納められた遺骨の権利も含むと解されています。）場合はどうでしょうか。

　Aが祭祀に関する権利を有しているということは、これを改葬（墓を引っ越すこと）等もできるということです。例えば、全てをAが将来に備えて、信頼できる人（便宜上Bと称します。）に託すといっても、血縁でもないのですから、その負担にならないようAの判断能力のあるうちに、永代供養に移すといった手続を採っておいた方が望ましいとはいえるでしょう。

祭祀に関する権利の遺言
　この際、遺言の記載は注意が必要です。祭祀に関する権利は遺言で定め得ることです（897条）が、生前の対応を中途半端なままにして、遺言の中での祭祀指定と矛盾する事態に至った場合、紛争を招きかねません。

　例えば、東高判平成21年12月21日判タ1328号134頁は、被相続人Aが、生前に写真を墓に納める形での永代供養をYに依頼し300万円を払ったところ、Aから遺言で祭祀主宰等の権利の指定を受けたXから、Yがその金員の返還を求められた事例です。Yへの依頼を解除できるかが問題になりました。

結局、裁判所は、Aの委託した死後の事務処理契約の解除は特段の事情のない限り許されないとした上で、Yは永代供養を現実に行っているとして、Xの請求を認めませんでした。ただ、特に祭祀については血縁でないBが思うがまま対応することが難しい場合も多いでしょうから、その迷惑にならないよう注意する必要があります。

1–4 死後事務処理委任契約

　両親、配偶者、子供、兄弟姉妹といった身寄りが全くない人（便宜上、Aと称します。）が死亡した場合、身辺整理等を依頼する契約をして事務処理を行ってもらうことができます。

死後事務処理委任契約
　Aが死亡した場合、例えば、BがAの任意後見人になっていたとしても、その法的根拠は委任契約にありますから、Bの任務は終了（653条1号）し、Aのための行為はできなくなるのが原則です。また、Aの財産は相続人（これがいない場合には相続財産管理人）に帰属するので、原則として、Bは、Aの財産からの支出もできなくなります（法定後見の場合も結論的に同様と考えられています。）。
　ただ、それではあまりに窮屈です。民法の委任の規定の中には「応急処分」といって、急迫の事情があるときには必要な処分を認める条項（654条）があり、また、事務管理（697条以下）という定めもあります。そこで、これらを解釈し、Aが死亡した後でもBは一定の行為ができるという結論を導き出そうと、実務上も学説上も努力がされていますが、必ずしも十分ではありません。

　幸い、最3小判平成4年9月22日金融法務事情1358号55頁は、前述した民法653条1項は任意規定であって当事者がこれと異なる合意をすることも許されるとして、委任者の死亡によっても終了しない旨を定めた死後事務処理の委任契約を有効としています。
　また、委任契約は何時でも解除できる（651条）というのが原則ですが、

例えば、委任者の死後の事務処理をしようとする場合、委任者の相続人と利害対立する可能性があります。委任者の財産は既に相続人に帰属しているからです。ところが、相続人が自由に委任契約を解除できるとなると委任事務を満足に遂行できなくなるので、そのような委任契約の解除は制限的に解釈されています（前掲平成21年東高判参照）。

そこで、上記の不都合を払拭すべく、死後事務委任契約というものが広まっています（前掲日本財産管理協会79頁以下参照）。繰り返しになりますが、遺言で指定できることも限られていますので、Bのためにも、このような契約を交わしておいた方がよいでしょう。

死後事務処理委任契約の範囲

問題は、死後事務委任契約で対応できる委任事務の範囲です。前述したとおり、委任者の死亡によりその財産は既に相続人のものになっていますから、相続人の権利を害さない配慮が必要です（事務処理として、緊急性、必要性がある場合で、相当性が認められるものであるべきです。）。また、限定されているとはいえ、遺言で出来ることは遺言でするようにしないと遺言制度の意義そのものがなくなってしまいます。

その意味で、委任事務の範囲として代表的なものとしては、病院・施設等の明渡し、その費用の支払、葬儀、その費用の支払、永代供養といった程度のものがあげられます。

既に相続人の財産（身寄りのないAについていえば、債権者や特別縁故者等の利害対象）になってしまったという意味で、上記費用の支払ができるかどうかについて慎重な意見（松川「成年後見の終了――委任契約と法定代理」『実践成年後見』民事法研究会、38号、4頁）もありますが、そのような費用の支払はできないが、病院・施設に立入って明渡しはできる、葬儀はできるというのも現実的ではないと思われます。

永代供養については、祭祀に関する権利の指定が遺言事項（897条）である点で検討が必要ですが、葬儀を終えたものの、納骨しないまま放っておくこともできません。身寄りのないAが墓を有していない場合、その納骨は永代供養にせざるをえないと考えられますので、死後事務委任契約

の対象とすることも可能と考えます（田尻「第5章　葬儀費用」松川編『成年後見における死後の事務』日本加除出版、149頁）。ただ、費用が高額になる場合もあるので、その支払は、Aの生前、特に判断能力が十分な時点でしておいた方がいいでしょうし、それが無理なら、遺言で明記すべきでしょう。

1-5 遺言など

　両親、配偶者、子供、兄弟姉妹といった身寄りが全くない人（便宜上、Ａと称します。）が死亡した後の対応は、死後事務処理委任契約によることもできますが、前述したとおり、金額が高額になる場合や長期的な継続した対応が必要になる場合は、やはり遺言による処分が必要です。

遺贈の活用
　例えば、Ａが世話になったＢに財産を残したいというのであれば、遺言によってその財産を遺贈すれば良い訳です（世話になった、学校、病院、施設、寺院等に寄付をするのもこの範疇です。）。

　何か、Ｂにお願いしたいことがあれば、それを負担付きにすることも可能です。これを負担付遺贈といい、例えば、親の面倒をみることを条件に自宅を遺贈するといったものがよくあります。この場合、負担の履行がなされなければその取消しもできます（1027条）から、負担の履行の期待が持てます。
　お願いできる事項としては、前述した死後事務処理契約で委任できる事項（施設等の明渡しと費用の支払、葬儀とその費用の支払、永代供養等）もありますが、死後事務処理委託契約では難しい場合、例えば、飼っていたペットの世話を長期継続的にお願いするなど、遺言であるなら、負担付きで頼むことが可能です。

遺贈に関する注意点
　Ａには身寄りがないので、**遺言執行者**の指定を忘れないでください。Ｂ

を遺言執行者としても構いませんが、事務処理の便を考えると第三者性を有する弁護士等の専門家に委ねる方がいいと思います。

遺贈の方法としては、その物を現実に遺贈する場合もありますが、その物を換価して金銭として遺贈することも可能です（これを**清算型遺贈**といいます。）。遺言執行者は「遺言の執行に必要な一切の行為」ができる（1012条）ので、例えば、担保付不動産を遺贈する場合、不動産の売却代金の中から被担保債権の弁済をした後で残った金銭のみを遺贈することも可能です。

血縁以外の人に遺贈をする場合、それが真意に基づくものか、疑いを挟むものが出てくるのもやむを得ないことです。この場合、徒に紛争を生じさせないためには、例えば「付言（遺言に記載されているものの、法的効力が認められる訳ではない記載）」で、遺贈の動機を明確にしておく方が良いと思います。

信託や財団法人の設立

Aの財産の規模によっては、信託（信託法3条2号）や財団法人の設立も可能です（一般社団法人及び一般財団法人に関する法律152条2項）。

祭祀に関する権利

祭祀に関する権利については、例えば、Aが墓等の権利を有する場合、前述（1-3生前にしておくこと　仏壇・墓）したとおり、Aが生前に永代供養として改葬することも考えられますが、せめて自分の生きているうちは墓等を守りたいと考える人もあるでしょう。この場合は、遺言で祭祀に関する権利者をBに指定し、Aが死亡後にBをして永代供養として改葬させることも可能でしょう。ただ、寺院等では祭祀継承は相続人に限るなどの制限を設けているところもあるようなので、寺院等との事前の打ち合わせが必要です。また、繰り返しになりますが、過度の負担にならないようBとの話し合いも必要です。

問題は、Aが墓等の権利を有していない場合です。この場合のAの納

骨は永代供養によらざるを得ないですが、そのためだけに祭祀に関する権利をBと指定するのも大げさなので、永代供養をするという負担付でその費用も含め遺贈をする例が多いようです。

その他（尊厳死や臓器提供）
尊厳死や臓器提供についてもAの意思を示し残す方法があります。これらも含め詳細は、弁護士等専門家にお問い合わせください。

第2章 相続人・相続権

人が死亡すると相続が開始します。その場合、誰が相続人となり、どの程度の権利があるのか。また、その権利がどのような場合になくなるのか、これらについて、検討したいと思います。

【この章で取り扱うテーマ】

- **2-1** 親族とは？ 血族とは？
- **2-2** 相続人とは？ 養子縁組による二重資格の法定相続人
- **2-3** 相続欠格とは
- **2-4** 相続欠格事由5号が問題になる例
- **2-5** 相続欠格事由5号に関する判例① 判決の概要
- **2-6** 相続欠格事由5号に関する判例② 二重の故意論の解釈
- **2-7** 相続廃除とは
- **2-8** 非嫡出子相続差別違憲決定① 争点と最高裁判断
- **2-9** 非嫡出子相続差別違憲決定② 今後の影響

2-1 親族とは？ 血族とは？

親族とは
親族とは、6親等内の血族、配偶者、3親等内の姻族をいいます(725条)。
なお、配偶者とは自分と婚姻した相手方であり、**姻族**とは配偶者の血族です。

血族とは
血族とは、親子や兄弟のように血縁関係にある者を指し、その中で、自分の父母や子のような**直系血族**と、自分の兄弟姉妹のような**傍系血族**にわかれます。
なお、養子縁組をした場合は「血族間におけるのと同一の親族関係を生じる」とされています（727条）ので、これも血族にあたります。

親等は「親族間の世代数を数えて」定められます（726条1項）ので、自分の父母・子は1親等、祖父母・孫は2親等になります。
傍系親族の親等は「その一人…から同一の祖先にさかのぼり、その祖先から他の一人に下るまでの世代数」により定まります（同条2項）ので、例えば、自分の兄弟姉妹は2親等、自分のおじおば（父母の兄弟姉妹）甥姪（兄弟姉妹の子）は3親等、自分のいとこ（父母の兄弟姉妹の子）は4親等になります。

これを図式化したのが以下の**親族図**です。ただ、直系血族をさかのぼり過ぎるのも現実的ではないので、通常あり得る場合に限っています。

【親族図】
数字は親等を指します。

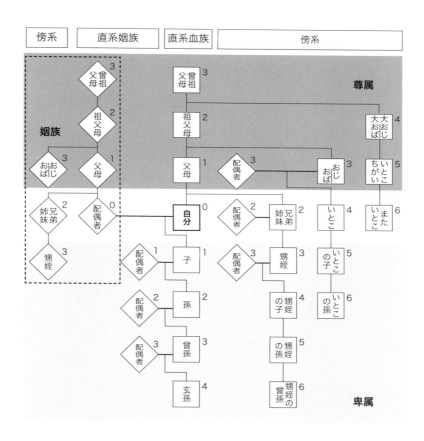

親族関係には幾つかの法的効果が認められており、相続法や成年後見制度を理解する上で重要なものを指摘すると以下のようなものがあります。

① 相続権（887乃至890条）
　　子・直系尊属・兄弟姉妹・配偶者
② 扶け合う義務（730条）

直系血族・同居の親族
③　扶養義務（877条）
　　　原則―直系血族・兄弟姉妹　例外―3親等内の親族
④　成年後見開始・保佐開始・補助開始の審判申立（7条、11条、15条）
　　　4親等内の親族
⑤　成年後見監督人・保佐監督人・補助監督人の選任請求権（849条の2、876条の3-1項、876条の8-1項）
　　　親族
⑥　成年後見人・成年後見監督人・保佐人・保佐監督人・補助人・補助監督人の解任請求権(846条、852条、876条の2-2項、876条の3-2項、876条の7-2項、876条の8-2項)
　　　親族

2–2

相続人とは？　養子縁組による二重資格の法定相続人

相続人とは

相続人とされるのは、配偶者（890条）と子（887条1項）、直系尊属、兄弟姉妹（889条1項）であり、それぞれの順位が定まっています。

また、それぞれ法定相続分が以下の通り定められています（900条）。

	相続人	法定相続分
①	配偶者と子	各2分の1
②	配偶者と直系尊属	配偶者が3分の2、直系尊属が3分の1
③	配偶者と兄弟姉妹	配偶者4分の3、兄弟姉妹4分の1

なお、「子、直系尊属、兄弟姉妹が数人あるときは、各自の相続分は、相等しい」とされています。例えば、①で子が3人いるとき、配偶者は2分の1ですが、残りの2分の1については子が等しく相続分を有するため、各子の法定相続分は6分の1となります（1/2 × 1/3）。

【代襲相続】

子や兄弟姉妹が相続開始前に死亡等した場合、各々の子が代わって相続する仕組み（代襲相続）が認められています（887条2項、889条2項）。

ただ、子の場合は孫にも再代襲が認められ（887条3項）、それは曾孫、玄孫と続くものと解されますが、兄弟姉妹については再代襲の規定がないので、それ以上の代襲相続は認められません。このため、甥姪までは相続人たり得ますが、甥姪の子は相続人にはなりません。

二重資格の相続人
例1）祖父が孫を養子にした場合
　例えば、自分の父が自分の子（父からみると孫）を養子にした後、自分が死亡し次に父が死亡した場合の相続関係はどうなるのでしょうか。最近では、税務対策として養子縁組が検討されることもあるので、意外と存在し得る問題です。

　この場合、自分の父の財産が1200万円であったとして、これがどのように相続されるかですが、自分の子は自分の代襲相続人としての資格と自分の父の養子としての相続人としての資格を有しています。
　通説は、この二重資格を認め、自分に母と兄がいて自分に配偶者がいない場合に自分の父の相続人としては自分の母以外に、自分の兄と（自分の代襲相続人としての）自分の子、（自分の父の養子としての）自分の子がいるとして、自分の子が400万円（≒1200万円÷2÷3人分×2人分）を相続すると解しています。

例2）父母が嫁を養子にした場合
　ただし、自分の父母が自分の配偶者を養子にした後、自分の父母が死亡して次に自分が死亡した場合の相続関係は異なります（自分の子はいないとします。）。
　この場合に自分の財産が1200万円であったとすると、自分の配偶者が900万円を相続することは明らかです（900条3号）が、残りの300万円がどうなるかです。

　通説は、自分の配偶者に自分の兄（弟姉妹）の妹（自分の父母の養子なので兄からみると妹になります）としての二重資格を認めず、自分の兄（弟姉妹）が300万円を相続すると解しています。相続関係が直系の場合と傍系の場合とで異なると解されているということです。

いとこ、またいとこ
　いとこ、またいとこは、相続人にはなりません。

最近は、子供のいない方も増えていますが、例えば老後の面倒をみてもらう人が、甥姪であるうちは相続という形でそれに報いることは可能ですが、いとこ、またいとこである場合は、それが出来ません。

　そのような場合、遺言を書いておかないと「相続人が不存在」という事態になり、その財産は国庫に帰属するのが原則です（959条）ので、注意が必要です（そのような場合の法律関係については「1-1 相続人の不存在」を参照ください）。

2-3 相続欠格とは

相続欠格とは

相続欠格とは「相続人となることができない」場合（891条）です。これに該当する者は、何ら手続を要せず、相続人ではなくなります。

相続欠格事由

民法891条は「相続人となることができない」相続欠格事由を定めており、各号の要点は、以下の通りとなります。

1号	相続人が故意に被相続人又は相続について先順位若しくは同順位にある者を死亡するに至らせ、又は至らせようとしたために、刑に処せられた場合
2号	相続人が、被相続の殺害されたことを知って、これを告発せず又は告訴しなかった場合
3号	詐欺又は強迫によって、被相続人が相続に関する遺言をし、撤回し、取り消し、又は変更することを妨げた場合
4号	詐欺又は強迫によって、被相続人に相続に関する遺言をさせ、これを取り消させ、又は変更させた場合
5号	相続人が、相続に関する被相続人の遺言書を偽造、変造、破棄、隠匿した場合

ただ、1、2号と3乃至5号の制度趣旨は異なると解するのが分り易いでしょう。

すなわち、前者の趣旨は「被相続人らの生命を故意に侵害しようとしたことを理由とするもの」で「相続協同体というべき関係を破壊したことに

対する制裁」であり、後者の趣旨は「被相続人の遺言行為に対する違法な干渉をしたことを理由とするもの」で「財産取得秩序を乱して違法に利得しようとしたことに対する制裁」と考えます（最3小判平成9年1月28日民集51巻1号184頁、家月49巻6号24頁、判例解説〈民事篇平成9年度上〉120頁、窪田『家族法〔第2版〕』有斐閣、374頁）。

このような欠格事由があることが明らかにならないまま、遺産分割がなされた場合には、
相続回復請求権（884条）の対象になります（この点については「第10章　相続回復請求権」を参照ください）。

ただ、代襲相続は認められている（887条2、3項、889条2項）ので、相続欠格者の子であるとはいえ相続人になります(相続廃除も同様です。)。

なお、相続欠格の規定は、受遺者に準用されます（965条）。

相続廃除との違い
相続欠格は何ら手続を要せず、相続人ではなくなります。
この点、相続廃除が、家庭裁判所への請求等を経て認められる（892条）のと異なります。
また、相続廃除と異なり、宥恕即ち廃除の取消し（894条）は明文では認められていませんが、これを類推適用すべきかどうかについては争いがあります。

【相続欠格の宥恕（ゆうじょ）】
被相続人が相続欠格者を許し、相続人になる資格を回復させる行為のこと。

2–4
相続欠格事由 5 号が問題になる例

相続欠格事由のうち、最近議論の多い 5 号について検討します。

> 民法 891 条 5 号
> 相続に関する被相続人の遺言書を偽造し、変造し、破棄し、又は隠匿した者

趣旨

最高裁によると「遺言に関し著しく不当な干渉行為をした相続人に対し相続人となる資格を失わせるという民事上の制裁を課そうとする」点にあります（最 2 小判昭和 56 年 4 月 3 日民集 35 巻 3 号 431 頁、家月 33 巻 9 号 53 頁）。

また、1、2 号と 3 乃至 5 号の趣旨は異なると述べたのと同様に、3、4 号と 5 号の定める行為との間にも随分温度差があります。

[参考] 相続欠格事由の趣旨
- 1、2 号：被相続人らの生命を故意に侵害しようとしたことを理由とするもの
- 3 乃至 5 号：被相続人の遺言行為に対する違法な干渉をしたことを理由とするもの

5号を適用すべきか問題となる例（平成9年判例解説128頁）

本当に5号を適用しその場合に相続欠格を認めていいのかが問題となる例としては以下のケースが考えられます。

① 自己に対する全部包括遺贈の趣旨が記載された自筆証書遺言を敢えて他の共同相続人に示さずに（隠匿して）、他の共同相続人すべてがその遺留分相当額以上のものを取得するという遺産分割協議を成立させた相続人（遺留分相当額を取得させている点で他の共同相続人の利益を害してはいません。）
② 自己に対する全部包括遺贈の趣旨が記載された自筆証書遺言書を、法定相続分の取得でよいと考えて破棄した者

その他にも、過去の裁判例によると、任意の遺産分割協議をいったんは成立させたが、後にこれに不満を持つに至った共同相続人が、分割協議を不当に蒸し返すための攻撃材料として相続欠格の主張をすることが、しばしばあるようで、これらについても問題になります。

確かに、相続人の1人が遺言書を破棄等することは不当な行為です。しかし、単に自己に有利な内容の遺言書を破棄等したに過ぎない者までを相続欠格にするということは、「あまりにも酷」なので「このような相続人が相続欠格の制裁を受けずに済むような解釈論の構築が、必要不可欠」とされていました。

【二重の故意】

中でも、有力な見解は、5号が適用されるには二重の故意、即ち、①遺言書を故意に偽造、変造、破棄又は隠匿することに加え、②<u>自らが相続上有利な地位を得ようとする積極的な動機・目的</u>が必要と主張していました（最3小判平成9年1月28日判例解説120頁、128頁）。そう解釈することで、前述したケース等について妥当な結論を導こうとしようとする訳です。

※学説上、各号について二重の故意の要否が検討されていますが、最高裁が二重の故意が必要と明言したのは5号のうちの「破棄・隠匿」事

案についてのみです。

そこで、現在では、どのような解釈論が構築・展開されているのか、一見似通った昭和 56 年判決と平成 9 年判決を比較しながら、検討してみることにします。

・昭和 56 年判決：最 2 小判昭和 56 年 4 月 3 日民集 35 巻 3 号 431 頁
・平成 9 年判決：最 3 小判平成 9 年 1 月 28 日民集 51 巻 1 号 184 頁

2–5

相続欠格事由5号に関する判例①
judgmentの概要

平成9年判決について（最3小判平成9年1月28日民集51巻1号184頁）

　事案は複雑なので、平成9年判決を理解する上で必要な程度まで簡略化して説明します。

> A（被相続人）は、不動産（以下、本件不動産といいます。）を有していたのですが、それを売却し代金を受け取った後、売却先に移転登記手続を済ませる前にAが死亡しました。
> Aは生前「本件不動産の売却代金はYの経営する会社に寄付するのでYは会社の債務の弁済に充てること、他の兄弟も承諾すること」という内容の自筆証書遺言を作成し、Yに預けていました。しかし、その遺言書はAの死後Yの元には存在せず、現在も所在不明なので他の共同相続人に示すことができずにいました（Yは、遺言の趣旨内容を説明した上で「遺言書は会社の担当者が焼き捨てた」と説明していました。）。
> ただ、移転登記手続を済ませる必要があったので「Yが全ての遺産を相続し他の共同相続人には一定額の調整金を支払う」旨の遺産分割協議が成立したところ、共同相続人の一部（以下、Xといいます。）から「遺言を破棄又は隠匿した」Yは相続欠格者であり、遺産分割協議が無効であることの確認等を求める訴えが提起されました。

　かかる事案に対し、第1審が「遺言の内容はYにとって有利なものであった」とした認定について、これを援用した上で控訴審は、Yが遺言を破棄又は隠匿したか否かの事実認定を留保したまま、「二重の故意」論を

採用し、Xの請求を棄却した第1審の判断を支持しました。

【二重の故意】
　相続欠格事由5号に該当するためには、①遺言書を故意に偽造、変造、破棄又は隠匿すること加え、②自らが相続上有利な地位を得ようとする積極的な動機・目的が必要と主張する見解

　これについて、Xは上告したのですが、平成9年判決もその上告を棄却しました。

> 相続人が相続に関する被相続人の遺言書を破棄、または隠匿した場合において、相続人の右行為が相続に関して不当な利益を目的とするものでなかったときは、右相続人は、民法891条5号所定の相続欠格者に当たらない。

昭和56年判決について（最2小判昭和56年4月3日民集35巻3号431頁）

> A（被相続人）には、妻X1と3人の子X2、Y、Bがいたのですが、X1、X2(以下、Xらといいます。)及びYと、Bの間には別件訴訟が係属していました（Xら及びYは、同じ弁護士Cを訴訟代理人としていました。）。
> ところが、A死亡後にAの自筆証書遺言が発見され、その遺言内容はBとの訴訟でXらにとって有利なものでしたが、自書の署名に関する押印がありませんでした。そこで、Cのすすめにより、Xらは、検認申立をしたのですが、形式不備も指摘されており、検認の日までにAの押印をXらがしてしまったというものです。
> ただ、その遺言内容は、Yとの関係ではXらに不利であったため、後日、Xらは、Yとの関係でその無効確認請求訴訟を提起しました。

その訴訟の中で、Xらが、遺言を「偽造又は変造」した相続欠格者であるかどうかが争われました。

　控訴審がそれを否定しYが上告したところ、昭和56年判決は以下の通り、結果として原判決を支持しました。

> 相続人が遺言者たる被相続人の意思を実現させるためにその法形式を整える趣旨で右の行為をしたにすぎないときには、右相続人は同号所定の相続欠格者にあたらない。

2-6 相続欠格事由5号に関する判例②
二重の故意論の解釈

二重の故意論の採用されている範囲

昭和56年判決は「二重の故意の理論の上に立ったものであるとすることには疑問がある」と理解されています（昭和56年判決判例解説210頁）。

他方、平成9年判決は「二重の故意必要説を採るのが相当であると考えたものであろう」と理解されていて（平成9年判決判例解説129頁）、よって立つ見解は全く異なります。

ただ、平成9年判決により、昭和56年判決の判断が変更されたかといえば、そうとは解されていません。

平成9年判決は「破棄及び隠匿についてのみ二重の故意必要説をとる旨を判示したものである」と限定していて（平成9年判決判例解説129頁）、「偽造又は変造」についての判断である昭和56年判決を否定するものではありません。その意味で、昭和56年判決は現在も生きています。

5号の解釈

すると、「破棄又は隠匿」の解釈についてのみ二重の故意に基づいた独自の判断をしなければならないかが問題となります。

この点、平成9年判決は、昭和56年判決の説く制度趣旨（遺言に関し著しく不当な干渉行為をした相続人に対し相続人となる資格を失わせるという民事上の制裁を課そうとする）を持ち出して、「個別に判断していくほかはなく、今後の事例の積み重ねを待つほかない」としています（平成9年判決判例解説130頁）。

このため、5号を解釈していく上では、破棄又は隠匿の場合は二重の故

意論を用いて対応し、偽造又は変造の場合は5号の趣旨に基づき適用される範囲を絞って解釈をしていくということです。

1）破棄又は隠匿の場合

この点、平成9年判決は、自らにとって有利な遺言書を破棄・隠匿したことに関する事案なので、この場合に5号が適用されないという結論はすんなり理解できます。

※昭和56年判決は「遺言者の意思」を尊重すべきとしておりこれには反しますが、受益者（遺言により利益を受ける者）には遺言による受益を拒む権利があり（986条）、自ら利益を受けなくてもよいとしているのならば、この点を強調する必要はないと思います。

2）偽造又は変造の場合

問題なのは、昭和56年の事案です。

ここでは、二重の故意論は用いられていません。そこでは、5号の趣旨が検討され、一見「遺言者の意思を実現させるため」であったかどうかという点が重視され、そのような視点からその適用範囲を絞ろうとしているようにも思えます。しかし、前述したとおり「遺言者の意思」を中心に据えた解釈には問題もあります。例えばXらの行為は、元々無効な自筆証書遺言に押印し、有効な遺言が存在するかのように取り繕うものです。その内容が、法定相続分に変更を加えるものであれば、変更の結果遺言によって相続分が増えて得をする相続人がいるということは、その反面損をする相続人もいる訳で、損をする相続人の立場からすれば、そのような行為をした相続人は自らが有利になるよう押印したと映るからです（昭和56年判決のBの立場からすれば、そのような感情を抱くのではないかと思われます。）。このような結論が「遺言者の意思」によって正当化できるでしょうか。遺言が要式性を欠き真実の意味で「遺言者の意思」が存在しない昭和56年判決の事案であればなおさらです。

にもかかわらず、昭和56年判決が「遺言者の意思」を持ち出して5号にあたらないと解釈したのは、結局、Xらの押印が、Yとの関係では、Xらに不利なものであった、乃至は、Yを利するものであったという点が重

視されたのではないかと思います。だからこそ、5号の適用を否定する結論もなんとか正当化できるということでしょう。

　その意味で、昭和56年判決は「遺言者の意思を実現させるため」の行為であったかを重視して5号を解釈するのは相当ではなく、Xらの押印がXら「のみ」を利する場合であったときが「遺言に関し著しく不当な干渉行為」をした場合であって、本件ではそのような場合にあたらないとした。つまり「遺言者の意思」というよりも、それが「著しく不当な干渉行為」であったかを重視してそのような判断をしたと考える方が相当なように思えます。

　[参考] 相続欠格事由5号に該当する例
　この点については、結局上記2つの判決の事案を中心にこれまでの裁判例を踏まえた上で、5号を解釈していくほかありません。また、その場合、相続欠格者が自ら「のみ」に利する行為をしたかどうかが判断基準となっていることは前述の通りです。
　そう考えると、よく引き合いに出され、前述した事案にも関連するのですが、次のようなケースの理解にも役立つと思います。

　即ち、自らに全てを相続させる旨の遺言を他の共同相続人に示さず（隠匿して）、遺産分割協議を成立させた場合です。といっても、それが他の共同相続人の遺留分相当額を踏まえたものであれば5号にはあたらないと解されますが、それは、自ら「のみ」を利するものではないからです。
　他方でこの点、遺言を他の共同相続人に示さないという点で似てはいますが、それが、遺言を遺留分減殺請求権の行使を恐れ、勝手に相続放棄の申述期間伸長申立て等を行い、他の共同相続人に相続放棄を迫る（東京高判昭和45年3月17日高等民集23巻2号92頁、家月22巻10号81頁、東高民時報21巻3号37頁、判タ248号129頁）といった場合には、5号にあたると解されます。それは、自ら「のみ」を利するものといえるからです。

2–7 相続廃除とは

相続廃除とは
　相続廃除とは、被相続人の意思により、家庭裁判所が推定相続人の相続資格を奪う制度です（892、893条）。
　被相続人の意思によるという意味で、当然に相続資格が失われる相続欠格（891条）と異なります。また、被相続人の意思によるので、その反対に取消（宥恕）を求めることも出来ます（894条）。

遺留分を有する推定相続人
　法定相続人には、法定相続分があります（900条）。
　被相続人は、遺言で相続分の指定も出来ますが、法定相続人の遺留分を害することは出来ません（902条1項）。
　ところが、廃除によれば相続資格そのものが奪われるので、法定相続人には遺留分すらなくなります。逆に、被相続人は、遺留分のない法定相続人（兄弟姉妹）については、遺言で相続に関する全ての権利を奪うことが出来ます。そこで、廃除の対象になるのは「遺留分を有する推定相続人」と解されています（892条）。

相続廃除の要件
　相続廃除は「虐待」「重大な侮辱」「著しい非行」が要件となっています。
　ただし、法定相続人に与える影響が多いので、廃除の要件を充たすかは「単に被相続人の主観的な感情や恣意だけで判断されるべきものではなく、そのような行為に至った背景を踏まえつつ、社会通念に照らして客観的に判断」されるべきとされています（窪田『家族法〔第2版〕』有斐閣、

381頁）。

　例えば「少年非行の場合は、非行の原因が少年にばかりあるとはいえないので、少年時代の行為のみでは廃除の原因にはなり得ないとも解されています(坂本「廃除事由に関する最近の審判例の動向」判タ1100号320頁)。
　また、被相続人の側に誘発責任がある場合には、人的信頼関係を破壊したのが被相続人の方であるとの理由により、廃除の理由に該当しない場合がある」とされます（潮見『相続法〔第2版〕』弘文堂、27頁）。

相続廃除の意思表示
　相続廃除の意思表示を、特に遺言で行う場合「『廃除』の言葉を用いる必要はなく、原因（事由）を示す必要もないが、相続上の利益を一切与えない趣旨が明示」されていれば足りるとされています（伊藤『相続法』有斐閣、186頁）。

　ただ、そうなると、例えば、遺言で「誰々には与えない」という趣旨の記載がされている場合、それが相続分を0とする指定（902条1項）なのか、廃除の意思表示なのか問題になりますが、その影響力の強さを考えると後者であると考えるべきで「判定には慎重を期する必要がある」と思われます（前掲潮見28頁）。

2–8

非嫡出子相続差別違憲決定①
争点と最高裁判断

旧民法900条4号の問題の所在

旧民法900条4号は「子…が数人あるときは、各自の相続分は、相等しいものとする。ただし、嫡出でない子の相続分は、嫡出である子の相続分の2分の1と…する」としていました。

嫡出子といっても、法的にはいくつかの類型があるのですが、世間一般的には「婚姻関係にある男女の間で出生した子」という意味で使われることが多いです。

つまり、A男が、結婚したB女との間に生まれてきた子Xが嫡出子であり、結婚していないC女との間に生まれてきた子Yが非嫡出子となります。

例えば、Aが死亡し、その相続人がXとYだけしかおらず、その相続財産が900万円の現金しかなければ、お互いの法定相続分はXが600万円、Yが300万円ということです。

争点（憲法14条1項との関係）

旧民法を解釈すれば、遺言等がない限り、婚姻関係のない男女の間に生まれた子（非嫡出子）に認められる相続分は、嫡出子の半分とされています。このため、かつては、嫡出子Xが遺産分割審判を申立れば、家庭裁判所としても、民法のそのような解釈を前提として、審判をしてきました。

今回最高裁で問題になったYも、非嫡出子であることを理由に相続分が嫡出子の2分1であるという趣旨の審判を受けていました。

そこで、Y はこうした民法の規定が、憲法14条で保障される「法の下の平等」に反して、無効であるという主張を行いましたが、東京高裁はこの主張を退けました。そこで、Y は、これに対し特別抗告をしました。

※憲法14条1項は「すべて国民は、法の下に平等であって…差別されない。」としており、立法府に裁量は認められますが、合理的理由のない差別的取扱いは許されないと解されています。

これを受けた最高裁大法廷決定は、平成25年9月4日、Y の主張を認めました。その後、同年12月5日には、民法が改正され、現在では上記下線部は削除されています。

最大決平成25年9月4日（民集67巻6号1320頁、家月65巻7号163頁）

最高裁決定の中で、大切なのは以下の点です（下線は筆者）。

> 昭和22年民法改正時から現在に至るまでの間の社会の動向、我が国における家族形態の多様化やこれに伴う国民の意識の変化、諸外国の立法のすう勢及び我が国が批准した条約の内容とこれに基づき設置された委員会からの指摘、嫡出子と嫡出でない子の区別に関わる法制等の変化、更にはこれまでの当審判例における度重なる問題の指摘等を総合的に考察すれば、家族という共同体の中における個人の尊重がより明確に認識されてきたことは明らかであるといえる。
> そして、法律婚という制度自体は我が国に定着しているとしても、上記のような認識の変化に伴い、上記制度の下で父母が婚姻関係になかったという、子にとっては自ら選択ないし修正する余地のない事柄を理由としてその子に不利益を及ぼすことは許されず、子を個人として尊重し、その権利を保障すべきであるという考えが確立されてきているものということができる。以上を総合すれば、遅くとも A の相続が開始した平成13年7月当時においては、立法府の裁量権を考慮しても、嫡出子と嫡出でない子の法定相続分を区別する合理的な根拠は失われていたというべきである。

したがって、本件規定は、遅くとも平成13年7月当時において、憲法14条1項に違反していたとしました。

　ちなみに、そこで指摘されたキーワードを解説すると以下のとおりになるかと思います。

1) 民法改正時から現在に至るまでの間の社会の動向等

　昭和22年の民法改正時においては、「法律婚の尊重」という目的により、嫡出子と非嫡出子との間に相続分の差をつけていました。相続分を半分にすることにより、非嫡出子が減ることも想定されていました。

　これまで最高裁が民法900条4号を合憲としてきたことには、法律婚の尊重という考え方が背景にあります。家を中心に代々相続により財産を守るといった感じです。しかし、民法改正時から現在に至るまでにおいて、家族の在り方や国民の意識等の背景事情が大きく変化してきています。核家族化の進行は「家を孫・曾孫の代まで残す」といった発想に馴染みません。結婚しない子供や離婚した子供が親と同居し生活し続けるケースが増えていますが、そのような場合も同様と思います。

2) 諸外国の立法のすう勢

　諸外国においても非嫡出子の相続格差を撤廃する方向で立法整備が進んでおり、その存在意義を疑問視する声があがっていました。

3) 個人としての尊重、権利の保障

　子は親を選択する余地がないため、親の行為の不利益を子が負うべきではありません。子を個人として尊重し、権利を保障すべきだという考え方が確立されてきています。

【解決済の事案への影響】

　最高裁の決定は、当該事件に関するもので、当該事件限りにおいて法的効力を有するにすぎないと解されています（これが通説で、個別的効力説といいます。）。しかし、今回の決定を受け、今後は非嫡出子について同様

の判決が下されることが予想されます（このような状態を「事実的」効力といいます。民法 900 条 4 号を前提に審判しても違法という訳ではないのですが、最高裁にいけば同様に覆されてしまうので、事実上そのような審判はなされないといった意味合いです。通説は、個別的効力説を前提にしながらも、最高裁の違憲判断にはこのような効力が存在することも認めています。）。ただ、民法 900 条は、相続法に関する基本規定ですから、その影響力を考え、最高裁は既に確定された遺産分割の審判及び裁判、その他解決済みの事案については、再度争えない、としました。

> 本決定の違憲判断は、A の相続の開始時から本決定までの間に開始された他の相続につき、本件規定を前提としてされた遺産の分割の審判その他の裁判、遺産の分割の協議その他の合意等により確定的なものとなった法律関係に影響を及ぼすものではない

そして、このような不安定な状態を解消する意味もあり、上記のとおり民法改正がされました。

2-9 非嫡出子相続差別違憲決定②
今後の影響

確定的な法律関係

　民法は改正されましたが、その効力が遡る訳ではありません。そこで、最高裁決定の懸念している影響力の点が問題になります。最高裁が影響を及ぼさないとしているのは、民法900条4号を前提としてされた「確定的な法律関係」です。

　遺産分割の協議や審判は財産毎になし得るので、「未分割財産」についての争いが生じることが考えられます。また「協議」は素人同士で緩やかな形で交わされることが多いので、それが「確定的」なものかどうか、その評価と関連し争われることも多いと思います。

　なお、可分債権・可分債務が相続された場合「法律上当然分割」されるというのが判例の立場です（最1小判昭和29年4月8日民集8巻4号819頁、最2小判昭和34年6月19日民集13巻6号757頁、家月11巻8号89頁）。
ただ、最高裁決定は「債務者から支払を受け、又は債権者に弁済をするに当たり、法定相続分に関する規定の適用が問題となり得るものであるから、相続の開始により直ちに本件規定の定める相続分割合による分割がなされたものとして法律関係が確定的なものとなったとみることは相当ではない」としていますので、注意が必要です。

認知について

　次に、今後「認知」は増えていくでしょう。

最高裁決定は「嫡出でない子の出生数が…平成23年でも2万3000人余」全出生数に占める割合としては「約2.2%にすぎない」と指摘していますが、これは実際に認知された子の数字ではありません。民法779条は「嫡出でない子は、その父が…がこれを認知することができる」としていますが、ここにいう「嫡出でない子」を意味します。戸籍法52条2項は「嫡出でない子の出生の届出は、母がこれをしなければならない。」としており、この場合とりあえず戸籍の父親欄は空欄のままでなされており、この数字を指します。そして、このようなこの中で認知を受けた子は戸籍の父親欄に父親の名前が記載されることになっています。ですから、嫡出でない子の中でも認知を受けている子は最高裁決定が示す数字以上に少ないのですが、認知を受ければ相続において嫡出子と同じ地位が与えられるのであれば、認知は増えることになるでしょう。被相続人にしてみれば、生前認知はしにくいかもしれませんが、認知は遺言でも可能です（781条2号）から、このような形が増えていくのかもしれません。

親子としての生活実態

　最後に、最高裁決定は、非嫡出子が生まれた経緯を問題にしていません。嫡出でない子が生まれる経緯は様々で、例えば、A男とB女の婚姻関係が破綻した後、離婚しない・できないまま、C女と付き合い同居して、Yが生まれた場合もあるでしょう。このような場合、AY間に共同生活の実体がありますが、そのような生活実体のない場合も多いと思われます。今回の最高裁決定を受けた世間の評判は、予想以上に悪いように思われますが、それにはこのような事情があるからかもしれません。

　すると、生活の実体が、AX間にあって、AY間になかった場合、Xが「Aの面倒を見てきた」として、今まで以上に熱を帯びた形で「寄与分」の主張をしていくことが考えらえます（904条の2）。また、自らの相続分が一層有利になるよう生前のAに遺言作成の働きかけも増えてくるかもしれません。

第 3 章

相続放棄

相続放棄という言葉はよく耳にしますが、意外と奥深いところです。多くの具体例を交えながら、検討してみましょう。

【この章で取り扱うテーマ】

- 3–1 相続放棄の熟慮期間の始期①　いつから期間を計算するのか
- 3–2 相続放棄の熟慮期間の始期②　特段の事情がある場合とは
- 3–3 相続放棄の熟慮期間の始期③
　　　特段の事情がある場合の解釈の広がり
- 3–4 相続放棄の熟慮期間の始期④
　　　特段の事情がある場合――判断要素
- 3–5 相続放棄ができない場合　相続財産の処分①
　　　債権の取り立て
- 3–6 相続放棄ができない場合　相続財産の処分②
　　　動産の処分と祭祀関連費
- 3–7 再転相続と相続放棄
- 3–8 再転相続における相続放棄の順序①　具体例
- 3–9 再転相続における相続放棄の順序②
　　　昭和 63 年 6 月 21 日最高裁判決
- 3–10 再転相続に関する考察
- 3–11 相続放棄と不動産登記①　債権者等への対抗
- 3–12 相続放棄と不動産登記②　遺産分割協議の場合との比較
- 3–13 相続放棄の撤回・錯誤無効
- 3–14 動機の錯誤による相続放棄の無効
- 3–15 相続放棄に関する総合問題

3-1

相続放棄の熟慮期間の始期①
いつから期間を計算するのか

　相続放棄とは、自己のために開始した相続の効果を、確定的に消滅させる意思表示です。
　「相続人は、自己のために相続の開始があったことを知った時から三箇月以内に、相続について、単純若しくは限定の承認又は放棄をしなければならない」とされていて（915条1項）、相続放棄をすると「その相続に関しては、初めから相続人とならなかったものとみなす」とされています（939条）。

熟慮期間の始期

　相続放棄は「自己のために相続の開始があったことを知った時から三箇月以内」にしなければなりません。
　この三箇月間を熟慮期間といいますが、問題は「何を」知った時からその期間を計算するかです。

　文言解釈をすれば「自己のため」の「相続開始」を知った時ということになります。
① **相続開始の原因の事実を知った時**
　相続は「死亡によって開始する」のが原則（882条）ですので、被相続人の死亡といった「相続開始原因事実」を知ることが必要です。
② **自己が法律上の相続人になった事実を知った時**
　ただ、①だけではなく「自己のため」の相続であることが求められていますので、「自己が相続人になった事実」を知ることも必要です。

887条乃至890条によれば、相続人には相続権の優先順位があり、子が第1順位、直系尊属(父や母など)が第2順位、兄弟姉妹が第3順位となっています。なお、配偶者は常に相続人となります。

そこで、熟慮期間の開始時期については相続人が配偶者または子である場合と、直系尊属や兄弟姉妹である場合とに分けて以下検討してみます。

配偶者または子

相続開始の原因の事実とは、被相続人の死亡した事実をいいます。

配偶者や子は、被相続人の死亡と同時に相続人となるため、自分が法律上の相続人になった事実を知るのも被相続人の死亡時となります。

このため、相続人が配偶者または子である場合、熟慮期間は被相続人の死亡の事実を知った時から開始することになります。

直系尊属や兄弟姉妹

相続開始の原因の事実が、被相続人が死亡した事実を知ったことが必要なのは上記と同じです。

ただし、直系尊属や兄弟姉妹の場合、自分が法律上の相続人となった事実を知った日は、被相続人の死亡時と必ずしも一致するとは限りません。

1) 被相続人に子がいない場合

直系尊属の相続権は第2順位ですので、相続人に第1順位の子がいない場合、被相続人の死亡と同時に相続人になります。また、兄弟姉妹の相続権は第3順位ですので、それよりも先順位の子や直系尊属がいないときに被相続人の死亡と同時に相続人になります(889条1項)。

このように、被相続人に子がいない場合においては、被相続人に子がいない事実及び被相続人の死亡した事実を知った時となります。

2) 被相続人に子があり、相続放棄をした場合

被相続人に子がいる場合、被相続人が死亡しても、後順位の相続権をもつ直系尊属や兄弟姉妹がすぐに相続人となることはありません。

例えば、直系尊属は子が相続放棄をした場合に初めて相続人となります。
　すなわち、被相続人の死亡した事実に加え、先順位である相続人が相続放棄をした事実を知った時が自分が法律上の相続人となったことを知った時となり、その時点から熟慮期間が開始することとなります。

　先順位の相続人が相続放棄をしても、これを後順位の相続人に通知する制度はありません。このため、後順位の相続人は先順位の相続人が相続放棄をした事実を知らないことが多く、債権者からの請求を受けて初めて知ることがよくあります。

3–2

相続放棄の熟慮期間の始期②
特段の事情がある場合とは

　相続放棄の熟慮期間の始期は原則として、<u>自己のために相続の開始があったことを知った時</u>となります。すなわち、①相続開始の原因の事実を知り、②自己が法律上の相続人になった事実を知った時から3か月以内に相続放棄を行う必要があります。

　ところが、熟慮期間には相続財産がないと信じ何もしないでいたところ、熟慮期間経過後に債権者から請求を受ける等して多額の借金が判明する等、相続人の生活を脅かすケースも増加してきました。
　このため、このような原則を徹底し、熟慮期間の起算点を「相続開始原因事実」並びに「自己が相続人になった事実」を知った時に限ってしまうと、不都合が生じる場合があります。

　そこで、この3か月の熟慮期間の始期については、「特段の事情がある場合」には、その時期を遅らせられないかが検討されていきました。

特段の事情がある場合とは

　先ず、最2小判昭和59年4月27日民集38巻6号698頁、家月36巻10号82頁（昭和59年判決）は、以下の3つ条件を満たす場合、例外として相続人が相続財産の全部または一部の存在を認識した時から熟慮期間を開始するとしました。
　①　被相続人に相続財産が全く存在しないと信じていた。
　②　相続財産が全くないと信じたことについて相続人に相当な理由がある。

【昭和59年判決の判断】

昭和59年判決は、被相続人の債務は、あくまでも被相続人自身の債務であって、相続人の意思の作用によって、つまり相続人が相続を承認した場合にのみ相続人に承継されるべき、という考えを基本にしています（昭和59年判決金判697号3頁〈最高裁〉判例解説〈昭和59年民事篇〉193頁、202頁）。

とはいえ、条文上は、「相続人は、相続の承認又は放棄をする前に、相続財産の調査をすることができ」三箇月で不十分であれば「この期間は、利害関係人…の請求によって、家庭裁判所において伸長することができ」ます（915条1項ただし書、同条2項）。

つまり、上記不都合は、十分な調査をしないまま熟慮期間を経過させた相続人の落ち度によるものというのが、法の建前になっています。

そこで、昭和59年判決は、法の建前を踏まえ、以下の①により原則論を述べた上で、例外的なものとして②のように判断しました。

昭和59年判決①

相続人が、相続開始の原因たる事実及びこれにより自己が法律上相続人となつた事実を知つた場合には、通常、右各事実を知つた時から三か月以内に、調査すること等によつて、相続すべき積極及び消極の財産（以下「相続財産」という。）の有無、その状況等を認識し又は認識することができ、したがつて単純承認若しくは限定承認又は放棄のいずれかを選択すべき前提条件が具備されるとの考えに基づいている

積極財産：金銭的価値のある財産、プラスの財産
消極財産：負債の部分である財産、マイナスの財産

> **昭和59年判決②**
>
> 相続人が、右各事実を知つた場合であつても、右各事実を知つた時から三か月以内に限定承認又は相続放棄をしなかつたのが、<u>被相続人に相続財産が全く存在しないと信じたためであり</u>、かつ、被相続人の生活歴、被相続人と相続人との間の交際状態その他諸般の状況からみて当該相続人に対し相続財産の有無の調査を期待することが著しく困難な事情があつて、<u>相続人において右のように信ずるについて相当な理由があると認められるとき</u>には、相続人が前記の各事実を知つた時から熟慮期間を起算すべきであるとすることは相当でないものというべきであり、熟慮期間は<u>相続人が相続財産の全部又は一部の存在を認識した時又は通常これを認識しうべき時から起算</u>すべきものと解するのが相当

（下線は筆者）

3-3

相続放棄の熟慮期間の始期③
特段の事情がある場合の解釈の広がり

　最２小判昭和59年4月27日民集38巻6号698頁（昭和59年判決）は、以下の3つ条件を満たす場合、例外として相続人が相続財産の全部または一部の存在を認識した時から熟慮期間を開始するとしました。

① 被相続人に相続財産が全く存在しないと信じていた。
② 相続財産が全くないと信じたことについて相続人に相当な理由がある。

　それは、相続法の建前を前提としながら、妥当な結論を導こうとするもので評価できますが、それでは狭すぎるのではないかとも思われます。

昭和59年判決

　例えば「相続財産が全く存在しない（と信じた）場合」の解釈としては、以下の場合が考えられます。

（ⅰ）積極・消極財産がない場合
（ⅱ）積極財産なし、消極財産500万円
（ⅲ）積極財産500万円、消極財産500万円

　昭和59年判決が例外として認めている場合は、「（ⅰ）の場合に限られる」と解されていました（昭和59年判決判例解説206頁）。

相続開始 3 か月経過後の相続放棄を認める高裁判断

しかし、その後、相続人が相続開始時において相続財産の存在していることは知っていたが、自らはこれを承継することはないと信じていた場合について、相続開始三か月経過後の相続放棄を認める高裁判断が出てきました。

① 東京高決平成 12 年 12 月 7 日家月 53 巻 7 号 124 頁、判タ 1051 号 302 頁
　被相続人が生前特定の相続人に遺産の全部を相続させる旨の遺言書を作成していたため、相続財産を承継することはないと信じていた他の相続人
② 名古屋高決平成 11 年 3 月 31 日家月 51 巻 9 号 64 頁
　被相続人から生前贈与を受け、かつ、共同相続人間で他の相続人が被相続人の跡をとる旨の話し合いがされていたため、自己が相続すべき財産はないと信じていた相続人

このような高裁の判断は「自己が相続取得若しくは承継すべき相続財産がない」ことを誤認していた場合のことであり、昭和 59 年判決の予定したところを超えています（以上、遠山「相続放棄申述の熟慮期間」判タ 1100 号 306 頁）。

ただ、このような判断に従えば、上記（ⅱ）（ⅲ）の場合も同様に熟慮期間の例外的な取り扱いがなされることになるでしょう。

そもそも、相続という偶発的な事実をもって被相続人の債権者に棚ぼた的利益を与えるのは不当と考えると、その結論は、相続財産に関する相続人の調査義務の程度を低め、熟慮期間の例外を広く認めていくもので、好ましいものと思われます。

そうなると、上記高裁判例よりも更に広く「格別見るべき相続財産がない」場合や「めぼしい相続財産がない」場合と信じた時でも、熟慮期間の開始日をずらし、債権者から請求を受ける等して相続人が相続債務を含む

相続財産の全部または一部を認識した時（または通常これを認識できるはずの時）から、3か月を起算するのが妥当ではないかと思います（前掲遠山307頁）。

3–4

相続放棄の熟慮期間の始期④
特段の事情がある場合──判断要素

　最2小判昭和59年4月27日民集38巻6号698頁（昭和59年判決）は、相続人が相続財産の全部または一部の存在を認識した時から熟慮期間を開始するとして、熟慮期間の起算時についての例外を認めました。
　この例外規定を適用するためには、「相続財産が全くないと信じたことについて相続人に相当な理由がある」ことが必要とされています。

　では「（相続財産が全く存在しないと）信ずるについて相当な理由がある」かの判断は、どうすべきでしょうか。
　それは、昭和59年判決がいうとおり、「被相続人の生活歴、被相続人と相続人との間の交際状態その他諸般の状況からみて」判断することになるかと思います。

最2小判昭和59年4月27日の概要
　昭和59年判決の事案の概要は、次のようなものです。

　Aは、Bに貸金債権を有していたところ、これをCが連帯保証していたので、Cに対し訴えを提起しました。第一審で、Cは敗訴判決を受けましたが、その後まもなくCが死亡、控訴期間満了前に訴訟は中断しました。

　Cの子Dらは、長期間交渉断絶の状態で、Cの生活ぶりを知らなかったため、この第一審訴訟の存在を知らないまま、Aの資産は全くないと誤信し、相続についての手続もとらず放置していました。
　Cの死亡後1年近く経過してから、やむなく、第一審裁判所は、Dらに

訴訟を受継させて第一審判決を送達したところ、Dらが、第一審判決に控訴すると共に相続放棄の申述をしたというものです。

Cは、Dらが家出してから約10年後に連帯保証債務を負担し、その3年後に死亡したものです。

長期間の交渉断絶後に親が交わした連帯保証債務の存在など、子が知る由もありません。Cは、生活保護を受けていたようで、死亡後は、葬儀も行われず、遺骨は寺に預けられたままでした。

このような事案では、問題なく「相続財産が全く存在しないと信ずるについて相当な理由がある」ということになるかと思います。

特段の事情がある場合の判断要素

昭和59年判決の事案を目の前にすると「別居が重要な要素」となる（遠山「相続放棄申述の熟慮期間」判タ1100号307頁）ようにも思えますが、最近は同居の夫婦間でも互いの財産状況を明らかにしない場合が増えています。

特に共稼ぎの場合はそのようなことが多いでしょうし、専業主婦の場合でも夫が財布の紐を握っている場合妻にはその詳細はわからないことが多いようです。

だとすれば、単に「別居」といった事実だけでなく「その他諸般の状況」から柔軟に判断してもいいのではないかと思われます。

3-5

相続放棄ができない場合
相続財産の処分① 債権の取り立て

　相続財産を勝手に処分した場合は法定単純承認をしたものとみなされ、相続放棄をすることができなくなる、または相続放棄が無効となる可能性があるため、注意が必要です。
　※この場合の処分は相続放棄をする前後を問いません。

相続財産の処分と相続放棄

　相続人が被相続人の財産のすべてを相続する場合を単純承認といい、これに関しては特に手続きを経る必要はありません。

　ただ、民法921条1号は、「相続人が相続財産の全部又は一部を処分したとき」は「単純承認をしたものとみなす」とされています（法定単純承認）。
　また、熟慮期間中といえども、そのような「処分」があれば、相続放棄はできなくなります。

　では、法定単純承認としての「処分」とはどのようなものなのでしょうか。
　921条1号は、「ただし、保存行為及び第602条に定める期間を超えない賃貸をすることは、この限りでない」としており、これとの関連も問題になります。

相続財産の保存・管理

　先ず、相続人は、相続の承認又は放棄をする前であったとしても（※）、相続財産を「管理」することが出来ます（918条1項）。
　※その際の注意義務は、固有財産におけるのと同一のものである点は注

意が必要です。
　ですから、相続財産の「管理」をしたところで、それが法定単純承認事由としての「処分」があったとはいえない筈です。

　一般的に、保存（行為）とは管理（行為）より狭い概念と考えられていますが、921条1号ただし書きにいう「保存行為」とは、そのような狭い意味での保存行為とは異なって「全体としての相続財産を保存するために必要となる個々の処分行為を含む」と解されます。
　例えば、921条1号ただし書にいう「保存行為」として腐敗しやすい個々の物の処分換価は許され相続財産全体の現状維持は許されることになります（松原「法定単純承認」判タ1100号312頁）。

債権の取り立て
　となると、保存行為とはいえ、それを処分換価することも許される訳で、また、そのような行為を含めたものが管理行為として許される訳です。以上を前提にすると、相続人が被相続人の有していた債権を取り立てて受領する行為がどのように取り扱われるか問題になります。

① 最1小判昭和37年6月21日家月14巻10号100頁・判タ141号70頁
　　被相続人の有していた昭和32年当時で金3000円（現在の消費者物価指数に換算すると約1万6300円程）の売掛金を取立てて収受領得した点につき、民法921条1号にいう「処分」があったとして、相続人が右債権を如何ように処置したか否かは審究するまでもないとしました。
② 東地判平成10年4月24日判タ987号233頁、金判1056号31頁
　　被相続人の有していた収益不動産から上がる賃料を被相続人の経営していた会社口座から相続人個人口座に変更することは、民法921条1号の「処分」にあたるとしたものがあります。

　②の東京地裁が理由とするところは、このような口座変更処理がされる

とその事情を知らない相続人の債権者が相続財産としての賃料を差し押さえるといった事態が発生し得るという点にあります。

　このようにみてみると、債権を取り立てて受領する行為は、単純承認行為としての「処分」にあたると考えられることが多い様です。ですから、相続といった事態が生じた場合には、一時の保存行為にあたると安易に考えて軽率に動かないようにすることが大切です。

3-6

相続放棄ができない場合
相続財産の処分②　動産の処分と祭祀関連費

　相続財産を勝手に処分した場合は法定単純承認をしたものとみなされ、相続放棄をすることができなくなる、または相続放棄が無効となる可能性があるため、注意が必要です。
　※この場合の処分は相続放棄をする前後を問いません。

　ただし、相続財産の処分に関する規定をあまりに厳密に適用すると、故人の衣類や日用品といった細々した遺品も捨てることができなくなってしまいます。
　そこで、「処分」行為といっても、動産の処分や祭祀については、若干、緩やかに考えられる場合があります。

動産の処分
　動産は、現金化（換価）が難しい場合も多く、仮にそれが出来たとしても低額に終わることも多いです。
　ただ「処分」がなされると、限定承認すら許されなくなって、単純承認という結果を招いてしまう以上、その対象は「一般経済価値」のあるものであることが必要と解されます。

　そのような視点も踏まえ、「形見分け」程度のものであれば、921条1号にいう「処分」にあたらないと解されています（松倉「単純承認とみなされる場合」判タ688号19頁）。

　となると、特に「衣類等」については、それほどやかましく考える必要

もないのではとも思われますが、現実はそうともいえません。
① 大判昭三・七・三新聞二八八一号六頁
衣類二、三点の形見分けでも「一般経済価額ヲ有スルモノハ…相続人ニ於テ之ヲ他人ニ贈与シタルトキハ」単純承認になると判示した。
物の豊富な現代には通用しない過去の判例であるとする見解もあります（伊藤『相続法』有斐閣、233頁）が、それ以降でも以下のような判断があります。
② 松山簡判昭和52年4月25日判時878号95頁
和服十五枚、洋服八着、ハンドバック四点、指輪二個を…引渡した行為は…相続財産の重要な部分を占める、として「処分」にあたるとしました。
③ 東京地判平成12年3月21日家月53巻9号45頁、判タ1054号255頁
921条3号の「隠匿」にあたるかが争われたのですが、スーツ、毛皮のコート3着、カシミヤ製のコート3着その他残っていた洋服や靴（100足程度であまり使用されず）のほとんど、絨毯、鏡台を持ち帰ったという事案について、「一定の財産的価値を有する…遺品のほとんどすべてを持ち帰っている」として法定単純承認を認めました。

ちなみに上記②、③について、法定単純承認されたかどうか争われた相続債務額は、前者が10万円程で、後者が23万円程です。その程度の額であるが故、法定単純承認も認められ易かったのかもしれませんが、それを認めた理由としては「価格」よりも「量」が重視されているようですので、その点注意が必要です。

祭祀
① 大阪高決昭和54年3月22日家月31巻10号61頁
遺産の一部から火葬費用、被相続人の治療費を支払うことは、921条1号にいう「処分」にあたらないとされています。
② 大高決平成14年7月3日家月55巻1号82頁
上記①とも関連するのでしょうか、相続人が、葬儀、仏壇、墓石に

関する費用の一部として遺産である貯金を解約して302万円を支払ったのですが、被相続人が死亡してから3年半経過して、信用保証協会から約5900万円の求償債務の存在を知らされたという事案について、相続放棄を認めた判断は注目されます。

このようにみてみると、「処分」に該当するか否かは微妙な判断が必要となる場合もあるため、相続放棄にあたっては、原則通り故人の遺品などに手を付けないで、相談される方が良いでしょう。

3-7 再転相続と相続放棄

再転相続とは

甲の相続について、乙が相続の承認・放棄のいずれもせずに熟慮期間内（3か月以内）に死亡したとします。

このような場合に、乙の相続人たる丙が、乙自身の相続に関する承認・放棄の権利のみならず、乙の有していた甲の相続に関する承認・放棄の権利も承継することを再転相続といいます。

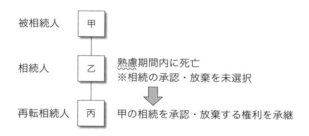

※甲、乙には、他に相続人はいないものとする

再転相続の熟慮期間

再転相続に関し、承認又は放棄をすべき期間（熟慮期間）は、再転相続人（丙）が自己のために相続の開始があったことを知った日から開始するとされています（916条）。

すなわち、再転相続人（丙）は、被相続人（甲）について相続を承認・

放棄する権利を承継したわけですが、この場合の熟慮期間の始期は相続人（乙）が被相続人（甲）の相続について有していた残存期間ではありません。

例えば、被相続人に関する熟慮期間が残り1か月残された時点で相続人が死亡した場合、再転相続人の熟慮期間は1か月ではありません。

これは、被相続人の相続財産を調査し、相続の承認・放棄をする機会を検討する時間を再転相続人に確保させようとする趣旨に基づきます。

ただ民法は、再転相続が生じた場合について、熟慮期間に関する定めのみを置き、その他は解釈に委ねられていることから問題になります。

再転相続の承認・放棄の選択

乙の相続人である丙は、乙のみならず、被相続人（甲）の相続の承認・放棄の権利をも引き継ぐことになります。

この場合、丙は被相続人（甲）と相続人（乙）の相続について承認または放棄をするかを選択する場合に分けると、これらの組み合わせにより4つのケースを想定することができます。

	被相続人（甲）の相続	相続人（乙）の相続
A	承認	承認
B	放棄	放棄
C	承認	放棄
D	放棄	承認

この点、相続放棄をした者は「その相続に関しては、初めから相続人とならなかったものとみなす」とされています（939条）。

例えば、相続人（乙）の相続を放棄した場合、丙は「初めから相続人とならなかった」ので、被相続人（甲）の相続の放棄又は承認もその効力を失うのではないか等が、問題になります。

3-8

再転相続における相続放棄の順序① 具体例

　甲の相続について、乙が相続の承認・放棄のいずれもせずに熟慮期間内（3か月以内）に死亡したとします。

　このような場合に、乙の相続人たる丙が、乙自身の相続に関する承認・放棄の権利のみならず、乙の有していた甲の相続に関する承認・放棄の権利も承継することを**再転相続**といいます。

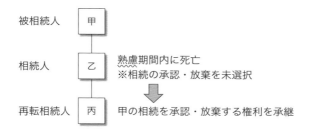

※甲、乙には、他に相続人はいないものとする

　丙は、乙の相続人として、また、甲の再転相続人として、甲、乙2つの相続について承認・放棄する権利を有します。

　ただし、相続放棄をした者は「その相続に関しては、初めから相続人とならなかったもの とみなす」とされています（939条）。

　この規定を踏まえて、最高裁は相続放棄の順序により、結論が異なる場合があるとしました（最3小判昭和63年6月21日家月41巻9号101頁）。これを整理したものが以下の表です。

なお、最高裁の判断は以下の表のうち②のみであり、①や③については明示していません。④は記載があるものの、傍論にとどまります。

相続の承認・放棄の選択順序と効果

先に行う承認・放棄			選択とその効果
第1の相続	承認	①	明示せず。第2の相続について承認は可能と思われるが放棄ができるか等は争いがある（※）。
	放棄	②	第2の相続についての選択可能である。
第2の相続	承認	③	明示せず。ただ当然、第1の相続についての選択は可能と思われる。
	放棄	④	**第1の相続についての選択権を失う。**

※詳細は「3-10 再転相続に関する考察」参照

　第1の相続について先に放棄を選択したとしても、第2の相続について承認・放棄の選択をすることができます。

　しかし、第2の相続について先に放棄を選択した場合には、第1の相続について承認・放棄を選択することはできなくなります。ここまでが、最高裁の示す結論です。

　それ以外の場合については、次で詳しく検討したいと思います。

3-9

再転相続における相続放棄の順序②
昭和63年6月21日最高裁判決

再転相続人は、2つの相続について承認・放棄する権利を有します。

ただし、最高裁は相続放棄の順序により、結果が異なる場合があることを認めました（最3小判昭和63年6月21日家月41巻9号101頁）。

以下、判例を紹介します。

最3小判昭和63年6月21日（以下、昭和63年判決）

事案の概要

親Aが不動産を残して死亡しました。その子はB、Cの2人でしたが、Bには債権者Dがいて、不動産についてのBの相続持分2分の1に仮差押え登記をしました。

その後、BはAの相続を承認又は放棄することなく死亡し、Bの子Eが相続人だったのですが、Eは、再転相続人として、先にAの相続を放棄した上で、Bの相続も放棄しました。

そこで、CはDの仮差押えとその登記は無効であると主張したという事案です。

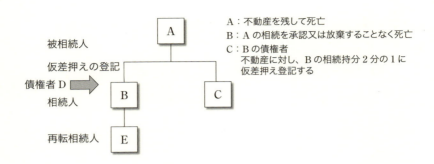

【債権者Dの主張】

　EがBの相続を放棄したのであれば939条の解釈として、EのしたAの相続放棄が（事後的にとはいえ）無効になり、Aの不動産についてのBの相続持分2分の1を有効に差押えられる。

　この点について、昭和63年判決は、以下のとおり判断し、結果としてCの主張が認められました。

　すなわち、EがAの相続を放棄することにより、BはAの相続人でなかったことになり、債権者の差押は無効となります。相続人はCのみとなり、Aの相続財産は全てCが相続することになりました。Cの登記の抹消請求は認められました。

　その後、EはBの相続を放棄することにより、Bの相続人でなかったことになるため、EはBの借金を相続しません。CはBの二次相続人ですが、CもBの相続を放棄すればBの借金を相続する者はいなくなることになります。

昭和63年判決

民法916条の規定は、甲の相続につきその法定相続人である乙が承認又は放棄をしないで死亡した場合には、乙の法定相続人である丙のた

めに、甲の相続についての熟慮期間を乙の相続についての熟慮期間と同一にまで延長し、甲の相続につき必要な熟慮期間を付与する趣旨にとどまるのではなく、右のような丙の再転相続人たる地位そのものに基づき、甲の相続と乙の相続のそれぞれにつき承認又は放棄の選択に関して、各別に熟慮し、かつ、承認又は放棄をする機会を保障する趣旨をも有するものと解すべきである。そうであつてみれば、丙が乙の相続を放棄して、もはや乙の権利義務をなんら承継しなくなつた場合には、丙は、右の放棄によつて乙が有していた甲の相続についての承認または放棄の選択権を失うことになるのであるから、もはや甲の相続につき承認または放棄をすることはできないといわざるをえないが、<u>丙が乙の相続につき放棄をしていないときは、甲の相続につき放棄をすることができ、かつ、甲の相続につき放棄をしても、それによつては乙の相続につき承認または放棄をするのになんら障害にならず、また、その後に丙が乙の相続につき放棄をしても、丙が先に再転相続人たる地位に基づいて甲の相続につきした放棄の効力がさかのぼつて無効になることはない</u>ものと解するのが相当である

(下線は筆者)

[参考] Eが相続人（B）の放棄を先にした場合

Bの相続放棄をすれば、Dからの借金を回避することができます。

ただし、昭和63年判決の判断に従えば、Bの権利義務を承継しなくなるため、EはBの有するAに関する承認・放棄を選択する権利を失うことになります。

すると、Aの相続財産のうちBの持分についてはこれを守ることができなくなります。

このように、相続の放棄にあたっては、その順序が重要になるため、専門家に相談される方が良いと思います。

3-10

再転相続に関する考察

再転相続人（丙）は、被相続人（甲）の相続を承認した上で相続人（乙）の相続を放棄し、被相続人（甲）の遺産のみを相続することはできるのか、という問題について考察してみたいと思います。

昭和63年判決が直接触れていない点です。

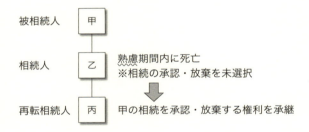

※甲、乙には、他に相続人はいないものとする

被相続人の相続の承認は「処分」にあたるか

丙が甲の相続を承認した場合、これが921条1号の「処分」にあたらないかです。

例えば、遺産を自らのものとして「取得」しても「破棄」しても「処分」があったことに変わらないように思えます。

ところが昭和63年判決は「甲の相続につき放棄をしても…乙の相続につき承認または放棄をするのになんら障害にならず」とし「甲の相続放棄」は「処分」にあたらないとしています。だとすれば「甲の相続承認」があった場合も同様「処分」にあたらないと考えられています（千藤「再転相続

第 3 章　相続放棄　67

人の相続放棄」『家族法判例百選〔第 7 版〕』有斐閣、160 頁によれば、通説とされているようです。)。

相続人の相続放棄をしても被相続人の相続承認が可能か

問題は、その後乙の相続を放棄したにもかかわらず、甲の遺産を相続することができるかです。

これに対する解答としては、「相続できない」というのが通説です。「相続」の本質は「承継」と解されていますから、乙を承継していない以上、乙を通じた甲の「承継」ということも考えられないからです。

この点、甲の相続を認める有力説が存在します。

確かに、昭和 63 年判決は「丙が乙の相続につき放棄をしても、丙が先に再転相続人たる地位に基づいて甲の相続につきした放棄の効力がさかのぼって無効になることはない」としています。

また、それに関する金融法務事情 1206 号 30 頁のコメントによれば、「遡及的無効という構成を採らなかったのは、放棄の撤回ができないとする民法 919 条 1 項の規定の趣旨と同様に、身分関係の安定を重視したもの」とされています。

だとすれば、同じく身分関係に関することですから、承認に関する効力も無効にならないと解することができると、この有力説は主張します。

その上で、再転相続に関する 916 条が、相続や移転といった文言を用いていない（ドイツでは前者の文言が、イタリアでは後者の文言が使用されているようです。）として、日本法における再転相続は丙固有の権利であって、そのまま甲の遺産は丙に「帰属」すると考える訳です（山本「再転相続について」『現代法学の諸相』法律文化社、93 頁、特に 106 頁）。

とても興味深い見解ですが、この見解は乙を通さず、甲から丙への権利帰属をそのまま認めます。それも「承継」だといわれるとそれまでなのですが、相続における「承継」とは祖父から子、子から孫へと脈々と続いていくものと解されており、そのような理解に明らかに反します。そのよう

な意味において、前述したとおり、丙には乙を通じた甲の「承継」は認められないのではないかと思います。

3–11

相続放棄と不動産登記①
債権者等への対抗

　不動産について、所有権の移転などがあった場合、登記をしないと第三者に対抗することができません（177条）。

　この点、相続放棄をした相続人が、相続登記を行って当該不動産の名義人になったり、これを第三者名義に移転したりすることはないのが通常です。
　ただ相続放棄をした者の債権者が、相続放棄の事実を知らないまま、その相続人に代わって、不動産の相続登記を行い、その不動産を差押えることはわりとみかけます。

　相続放棄がされた場合、その者が相続する筈だった財産は他の者が相続することになります。
　例えば、子が死亡し孫が相続放棄した場合、その子の財産はその父母に帰属します。にもかかわらず、その父母としては、自己名義への登記をしない限り、孫の債権者等から逃れることができないのか、が問題となります。

　このような場合、相続放棄の効果は絶対的で、何人に対しても、登記等なくして効力を生ずる、とされています。
　すなわち、相続放棄をした孫は、最初から相続人とならなかったものとみなされ、子の財産を相続した父母は、子の財産の差押え等をした孫の債権者に対し、差押の無効を主張することができます。

　こうした判断をした最高裁判例があるので、事案を簡略化した上で、紹介しておきます。

最2小判昭和42年1月20日民集21巻1号16頁、家月19巻5号69頁

> **事案の概要**
>
> Aが不動産を残して死亡しました。その相続人はB、Cの2人でした。ところが、Bには債権者Dがいて、Dは、Bが相続放棄をした後、不動産についてのBの相続持分に仮差押え登記をしました。

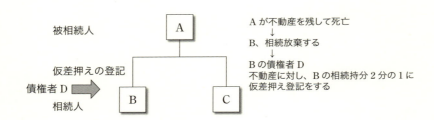

　Bの相続放棄はされているのですから、CとしてはAの不動産を単独名義に変更することは可能でした。
　にもかかわらず、Cはそのような登記をしていなかった点を捉えて、Bが相続するはずだった（が放棄の結果Cのものになった）Aの不動産の持分をDに登記なくして対抗できない(177条)というのが、Dの主張です。

　この点について、最高裁は以下のように判断しました。
　所定期間内に家庭裁判所に相続放棄の申述をした場合、相続人は相続開始時にさかのぼって相続開始がなかったと同じ地位におかれることとなります。
　この相続放棄の効力は絶対的なものであり、登記がなくても、何人に対しても効力を生じます。
　そこで、相続放棄をした相続人の債権者がした相続財産の仮差押登記が無効とされました。

この判例を前提とするなら、CはBが相続する筈だったAの不動産の持分を登記なくしてDに対抗できるということになります。

> 最2小判昭和42年1月20日民集21巻1号16頁、家月19巻5号69頁、判タ204号109頁
>
> 放棄をなすべき期間…内に家庭裁判所に放棄の申述をすると…相続人は相続開始時に遡ぼつて相続開がなかつたと同じ地位におかれることとなり、この効力は絶対的で、何に対しても、登記等なくしてその効力を生ずると解すべきである

3-12

相続放棄と不動産登記②
遺産分割協議の場合との比較

　相続放棄の効果は絶対的で、何人に対しても、登記等なくして効力を生ずる、とされています。

　これに対し、遺産分割協議により法定相続分を超えて権利を取得した後、登記をしないまま第三者が現れた場合、遺産分割により法定相続分を超えて取得した権利を第三者に対抗することはできません。

　こうした判断をした最高裁判例があるので、若干事案を簡略化し、紹介しておきます。

最3小判昭和46年1月26日民集25巻1号90頁、家月23巻7号39頁

事案の概要
Aが不動産を残して死亡しました。その相続人はB、Cの2人でしたが、Bには債権者Dがいました。 遺産分割（調停）の結果、Cが不動産を相続することになりましたが、不動産の登記を行わないでいたところ、債権者Dが不動産についてのBの持分に仮差押え登記をしました。

第3章　相続放棄　73

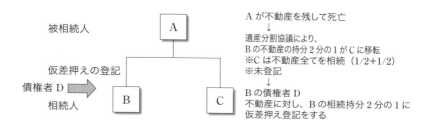

　遺産分割によってAの不動産のBの持分がCのものになった場合、最高裁は自己の持分以上の権利を第三者に主張するためには登記が必要である、と判断しています。

　このため、Cより先にDが仮差押えをし、その旨の登記を経たので、Bの持分については、Cは負けることになります。

> 最3小判昭和46年1月26日民集25巻1号90頁、家月23巻7号39頁、判タ259号153頁
>
> 遺産の分割は、相続開始の時にさかのぼってその効力を生ずるものではあるが、第三者に対する関係においては、相続人が相続によりいったん取得した権利につき分割時に新たな変更を生ずるのと実質上異ならないものであるから、不動産に対する相続人の共有持分の遺産分割による得喪変更については、民法177条の適用があり、分割により相続分と異なる権利を取得した相続人は、その旨の登記を経なければ、分割後に当該不動産につき権利を取得した第三者に対し、自己の権利の取得を対抗することができないものと解するのが相当である

判例の合理性

　相続と不動産登記については、①最2小判昭和42年1月20日、②最3小判昭和46年1月26日の2つの判例を検討しました。

　これら2つの判例については、その整合性が検討されていますが、遺産

分割に関する909条は「遺産の分割は、相続開始の時にさかのぼってその効力を生ずる。ただし、第三者の権利を害することはできない。」としています。

一方、相続放棄の場合、遡及効を認めているものの遺産分割協議の場合のような「ただし書－第三者保護規定」がありません。

その意味で、相続放棄についてはＤのような第三者保護の必要性は弱まります。

その上で、相続放棄は熟慮期間中にしかできず（915条1項本文）また、家庭裁判所に申述という形でなされる（938条）ので、第三者としてもこれを確かめることもできます。

そこで、遡及効を絶対的に貫いてもそれほど害される第三者は多くは登場しないという点で、2つの判例の違いには合理性があるとされています。

3-13

相続放棄の撤回・錯誤無効

相続放棄の撤回

相続放棄の撤回はできません（民法 919 条）。

同条は 1 項で、「相続の承認及び放棄は」熟慮期間中とはいえ、「撤回することはできない」としています。

ただ、未成年者、成年被後見人取消し、詐欺や脅迫による場合といったは相続放棄の取消しが認められています（同条 2 項）。

これは、同条 2 項が、「第 1 編（総則）及び前編（親族）の規定により相続の承認又は放棄の取消をすることを妨げない」と規定していることに基づきます。

このように、相続放棄の撤回はできませんが、「取消し」をすることはできます。

錯誤無効の主張は認められるか

では、民法第一編（総則）の錯誤「無効」の主張は認められるでしょうか。

民法は、錯誤（勘違い）状態に陥って為された意思表示が無効であると定めています（95 条）。

明文はないのですが、最高裁は以下の通り判断し、錯誤による無効の主張も認めています。

「相続放棄は家庭裁判所がその申述を受理することによりその効力を生ずるものであるが、その性質は私法上の財産上の法律行為であるから、こ

れにつき民法95条の規定の適用があるのは当然」としています（最1小判昭和40年5月27日家月17巻6号251頁、判タ179号121頁）。

錯誤無効には意思表示の錯誤が必要

95条は「意思表示は、法律行為の要素に錯誤があったときは、無効とする」としています。

錯誤無効を主張するためには以下に留意する必要があります。

① 原則として、相続放棄という「意思表示」に錯誤（勘違い）がなければ無効主張は許されない。
② 「要素に錯誤があった」とき。すなわち、相続放棄（意思表示）をした者が、その事実を知っていたとするならば、そのような行為（相続放棄）を（その者だけでなく）通常人もしなかったはずである、と認められる場合でなければならない。
③ 重大な過失がある場合には認められない。

> 父が死亡しその相続人が母と兄妹2人の場合。
> 兄に父の遺産を「贈与」する意思で（贈与書だと思って）、母妹が相続放棄に関する書類を作成提出した。

この場合、相続放棄をするという意思はないので、錯誤無効を基礎づける勘違い（錯誤）はあることになります（上記①）。

しかし、贈与であれ放棄であれ、兄に遺産が帰属するという点で、最終的な効果としては同じですから、それが「要素」の錯誤といえるか問題になるでしょう（上記②）。

また、相続放棄に関する書類にはそのための書類であることが明確に書かれていますので「重大な過失」が認められることも多いと思われます（上記③）。

3–14
動機の錯誤による相続放棄の無効

　相続放棄については、撤回はできませんが、錯誤無効の主張が認められています。
　よく主張されるのは、相続放棄の動機に錯誤（動機の点で勘違い）がある場合であり、以下を挙げることができるでしょう。

① 兄が母の面倒をみると思ったので母妹が相続放棄して父の自宅を兄のみに相続させたにもかかわらず、兄が母の面倒をみなかった場合
② 父には負債しかないと思って母・兄妹共に相続放棄したところ、負債を遥かに超える遺産があった場合
③ 母に父の自宅を相続させようと兄妹が相続放棄したところ、父の子である兄妹が「初めから相続人とならなかったもの」とされる（939条）結果、相続順位（889条）が変動し、これまで会ったこともない父の弟（叔父）がでてきて母と共に相続人になってしまった場合

原則：主張は認められない
　以上の場合、相続放棄をする意思はあるので、原則として95条による動機の錯誤無効の主張は許されません。

例外：動機が表示された場合
　しかし、判例は動機が表示された場合、例外として95条の無効主張を認めますので、このような判例理論が適用されるのかが問題になります。

　この点、相続放棄は相手方のいない単独行為ですが、それに利害関係を

有する者がいる場合があります。

相続放棄は「家庭裁判所に申述」という形式によって行いますが、その書類には「放棄の理由」を述べるところがあります。そこへの記載等を通じて動機が利害関係人に表示等されているならば、相続放棄の錯誤無効の主張は認められるとした判例がでたことは注目されます。

※参考判例
- ②と同じく遺産の構成〈大きさ〉に錯誤があった例につき、福岡高判平成10年8月26日判時1698号83頁
- ③と同じく放棄による相続分の行方に錯誤があった例につき、東京高判昭和63年4月25日高民集41巻1号52頁、東高民時報39巻1-4合併号24頁

その他、相続放棄と錯誤無効については、小林『錯誤法の研究〈増補版〉』酒井書店、643頁、安永「最新判例批評」判例評論360号21頁が、参考になります。

このような事情が存在すれば、相続放棄の錯誤無効の主張は、上記②や③の事例については認められる場合もあると思われます。

ただ、上記①の事例については、それが動機の錯誤であることに加え、95条本文の「要素」性を充たすのか、充たすとしても「重大な過失」にならないか（95条ただし書）等、ハードルも高く難しいことが多いでしょう。

3–15 相続放棄に関する総合問題

> 被相続人の相続人として子 A、B がいましたが、A に全ての遺産を相続させるべく、そのような遺産分割協議書を AB 間で交わしたところ、熟慮期間経過後、被相続人の債権者から多額の債務の弁済を請求されました。

問題点

この場合、B の相続放棄が許されるかについては、以下全ての点が問題になります。

① 遺産分割協議の錯誤無効の主張は認められるのか
② A との遺産分割協議は相続財産の「処分」にあたり（921 条 1 号）法定単純承認になるのではないか
③ 相続放棄の熟慮期間は経過しているのではないか、その起算時は何時か

これと類似した事案について、大阪高裁は、①について錯誤無効の余地を認め、②について法定単純承認にならない余地を認めました。

> 大阪高決平成 10 年 2 月 9 日家月 50 巻 6 号 89 頁、判夕 985 号 257 頁
>
> 多額の相続債務の存在を認識しておれば、当初から相続放棄の手続を採っていたものと考えられ…相続放棄の手続を採らなかったのは、相続債務の不存在を誤信していたためであり、前記のとおり被相続人と抗告人らの生活状況…他の共同相続人との協議内容の如何によって

> は、本件遺産分割協議が要素の錯誤により無効となり、ひいては法定
> 単純承認の効果も発生しないと見る余地がある。

　ただし、たとえ遺産分割協議が無効であり、遺産分割協議による「処分」としての法定単純承認の効果が生じないとされたとしても、相続放棄の申述をした時には被相続人の死亡から3か月（熟慮期間）が経過していました。
　そこで、相続債務が存在しないと信じるにつき相当な理由がある場合には、③は債権者からの請求を受けた時（相続債務のほぼ全容を認識した時）から熟慮期間を起算すべきであるとして、この点も踏まえて判断するよう原審に差し戻したというものです。

　意外と生じやすい問題と思いますので、知っていると参考になります。

第4章 遺産分割協議

被相続人の財産について相続権のある者の間で話し合いがされるのが遺産分割協議というものです。その内容について、検討したいと思います。

【この章で取り扱うテーマ】

- 4–1　具体的相続分とは①　法定相続分との違い
- 4–2　具体的相続分とは②　特別受益の計算例と立証のポイント
- 4–3　具体的相続分とは③　寄与分の計算例と特別受益との比較
- 4–4　遺産分割協議の進め方①　相続人等の確認（行方不明者）
- 4–5　遺産分割協議の進め方②　相続人等の確認（藁の上の養子）
- 4–6　遺産分割協議の進め方③　相続人等の確認（胎児その他）
- 4–7　遺産分割協議が無効になる場合①　不在者の存在
- 4–8　遺産分割協議が無効になる場合②
　　　　錯誤と詐欺／遺言に違反する分割
- 4–9　遺産分割協議が成立していない場合における
　　　銀行預金の払戻し
- 4–10　遺産分割協議の諸問題（財産の不足分・解除）

4-1
具体的相続分とは①
法定相続分との違い

　遺産分割を考える上で、理解しておかなければならない概念として「具体的相続分」というものがあります。皆さんが聞き慣れている「法定相続分」という概念と比較しながら、簡潔に説明したいと思います。

法定相続分
　法定相続分とは、民法900条にいう「相続分」であり、そこでは「同順位の相続人が数人あるときは、その相続分は、次の各号の定めるところによる。…子…が数人あるときは、各自の相続分は、相等しいものとする。」とされています。

　例えば、母Aが死亡（既に父は死亡）した場合に子として姉妹B、Cと弟Dがいるとき、B、C、Dの相続分は相等しいとして「3分の1」ずつだとされるのが、法定相続分です。
　法律で定められた相続分ですが「抽象的な数字的割合」に過ぎず、その対象が何であるかも明確ではありません。あえていうなら、民法896条にいう「被相続人の財産に属した一切の権利義務」ということになるでしょう。

　ですが、一般的に聞き慣れているのは、この意味での相続分だと思います。

具体的相続分
　これに対し、具体的相続分とは、共同相続人間の実質的公平を図るため、「特別の受益」や「特別の寄与」が考慮された相続分となります。

1）特別の受益

民法903条1項末尾にいう「相続分」であり、そこで「共同相続人中に、被相続人から…婚姻…のため若しくは生計の資本として贈与を受けた者があるときは、被相続人が相続開始の時において有した財産の価額にその贈与の価額を加えたものを相続財産とみなし…前三条（900乃至902条）の規定により算出した相続分の中からその…贈与の価額を控除した残額をもってその者の<u>相続分</u>とする。」とされているものです。

例えば、Aが、死亡時、甲土地建物（時価2000万円相当）と乙マンション（時価1000万円相当）を有していたとします。ところが、Dが学生時代に海外留学費（以下、留学費といいます。）として1200万円の援助を生前Aから受けていた場合、甲と乙の価額に留学費を加えた価額を「みなし相続財産」とし、これに対するDの法定相続分3分の1の中から、留学費を除いたものが具体的相続分です。

数式で表すと以下の通りとなります。

ケース1：特別受益がある場合の具体的相続分

Dの具体的相続分200万円
＝みなし相続財産（甲2000万円＋乙1000万円＋留学費1200万円
＝4200万円）×1/3－留学費

2）特別の寄与

民法904条の2の1項末尾にいう「相続分」も具体的相続分の意味であり、そこにおいて「共同相続人の中に…被相続人の…療養看護…により被相続人の財産の維持…について特別の寄与をした者があるときは、被相続人が相続開始の時において有した財産の価額から…その者の寄与分を控除したものを相続財産とみなし、第九百条…の規定により算出した相続分に寄与分を加えた額をもってその者の<u>相続分</u>とする」とされているものです。

例えば、Aが高齢により、Dの家族が同居してDと家族が付き切りでAの療養看護をしていたというケースが想定されます。
　これがA自ら費用を払って施設に入っていたとすると、その分だけAの財産が減っている筈です。つまり、Dの貢献によりAの財産はある程度減少を免れた訳ですが、この場合、法定相続分の通りに遺産を分割すると、Dの貢献が認められないこととなり、不公平な結果となります。そこで、Dの貢献分を考慮したものが具体的相続分となります。

　このように、具体的相続分とは、相続人が承継する「相続財産に対する価額」ということであり、法定相続分とは異なって、具体的な「相続財産」を対象とした「価額」ということになります。

　具体的相続分を計算する上では、共同相続人間の実質的公平を図るのが相当であって、生前にされた「特別の受益」や「特別の寄与」が考慮されるということです。

4-2

具体的相続分とは②
特別受益の計算例と立証のポイント

　具体的相続分の計算にあたって、共同相続人間の実質的公平を図るため、相続人が被相続人の生前に相続分の贈与を受けた分を考慮することになります。

　民法903条1項にいう贈与は、単なる「贈与」ではなく「生計の資本」等としてのものである必要があります。その意味で「特別受益」とも称されます。

> この点は、よく争いが生じるところであり、以下の例で検討してみます。
> 母Aが死亡（既に父は死亡）した場合に子として姉妹B、Cと弟Dがいます。
> Aが、死亡時、甲土地建物（時価2000万円相当）と乙マンション（時価1000万円相当）を有していたとします。ところが、Dは学生時代に海外留学費（以下、留学費といいます。）として1200万円の援助を生前Aから受けていた気配があります。

　この場合、Dとしては「援助を受けた留学費は120万円で特別なものではない。」と主張することもあります。むしろ「Bは結婚の際の持参金（以下、持参金といいます。）として、Aから1200万円を貰っているので、それこそ特別受益だ。」と言い返します。
　これに対し、Bとしては「持参金は120万円しか貰っていない。Dこそ1200万円援助して貰ったくせに嘘をついて。」と反論することになるで

しょう。

特別受益の計算例と検証

ただ、この場合注意が必要です。

特別受益と認められるか否か、また認められる程度によっては、争わないで何もしない方が得策となる場合もあるからです。

1) 特別受益が等しく認められた場合

例えば、Dとしては「Bの持参金が1200万円であったこと」についての立証に熱中しがちです。そして、裁判所が「Bの持参金が600万円であって、Dの留学費が600万円であり、何れも特別受益にあたる」と認定すると、引き分けた感になります。

しかし、その場合、Dの具体的相続分は以下の通りとなります。

ケース2：特別受益　B＝D

Dの具体的相続分800万円
＝みなし相続財産（甲＋乙＋持参金600万円＋留学費600万円
＝4200万円）×1/3 －留学費

ちなみに、B、D互いの特別受益が認められなかった場合、Dの具体的相続分は以下の通りとなります。

ケース3：いずれの特別受益が認められない場合

Dの具体的相続分1000万円
＝みなし相続財産（甲＋乙＝3000万円）×1/3

ケース2とケース3を比較すると、200万円の損をしている訳です。これなら、お互い持参金や留学費のことは「まぁまぁ」と胸の内に納めておいた方が得です。

2）立証比重の置き方
① 相手方が特別受益を得ていた点を立証した場合

例えば、そこから「B>D」となるよう、更なる特別利益300万円の立証に力を注ぐにしても、この努力を相手方がより多くの特別受益を得ていた点に立証の比重を置いた場合はどうなるか。仮に、その努力が認められて、裁判所に「Bの持参金が900万円であって、Dの留学費が600万円であり、何れも特別受益にあたる」と認定してもらったとしても、Dの具体的相続分は以下の通りとなり、ケース3と比較してまだ100万円の損です。

ケース4：特別受益　B＞D

Dの具体的相続分900万円
＝みなし相続財産（甲＋乙＋持参金900万円＋留学費600万円
＝4500万円）×1/3－留学費

---

② 自己の特別受益が少なかった点を立証した場合

それよりか、むしろ、Dとしては、自ら貰った特別利益がより少なかったという点に立証の比重を置いて、裁判所に「Bの持参金が600万円であって、Dの留学費が300万円であり、何れも特別利益にあたる」と認定してもらうと、Dの具体的相続分は以下の通りとなり、ケース3と比較してイーブンになります。

ケース5：特別受益　B＞D

Dの具体的相続分1000万円
＝みなし相続財産（甲＋乙＋持参金600万円＋留学費300万円
＝3900万円）×1/3－留学費

3）相手方のみ特別受益と認められた場合

進んで、裁判所に「Bの持参金が600万円であって、Dの留学費が300

万円なので、前者は特別受益にあたるが、後者はこれにあたらない」と認定してもらえると、Dの具体的相続分は以下の通りとなり、ケース3と比較して200万円の得になります。

ケース6：相手方（B）のみ特別受益と認められた場合

Dの具体的相続分 1200万円
＝みなし相続財産（甲＋乙＋持参金600万円＝3600万円）×1/3

特別受益の立証のポイント

つまり、Dにしてみれば「B>D」という状況を立証するにしても「Bの持参金が多かったこと」より「Dの留学費が少なかったこと」に立証の比重を置く方が得策であり、進んで「Dの留学費は特別受益にあたらないこと」を立証する方が得だということになります。

このとおり、特別受益については、攻めよりも守りの方が大切なことが多く、この点強く認識しておくべきでしょう。

超過特別受益

民法903条2項は「贈与の価額が、相続分の価額…を超えるときは…受贈者は、その相続分を受けることができない。」としています。

例えば、Dが留学費として1800万円の援助を受けていたとすると、Dの具体的相続分は以下の通りとなります。

ケース7：超過特別受益

Dの具体的相続分 ▲200万円
＝みなし相続財産（甲＋乙＋留学費1800万円＝4800万円）
×1/3－留学費

同条項は「(具体的)相続分を受けることができない」としているだけなので、Dは▲200万円分を追加して支払う必要はないということです。これは「超過特別受益」の取り扱いといわれる問題です。

4-3

具体的相続分とは③
寄与分の計算例と特別受益との比較

　具体的相続分の計算にあたって、共同相続人間の実質的公平を図るため、相続人が被相続人の財産を維持または増加するために貢献した分を考慮することになります。

　寄与分も「特別の寄与」が要求され（904条の2の1項）、以下の例で検討してみます。

> 母Aが死亡（既に父は死亡）した場合に子として姉妹B、Cと弟Dがいます。
> Aが、死亡時、甲土地建物（時価2000万円相当）と乙マンション（時価1000万円相当）を有していたとします。

　例えば、DがAの療養看護をしていた場合でも、通常のものであるならば「直系血族…は、互いに扶養をする義務がある」とされている（877条1項）ので、その義務の範囲内のものと評価されます。ただ、Dの療養看護が特別なものでその寄与分が1200万円と裁判所によって定められた場合（904条の2の2項）、Dの具体的相続分は以下の通りとなります。

> ケース8：寄与分が認められた場合
>
> Dの具体的相続分1800万円
> 　＝みなし相続財産（甲＋乙－Dの寄与分1200万円＝1800万円）

> ×1/3＋Dの寄与分

寄与分が等しく認められた場合

この点についても争いが生じがちです。例えば、Bも療養看護をしていたと主張してきたとします。Dとしては「Bの寄与は通常の範囲であり、自分（D）の寄与こそ特別の寄与だ。」と主張する訳です。これを特別受益の場合と比較して、裁判所が「Bの寄与分は600万円であり、Dの寄与分は600万円である」と認定するとどうなるでしょうか。

> ケース9：寄与分　B＝D
>
> Dの具体的相続分 1200万円
> ＝みなし相続財産（甲＋乙－Bの寄与分600万円－Dの寄与分600万円）
> ×1/3＋Dの寄与分

これをB、D互いの寄与分が認められなかった【ケース3】〈Dの具体的相続分1000万円〉と比較するとDは200万円得をしています。

【特別受益の場合との比較】
この結果は、特別受益が等しく認められた【ケース2】〈Dの具体的相続分800万円〉と違うということになります。つまり、相手方と等しく認められるにしても、特別利益の場合は損をしますが、寄与分は得をするということです。

その意味で、寄与分の立証の比重の置き方は、特別受益の場合とは異なるといえます（ケース2、3については「4-2 具体的相続分とは②」を参照ください）。

特別受益と寄与分の計算の順序

その他、特別受益と寄与分の計算をどのような順序でするか（何れかを先にするのか、同時にするのか等）、超過特別受益のある場合の【ケース7】

について、
- (1) ▲200万円はB、Cがどのような基準で幾ら負担するか、
- (2) 例えば【ケース8】のDの寄与分も存在する場合の取り扱い（Dの特別受益▲200万円をDの寄与分1200万円から清算するか否か）

といった点が議論されています。

　具体的相続分は基礎的概念ですが、詰めて考えるとよくわからない点も多いので、疑問がある場合は、弁護士等の専門家に相談されることをすすめます。

4-4

遺産分割協議の進め方①
相続人等の確認（行方不明者）

　遺産分割は「共同相続人」の協議によるのが原則です（907条1項）。相続人かどうかは、先ずは戸籍で確かめます。

　どれだけ長期間行方不明であったとしても、そのことだけで行方不明者を遺産分割協議から省く訳にはいきません。

失踪宣告
　この場合、失踪宣告（30条以下）といった制度があります。失踪宣告とは、不在者を「死亡したものとみなす」家庭裁判所の裁判です（31条）。

　ただ、そのためには「生死不明」の状態が「一定期間継続」することが必要です。原則として、その期間は7年間とされている（30条1項）ので長いです。また、例えば、夫Aが死亡した場合に妻Bが遺産分割協議をしようとするとき、唯一の子Cにつき失踪宣告を得てしまうと、二次相続の問題が生じます。Aの両親が存命であったり、これらが死亡していても兄弟姉妹が存命していた場合、その者らが二次相続人となる（889条）ので、Bとしては、その者らと遺産分割協議をしなければなりません。義理の親や兄弟姉妹と協議をするのは、それなりに負担でしょう。

不在者財産管理人
　それでは、Bの意思に沿わないということであれば、不在者財産管理人（25条以下）といった制度もあります。

不在者財産管理人の権限は「保存行為」等に限られ「遺産分割協議」をするには家庭裁判所の許可が必要です（28条、103条）。その許可は、一定期間財産管理をした後でなければ下りないのが通常であり、また、不在者財産管理人の報酬も必要になります（29条2項）。ただ、失踪宣告より使い勝手はいいかもしれません。

　このような場合の事前対策として、遺言を利用するのが1つの手です。例えばAが「全ての財産をBに相続させる」と遺言しておけば、BがCとの関係で遺産分割協議をする必要はないので、このような面倒は防げます（相続させる旨の遺言については「7-2 子供のいない夫婦の遺言②」を参照ください）。

4-5

遺産分割協議の進め方②
相続人等の確認（藁の上の養子）

　遺産分割は「共同相続人」の協議によるのが原則です（907条1項）。相続人かどうかは、先ずは戸籍で確かめます。

藁の上の養子
　その場合、他人の子供を自分の子供として届出しているときがあるので、注意が必要です。
　その動機は様々ですが「藁の上の養子」といわれるものが典型です。藁の上の養子とは、子供のいない夫婦が生まれたばかりの子供を養子にする際、それが戸籍上判明しないようにする等のため、最初から自分達の子供として届出るものです（※1）。

　しかし、この場合戸籍上親子と記載されていても、真実の血縁関係はないので実子と扱う訳にもいきません。また、養子縁組は要式行為とされているので「藁の上の養子」を正式な養子とみることもできません（最2小判昭和25年12月28日民集4巻13号701頁、判タ9号50頁）。

　このようなときには、関係当事者の認識が一致する場合も多く、戸籍上子供と記載されている者から、相続辞退（この場合、相続分がないことの証明書がつくられることが多いです。）や相続放棄といった対応が採られることも多いようです（※2、3）。

実親子関係存否確認の訴え
　ただ、お互いに認識の一致がみられないようなら、実親子関係存否確認

の訴え（人事訴訟法2条2号）によって解決されない限り、決着はつかないことになります。

　つまり、被相続人（養親）の死亡により、他の相続人（それは、養母であったり、養親の実子であったりします。）から、実子でないことを主張される場合があるということです。

　しかし、戸籍上の子供と記載されている者（藁の上の養子）は長年自分が実子であると信じて生活しています。
　このような場合、最2小判平成18年7月7日（家月59巻1号98頁）は「戸籍上自己の嫡出子として記載されている者との間の実親子関係について不存在確認することが権利の濫用に当たらないとした原審の判断に違法がある」としました。すなわち、このような主張が権利の濫用にあたる場合があるとしています。
　確かに、戸籍上の子供と記載されている者と被相続人との間における「実親子関係がない」という主張は真実かもしれません。しかし、長年にわたり親子として生活してきた事実を勘案すれば、「実子でも養子でもない」という主張を認めることは著しく社会的相当性を欠くという判断が下されたということです。

　なお、この判決では、①生活の実体があった期間の長さ、②実親子関係が否定されることによりその（養）子及びその関係者が受ける精神的苦痛・経済的不利益、③改めて養子縁組の届出をすることにより嫡出子としての身分を取得する可能性、④実親子関係の不存在確認請求をした側の経緯や動機、目的、⑤その不存在が確定され「ない」とした場合にかかる請求をした者以外に著しい不利益を受ける者の有無、等の諸般の事情を考慮し、権利の濫用にあたる場合か否かの判断をすべきとの一般的基準を示しています。

　この結果、戸籍上の子供と記載されている者は、本来相続権を有しないにも関わらず、権利の濫用という法理を用いることにより、例外的に相続権が認められたとことになります。確かに、これは事例判決ですが、一般

的に支持されていることには注意しなければなりません。

※1【特別養子制度】

現在は「藁の上の養子」といった事態を回避すべく、**特別養子制度**（817条の2以下）が生まれ、実親の戸籍から子を抜き出して子単独の（中間）戸籍を編成し、そこから養親の戸籍に子を入籍させるといった方法を採ることができることになっています（戸籍法20条の3）。

※2【相続分がないことの証明書】

それなりの生前贈与を受けた場合、その者には「具体的相続分」がないときがあります（903条2項、具体的相続分の詳細は「4-1」以下の「具体的相続分とは」を参照ください）。この場合に作成されるのが、本当の意味での「相続分がないことの証明書」です。

ただ、相続を辞退するとき、生前贈与の事実がなくても、このような証明書がつくられることも多いようです。

※3【相続放棄との違い】

本来ならば、相続放棄すべきなのでしょうが、相続放棄は3箇月以内に家庭裁判所に申述するといった手続（915条1項、938条）が必要です。一方、相続分がないことの証明書は、その者の署名と判子で足りる簡便な方法として広く利用されている様です。前述したような二次相続の問題が生じるのも防ぐことができます。

しかし、相続放棄をした場合、その者は「初めから相続人とならなかったものとみなす」とされます（939条）が、相続を辞退し「相続分のないこと証明書」を作成したに過ぎない場合は、相続人たる地位を有したままです。なので、例えば、被相続人に債務があった場合その者は相続分に応じて債務を承継することになるので、注意が必要です。

4-6

遺産分割協議の進め方③
相続人等の確認（胎児その他）

遺産分割は「共同相続人」の協議によるのが原則です（907条1項）。

胎児
相続人かどうかは、先ずは戸籍で確かめますが、被相続人の死亡した時点の戸籍だけでは、相続人がわからない場合もあります。

胎児は、出生を停止条件とされていますが、相続についての権利能力が認められています（886条）。また、死後認知の訴え（787条）が認められたときもこのような場合にあたるでしょう。

後者の場合「既にその分割その他の処分をしたときは、価額のみによる支払の請求権を有する」とされています（910条）が、前者の場合そのような規定はなく、胎児を省いた遺産分割協議は、その胎児が出生した場合、無効になると解されます。ですから、胎児の出生が確認されるまで、遺産分割協議は控えられるのが通常です。

ちなみに、胎児が生まれた場合、その親が法定代理人になります（818条、824条）。例えば、夫Aが死亡した場合において、妻Bと子（胎児）Cがいたとき、BがCの母として法定代理人になります。しかし、この場合、BCの利益は、相続分について一方が増えれば他方が減る関係にあって、相反するので、Cのために特別代理人を選任した上で遺産分割協議をしないと、これも無効になるので注意が必要です（826条）。

その他（包括受遺者など）

共同相続人の1人から遺産分割前に相続分の譲渡を受けた者（905条）は、相続人の地位を承継すると解されているので、遺産分割協議の当事者になります。東京高決昭和28年9月4日高民集6巻10号603頁、家月5巻11号35頁は、「相続分の譲渡は、これによって共同相続人の1人として有する一切の権利義務が包括的に譲受人に移り、同時に、譲受人は遺産の分割に関与することができるのみならず、必ず関与させなければならない地位を得る」としています。包括受遺者も「相続人と同一の権利義務を有する」ので、同様です（990条）。

4-7 遺産分割協議が無効になる場合①
不在者の存在

遺産分割は共同相続人の全員の協議が必要

遺産分割は共同相続人の「協議」によるのが原則です（907条1項）。

つまり、遺産分割は、共同相続人「全員の協議」でなされなければなりません。

共同相続の1人でも参加していない遺産分割協議は無効です。不在者を省いた協議は無効ですし、胎児を省いた協議もそれが出生した場合には無効になります。相続分の譲渡を受けた者（905条）、包括受遺者（990条）を省いた協議も無効です。

藁の上の養子の場合も実親子関係の不存在が訴訟で確認されない限り共同相続人と扱われると思いますので、これを省いた協議も結果として無効になるのではないかと解されます。

[参考]
4-4「遺産分割協議の進め方①」
4-5「遺産分割協議の進め方②」
4-6「遺産分割協議の進め方③」

遺産分割協議後の変更
1）失踪宣告の取消し

遺産分割協議後、失踪宣告の取消しがあった場合、結果的に共同相続人を省いたことになりますが、他の共同相続人は現存利益の返還義務を負う

(32条2項）とされているので、遺産分割協議そのものは有効です。

2) 認知の訴えが認められた場合

遺産分割協議後、認知の訴えが認められた場合も、他の相続人は価額賠償義務を負う（910条）とされているので、訴えが認められ認知された子を省いた協議そのものは有効です。

4-8 遺産分割協議が無効になる場合②
錯誤と詐欺／遺言に違反する分割

錯誤と詐欺

遺産分割協議は、相続人間の話し合いによってされますが、この場合、民法の意思表示に関する一般原則は排除されていませんから、そこに錯誤、詐欺があった場合、その無効、取消を主張できることになります（95条、96条）。

例えば、特定の土地の分割方法を定めた遺言の存在を知らないでされた遺産分割協議の意思表示に要素の錯誤がないとはいえないとされたものがあります（最小1判平成5年12月16日家月46巻8号47頁、判タ842号124頁）。

遺言に違反する分割

遺言に反する遺産分割協議は可能でしょうか。この点については、いずれの判例も結果として遺言を覆す遺産分割協議を認めていないようです。

大地判平成6年11月7日判タ925号245頁は「相続人間における遺産分割が、贈与契約ないしは交換契約等として、遺言内容の事後的な変更処分の意味でその効力を保持すべき場合が存するとしても、その合意の存在をもって、遺言執行者の責務を免除する性質及び効力を有するものと解することはできない。」とし、そのような合意すら成立しないままになされた遺言内容と異なる登記について遺言執行者による抹消登記請求を認めました。つまり、遺言を覆す遺産分割協議は認められないということです。

東高判平成11年2月17日金商1068号42頁は、遺言内容と異なる遺産分割協議の無効確認を求めた遺言執行者の訴えを退けました。

ただ、これは遺言によって不動産の遺贈を受けた者がこれを放棄した（986条）ことに関するものでした。そこで、当該不動産を含んだ全遺産について相続人全員で遺言と異なる協議をしたというものです。この場合、協議無効が認められたとしても、遺言執行者としては実際の仕事はありません。遺贈は効力を失っており、共同相続人全員の望まない形での遺言執行は意味がないからです。そのこと故に遺言執行者の無効確認請求は退けられたに過ぎないと解されます。

判決としては、かかる遺産分割協議を「本件遺言によりいったん取得した各自の取得分を相互に交換的に譲渡する旨の合意をしたものと解するのが相当」としており、遺産分割協議によって遺言の効力を失わせしめるものではありません。同判例のコメントでも述べられているとおり「本件の場合とは異なるが、遺言で遺言執行者の報酬が定められている場合に、これを無にするような遺産分割協議がされたときは、損害賠償の問題として取り扱うことになろうか。」ということであり、遺言そのものを覆す遺産分割協議は、妨害行為（1013条）として許されないものと解されます（星田「遺言執行に関する最近の問題」金法1595号26頁）。

補論　遺産分割協議と詐害行為取消権

1) 以上は、遺産分割協議が、相続人との関係（錯誤・詐欺）と被相続人との関係（遺言に反する分割）で影響を受ける場合についてでしたが、これが債権者との関係で詐害行為として取り消されるかという点も議論されています。

参考になるものとして、最2小判平成11年6月11日民集53巻5号898頁（以下、平成11年判決）があり、AがBに保証債務履行請求権を有していたところ、Bがその夫の唯一の遺産であった借地上の建物（以下、借地建物）につきその子らCらとの間で「借地建物をCらが取得する」との遺産分割協議をしてCらが相続登記を経たという事案において、AからCらに対し詐害行為取消権が行使されたというものです。

2) このような事案を抽象的に考えると債権者Aは、本来、Bとの関係で債権を有するに過ぎず、その夫の遺産から弁済等を受けるべき地位にありません。最2小判昭和49年9月20日民集28巻6号1202頁（以下、昭和49年判決）が「相続放棄は詐害行為取消権行使の対象とならない」としているのはそのような意を含むものとも思われ、例えば仮に、Bが相続放棄をしたとすれば、同じく借地建物はCらのものになるにもかかわらず、Aの詐害行為取消権行使は認められません。

　しかし、平成11年判決は「共同相続人の間で成立した遺産分割協議は、詐害行為取消権行使の対象となり得るものと解するのが相当である。けだし、遺産分割協議は、相続の開始によって共同相続人の共有となった相続財産について、その全部又は一部を、各相続人の単独所有とし、又は新たな共有関係に移行させることによって、相続財産の帰属を確定させるものであり、その性質上、財産権を目的とする法律行為であるということができるからである」として、Aの詐害行為取消を認めた原審の判断を支持しました。

3) 本件事案の具体的内容としては、Bの夫が死亡したのが昭和54年であって、その後遺産分割協議がなされなかったもののCらは結婚して余所で生活するようになり同57年以降はBのみが借地建物に居住している中、Bが、平成5年にAとの間で保証契約を交わし、Aの担当者に対しては「長期間にわたって履行する」旨を述べていたにもかかわらず、前述のような遺産分割協議を交わした上で、自己破産申立をしたという事情があります。

　Bとしては、3箇月の熟慮期間（915条）を経過しているので、相続放棄は出来なかったのでしょう。このように相続放棄と遺産分割協議は、これをなし得る期間に大きな差があって同様に取り扱い難い上、本件では、遅くとも昭和57年頃には借地建物をBのものとする遺産分割協議が黙示になされていて、債権者Aはその後の平成5年に登場しBの状況、言動等からその保証債務の履行が真摯になされるものと思っていたにもかかわらず、Bとしては相続登記未了という点を奇貨としてこれを覆したのではないかという思いが拭いきれません。その意味で、原審を支持した平成11年判決の結論は支持できま

すが、それは事例判決であって、例えば「共同相続人中に、特別受益者があったり（民法903条）、相続財産の維持又は増加について特別の寄与をした者があるときは（同904条の2）、具体的な相続分は、同法900条所定の相続分と異なるものとなる。また、共同相続人は、原則として自由に遺産を分割することが認められている。そうしてみると、債務者である相続人が法定相続分を下回る財産を取得する結果となる遺産分割協議がされた場合であっても、債権者が直ちにこれを詐害行為として取り消すことはできないと解すべきことになろう」とされている点については注意すべきでしょう（平成11年度最高裁判例解説民事篇481頁）。

4-9

遺産分割協議が成立していない場合における銀行預金の払戻し

　被相続人（死亡した人）が銀行等の金融機関に預貯金を有していた場合、金融機関がその預金者の死亡を把握すると、預金口座は凍結されます。
　特に遺言もなく、遺産分割協議も成立していない場合、各相続人は金融機関に払戻しを請求することができるのでしょうか。

判例の見解
　判例は、預貯金等の金銭債権は分割債権であり、相続開始とともに法律上当然に分割され、各相続人は法定相続分に応じた権利を承継するとしています（最1小判昭和29年4月8日民集8巻4号819頁）。
　このため、各相続人は遺産分割協議を行わなくても、各法定相続分に応じて単独で銀行に払戻しの請求を行うことができます。
　また、当然に分割されて承継する権利であるため、そもそも遺産分割の対象となりません。

金融機関の実務
　ただ、判例の見解とは異なり、金融機関では、相続争いに巻き込まれたくないという本音からか、「遺産分割協議前であれば相続人全員の同意のもとに、また分割協議成立後であれば遺産分割協議の内容に従い、払い戻す。」とする例が多いです（五味ほか監修『銀行窓口の法務対策3800講Ⅰ』きんざい、799頁）。

　すなわち、遺産分割協議が成立していない場合、金融機関は相続人全員の同意書を求めるため、各相続人が単独で法定相続分の払戻しを受けるこ

とが難しい場合が多いと思われます。

【近年の動き】

最近でこそ「従来どおりに共同相続人全員の合意や遺産分割協議書の提出を依頼し、これに応じてもらえる場合には、それを待って払戻しに応ずるに越したことはないが、相続人である払戻請求者から提出を受けた資料等により相続預金の帰属者およびその帰属する範囲が問題なく確認できる場合には、原則として法定相続分に従った一部の払戻しに応ずるべきである。」とされるようになりました（前掲五味826頁）。

ただし、「問題なく確認できる」という点がポイントで、必ずしも円滑な対応をされるとは限りません。

【金融機関が預金者の死亡を知った場合の措置】

おまけに、被相続人が死亡した場合、何かと物要りで、現金が必要になることが多いですが、金融機関では「銀行が預金者の死亡を知った場合は、マニュアル等に従い、コンピューターに預金者死亡の登録をしてオンライン等での支払を禁止するなど、銀行の不注意によって預金が支払われたり、または引き出されたりしないように必要な措置をとる。」ともされています（前掲五味798頁）。

預貯金をスムーズに現金化するための事前対策

ですから、このような事態に陥らないよう、相続財産に預貯金がある場合は、公正証書遺言をし、弁護士等の中立的な専門家を遺言執行者と指定しておく方が無難です。このような遺言であれば、中小企業庁も関係している事業承継関連相続法制検討委員会が、特段の事情のない限り、金融機関は免責されるべきであるとの提案をしているからです（「金融法務事情」1783号30頁）。

こうした対策をとっていれば、遺言執行者を通じて、速やかに預金を現金化できます。

4-10

遺産分割協議の諸問題
（財産の不足分・解除）

財産の不足分

遺産分割協議で予定していた財産に不足分が生じた場合は、各相続人は相続分に応じて担保責任を負います（911条）。

当該協議がこれを前提として予定したものであるならば他の共同相続人に担保責任を負わせることが公平だからです。

例えば、ABCが同順位の相続人であり、遺産分割協議により、Aが1000万円の現金、Bが1000万円の有価証券、Cが1000万円の不動産を取得したとします。Cの取得した不動産は、坪10万円の土地を100坪1000万円分を前提としていましたが、これが90坪900万円分しかなかったときは、相続人間に不公平をもたらします。

この場合、CはABに対して、担保責任を求めることができます。911条は「売主と同じく」担保責任を負うとしていますので、その内容は解除、損害賠償請求（570条、566条）となりますが、解除できるかどうかは後述する判例もあり、見解がわかれるところかもしれません。単純に金額の問題と割り切って考えるならば、ABの各相続分に応じて各50万円の損害賠償請求をすることが一般的でしょう。

合意解除

遺産分割協議の合意解除も可能とされています（最1小判平成2年9月27日民集44巻6号995頁、家月43巻2号132頁、判タ754号137頁）。但し、それは「共同相続人全員による遺産分割協議の合意解除と再分割協議を指すもの」と解されているので、そのハードルは高いと思われます。

法定解除

　他方、遺産分割協議で定めた負担について、その不履行を理由とする法定解除はできないとされています（最1小判平成1年2月9日民集43巻2号1頁、家月41巻5号31頁、判タ694号88頁）。その理由とされるのは「遺産分割はその性質上協議の成立とともに終了し、その後は右協議において右債務を負担した相続人とその債権を取得した相続人間の債権債務関係が残るだけと解すべきであり、しかも、このように解さなければ民法909条本文により遡及効を有する遺産の再分割を余儀なくされ、法的安定性が著しく害されることになる」ということです。例えば、父A死亡時の遺産分割協議において、母Bの面倒をみることを負担として弟CがAの財産すべてを取得したことに同意した姉Dは、後にCがBの面倒をみなくなったとしてもその遺産分割協議を解除できないということです。

　このような事案は割と見受けられるので、遺産分割協議を成立させる前に弁護士等の専門家に相談することを勧めます。

第5章

特別受益・寄与分

　親の相続について、親からしてもらったことがどのような意味を持つか、これが特別受益の問題です。また、親にしてあげたことがどのような意味を持つか、これが寄与分の問題です。具体例を中心に検討していきたいと思います。

【この章で取り扱うテーマ】

5-1	特別受益①	認められる場合と特別受益者の範囲
5-2	特別受益②	評価基準時等と持ち戻し免除
5-3	特別受益③	生計の資本としての贈与① 不動産（借地権譲渡と土地無償使用）
5-4	特別受益④	生計の資本としての贈与② 不動産（建物無償使用）
5-5	特別受益⑤	生計の資本としての贈与③ 現金等（借金の肩代わり・学費等）
5-6	特別受益⑥	生計の資本としての贈与④ 現金等（生命保険金等）
5-7	寄与分①	遺留分・被相続人の意思（遺贈）との関係
5-8	寄与分②	現実的な遺留分との関係
5-9	寄与分③	労務提供型
5-10	寄与分④	財産給付型
5-11	寄与分⑤	被相続人の経営する会社に対する寄与
5-12	寄与分⑥	相続人の経営する会社による寄与
5-13	寄与分⑦	療養看護型（配偶者）
5-14	寄与分⑦	療養看護型（特別の寄与に関する目安と評価方法）
5-15	寄与分⑧	扶養型

5-1
特別受益①
認められる場合と特別受益者の範囲

　特別受益とは、具体的相続分を算定する上で、必要な概念です（両者の関係については「4-1 具体的相続分とは①」を参照ください）。以下、特別受益に関する問題点を、簡潔に指摘・検討します。

特別受益者の範囲
　特別受益は「共同相続人中」で問題にされます（903条1項）。ですから、子が生きている間に親から孫に贈与がされた場合、これは特別受益にあたりません。例えば、親A、子B、C、孫D（Bの子）がいた場合、AからBが贈与を受けた後にBが死亡してDが代襲相続（887条1項）したとき、特別受益を加えて孫Dの具体的相続分が算定されることがありますが、考慮されているのはBが受けた特別利益ですから、ここでいう孫への贈与を加えている訳ではありません。

　他方、Bが死亡した後、Aが孫Dに贈与をしたとき、Aの死亡についてDがBを代襲相続したのであれば、子Cとの関係で孫Dは「共同相続人」にあたるので、これは特別受益にあたります。

特別受益が認められる場合
　特別受益が認められる場合とは「遺贈を受け、婚姻…のため若しくは生計の資本として贈与を受けた」場合です（903条1項）。ここでは「遺贈」と「婚姻のための贈与」についてのみ説明します（生計の資本としての贈与については「5-3 特別受益③」以下の「生計の資本としての贈与」を参照ください）。

1）遺　贈

被相続人の「死亡時」における「相続財産」という概念の中には、遺贈の目的物が含まれています（996条）。以下の表では①に含まれることになります。

ですから「みなし相続財産」の算定において「遺贈」の価額を②に特別受益として加える必要はありません（903条1項）。

みなし相続財産（民法）①＋②	① 被相続人の死亡時の所有財産（相続財産）
	② 特別受益に該当する<u>生前贈与</u>の評価額

2）婚姻のための贈与

他方「贈与」は全てが特別受益になるのではなく「婚姻のため」になされたものに限ります。これは、婚姻の際に遺産の前渡しが行われることが多いので、これを無視することは共同相続人の公平を害することがあるからです。

そこで「婚姻のため」の贈与がなされたかどうかは「遺産の前渡し」といえるものかという観点から判断すべきです。一般的には、持参金や嫁入り道具はこれにあたりますが、挙式費用や結納金はこれにあたりません。挙式費用は、費消してしまうので渡すというものではなく、結納金は嫁ぎ先に渡すもので相続人たる子に渡すものではないからです。

被相続人が非常に詳細な金銭出納帳をつけていたので、それを根拠に特別受益の主張をしたところ、裁判所が「かつら合わせ、パーマ代、これは挙式費用だから、ダメだとか、そんな感じで評価している。枕の購入代金の500円まで認めています。これは、嫁入り道具だということだと思います。」と詳細に認定したことがあるとケース紹介されていて参考になるかと思います（御器谷「Ⅱ　特別受益」東京弁護士会編『弁護士専門研修講座　相続・遺言』ぎょうせい、75頁参照）。

ただ、特別受益に関する紛争については、攻めよりも守りの方が重要ですので、バランスを崩さないようにしなければならないと思います（この点は「4-2 具体的相続分とは②」を参照ください）。

5-2

特別受益②
評価基準時等と持ち戻し免除

評価基準時等

特別受益は「相続開始の時」の財産価額に加えられるものですから、その評価基準時は被相続人死亡時ということになります。現金を受け取った場合、消費者物価指数で評価替えされます。

例えば、平成22年を相続開始時としてその時点での総合物価指数を100とした場合における昭和50年のそれは56ですから、その当時56万円を受け取ったとすればこれを100万円として評価するということです。

【建物・動産といった減価の激しいもの】

建物、動産といった減価の激しいものについては、贈与を受けたときの価格に評価替えするのが相当かと思います（御器谷「Ⅱ　特別受益」東京弁護士会編『弁護士専門研修講座　相続・遺言』ぎょうせい、68頁）。

それらが既に滅失等していた場合はどうでしょうか。「受贈者の行為によって」滅失等した場合は「原状のままであるとみなす」という規定があります（904条）。問題は、その反対解釈をどこまで徹底するかです。地震等不可抗力や第三者の行為による場合はどうか、自然朽廃の場合はどうか、難しい問題ですので、具体的なケースについては、弁護士等の専門家に相談されることをお勧めします。

特別受益の持戻し免除

特別受益があったとしても、その持戻しをしないという意思表示を被相続人がした場合、それは効力を有します（903条3項）。それは、被相続

人は、遺留分に反しない限度で、自らの財産に処分権を有しているからです。

　その意思表示の方法は限定されていませんので、明示の場合だけでなく黙示の場合も可能です。

　この点、持戻しは相続人間の公平を図るための規定ですが、持戻し免除の意思表示が認められると、贈与や遺贈を受けた相続人は相続財産を多く取得することになります。持戻し免除は特定の相続人が多く相続財産を取得するための合理的理由が要請されることになります。
　問題になるのは、黙示の持戻し免除の意思表示が大半であり、他の相続人との公平の観点から慎重に判断する必要があるといえますが、ある程度類型化されています。その例として、黙示の免除がされたといえる場合としては、家業継続のための必要財産の贈与、共同相続人それぞれに対する同程度の贈与、身体的乃至精神的障害のある子への贈与、親の世話をするために土地や建物を無償使用させた場合、等があります。

【特別受益の持戻し】
　相続人間の公平を図るため、特別受益も<u>相続財産</u>であるとし、相続分を計算するにあたり、これも相続財産に加えて各相続人の具体的相続分を算定することです。

5–3

特別受益③　生計の資本としての贈与①
不動産（借地権譲渡と土地無償使用）

　特別受益の類型の中でも議論の多い「生計の資本としての贈与」という概念について、簡潔に整理したいと思います。

　単なる「贈与」ではなく「生計の資本」としてのものであることが必要です。生計の資本にならない程度であれば、これを考慮しないまま具体的相続分を算定しても（903条1項）相続人間の不公平にはならないからです。

　その意味で「**遺産の前渡し**」と認められるかどうかが重要であって、不動産の「贈与」はその典型例とされています（家を建てる際の住宅資金の拠出も同様でしょう）。以下では、不動産に関連し、検討される問題点を説明したいと思います。

借地権の譲渡等

　借地権が設定されている場合、住宅地であれば底地の4乃至6割程が借地権の価格とされることが多いです（正確には、路線価図で示されています）。借地上の建物が贈与された場合においては、通常借地権も同時に譲渡されるため、その特別受益としての贈与額は、建物価格に借地権の価格を含めたものとなります。

　この点に関連し、親が建物を有し子が土地を有している場合がたまに見かけられます。

　それが、親が建物を所有するために借りていた土地を元の地主から子が買い取ったものである場合において、子には借地権相当額が贈与されたと

考えられるので、それが特別受益にあたることがあります（御器谷「Ⅱ 特別受益」東京弁護士会編『弁護士専門研修講座　相続・遺言』ぎょうせい、63頁）。

土地の無償使用

親の土地を無償使用して子が建物を所有している場合はどうでしょうか。無償ということなので、これは使用貸借になり、いわゆる「借地権」ではなく、借地借家法は適用されません。従って、その権利性は弱いのですが、土地上に他人名義の建物が存在する場合、その売却困難性を考慮して、その土地の価格としては、更地価格の1乃至3割が差し引かれるようです。

その分、親の遺産が減ったということなので遺産総額からこれを差し引き、他方、これが子の特別利益とされます。そして、この特別受益の価格を「みなし相続財産」の算定段階で「持戻し」をして、加えます。

こうして「二段評価」をして結局更地価格になるというのが、実務の主流ということです（片岡ほか編著『新版家庭裁判所における遺産分割・遺留分の実務』日本加除出版、234頁）。

ただ実際には、その土地を使用している相続人が、その土地を相続する場合が大半であるため、特別受益の問題として顕在化しないことが多いといえます。

5-4

特別受益④　生計の資本としての贈与②
不動産（建物無償使用）

　特別受益における「生計の資本としての贈与」は、単なる「贈与」ではなく「生計の資本」としてのものであることが必要です。その程度でなければ、これを考慮しないまま具体的相続分を算定しても（903条1項）相続人間の不公平にはならないからです。

　その意味で「**遺産の前渡し**」と認められるかどうかが重要であり、不動産に関連し、検討される問題点を説明したいと思います。

建物の無償使用
1) 子が親の住んでいる家に無償で同居している場合
　子が親の住んでいる家に無償で同居している場合、特別受益は認められないことが多いでしょう。子に独立した占有が認められないことが多いからです（前掲片岡238頁）。

【遺産たる建物の相続開始後の使用関係】
　子が親の住んでいる家に無償で同居していた場合において、親が死亡した場合の家の使用関係はどうなるでしょうか。

　この点、最高裁は「相続人にこれを無償で使用させる旨の合意」があったものと推認しています。
　ここにいう「相続人にこれを無償で使用させる旨の合意」が具体的にどのようなものであるかについては議論があるようですが、担当調査官の解説によれば「相続開始時を始期とし、遺産分割時を終期とする使用貸借契

約」ということのようです（『最高裁判所判例解説　民事篇　平成8年度』1003頁）。そのように考えると、被相続人が死亡するまでは独立した占有権原を持たないとする上記理解とも整合性を有するので相当と思われます。

> 最3小判平成8年12月17日（民集50巻10号2778頁、家月49巻5号52頁、判タ927号266頁）
>
> 共同相続人の一人が相続開始前から被相続人の許諾を得て遺産である建物において被相続人と同居してきたときは、特段の事情のない限り、被相続人と右同居の相続人との間において、被相続人が死亡し相続が開始した後も、遺産分割により右建物の所有関係が最終的に確定するまでの間は、引き続き右同居の相続人にこれを無償で使用させる旨の合意があったものと推認されるのであって、被相続人が死亡した場合は、この時から少なくとも遺産分割終了までの間は、被相続人の地位を承継した他の相続人等が貸主となり、右同居の相続人を借主とする右建物の使用貸借契約関係が存続することになるものというべきである。けだし、建物が右同居の相続人の居住の場であり、同人の居住が被相続人の許諾に基づくものであったことからすると、遺産分割までは同居の相続人に建物全部の使用権原を与えて相続開始前と同一の態様における無償による使用を認めることが、被相続人及び同居の相続人の通常の意思に合致するといえるからである。

2）子が空いている親の建物を無償で使用している場合

子が空いている親の建物を無償で使用している場合はどうでしょうか。

賃料相当額の利益は認められないと思われます（前掲片岡237頁）。その程度に至らないまでの利益があったとしても、それは「特別受益」として扱うほどのものではないとも思われます。

そもそも、建物を無償使用するに至った経緯は様々であって、例えば、子が無職であるときは、親の扶養義務（730条）の履行とみられますし、子が親の近くに住んでいてその面倒をみているときは、黙示の持戻し免除（903条3項）が認められることも多いでしょう。

5–5

特別受益⑤　生計の資本としての贈与③　現金等（借金の肩代わり・学費等）

　特別受益における「生計の資本としての贈与」は、単なる「贈与」ではなく「生計の資本」としてのものであることが必要です。その程度でなければ、これを考慮しないまま具体的相続分を算定しても（903条1項）相続人間の不公平にはならないからです。

　その意味で「**遺産の前渡し**」と認められるかどうかが重要であり、現金に関連し、検討される問題点を説明したいと思います。

借金の肩代わり

　親が子に現金等を渡す場合、それが「生計の資本としての贈与」にあたるとされる典型例が、独立して事業をする際の開業資金の交付です。

　では、この反面として、子が事業に失敗した場合の尻拭いとして、親が子の借金の肩代わりをした場合はどうなるでしょうか。現金等を受け取ったのは、子ではなく債権者なので、一見「贈与」にあたらないように思えますが、この場合、親は子に対する求償権を取得します。親がこれを放棄したと認められる場合は、特別受益と考えることができるでしょう。

　審判例の中にも、相続財産が4860万円程で、相続人の夫のした不祥事につき、被相続人が身元保証契約によって昭和40年頃までに300万円を支払ったという事案において、その夫に対する「求償権の免除」は相続人に対する相続分の前渡しであったとして、相続時価格に評価替えした997万円を特別受益として持ち戻したものがあります（高松家丸亀支審判平成

3年11月19日家月44巻8号40頁)。

学費

　学費については、個々人の能力差もあり、子供たちの間で差が生じやすいです。ただ、それも個々の能力による部分があるのでやむを得ない場合が多く、通常は、親の扶養義務（730条）の範囲だとされていて、最近では、私立医大の学費・入学金、海外留学費用といった程度でなければ、生計の資本の贈与としては認められにくいようです。

生活費等の援助

　生活費等の援助は小口になされますが、まとめるとそれなりの金額になります。この点どうあつかうのか、親の扶養義務とも関連し、難しい問題です。

　審判例の中には、相続財産が2億6700万円程の事案で、相続人の1人が送金等による金銭援助として平成4年から同8年にかけ合計950万円程の贈与を受けていたと主張されたものについて、裁判所は、金銭援助の認められるのは当事者間に争いのない700万円程だと絞り込みました（金銭ノートの記載や陳述書では証拠として不十分だとしました。）。その上で、遺産総額や被相続人の収入（平成2～4年は800万円程、同5年は1050万円程、同6、7年は1190万円程、同8、9年が400万円程、同10～11年は180万円）からして「一月10万円に満たない送金は親族間の扶養的金銭援助にとどまり、これを超える送金のみが生計の資本としての贈与と認められる」として、628万円を特別受益として持戻しをしたものがあります（東家審平成21年1月30日家月62巻9号62頁）。

　ここで「一月10万円」という基準を一人歩きさせてはいけませんが、先ずは「援助額の立証」が重要であって、そこをクリアーしたとしても「遺産総額や被相続人の収入」といった視点から「扶養的金銭援助を超えるものであることの立証」も必要とされることがあることに注意すべきでしょう。

5-6

特別受益⑥　生計の資本としての贈与④現金等（生命保険金等）

　特別受益における「生計の資本としての贈与」は、単なる「贈与」ではなく「生計の資本」としてのものであることが必要です。その程度でなければ、これを考慮しないまま具体的相続分を算定したとしても（903条1項）相続人間の不公平にはならないからです。

　その意味で「**遺産の前渡し**」と認められるかどうかが重要であり、現金に関連し、検討される問題点を説明したいと思います。

生命保険金
1）原則：特別受益にあたらない
　生命保険金は、保険契約に基づいて支払われるので、相続によって取得されるものではありません。その意味で保険金は、そもそも相続財産にあたりません。だとすれば、本来特別受益にもあたらない筈です。特別受益というのは「相続財産」の前渡しとされるものだからです。

【相続税法の違い】
　上記の通り、民法では生命保険金は相続財産に含まれません。一方、相続税法では生命保険金は一部を控除した上で相続税申告の対象となる財産となります。
　このように、民法と相続税では扱いが異なるため、調査・検討等を行う場合、法律面に関する事項か、税務面に関する事項かという前提条件が重要となります。

2）例外：903条の類推適用

生命保険金が相続財産に含まれないとすると、特定の相続人が生命保険の受取人となっている場合、各相続人間で実際に受け取る金銭についての差が生じることになります。

例えば、相続財産が1000万円しかないのに死亡保険金が3000万円として、これを1人受け取った子がいた場合、他の子等の相続人との間に不公平感が生まれます。

そこで、生命保険金が相続財産に含まれないとしても、特別受益として考慮すべきではないかとして、下級審の対立があったところ、最高裁は、特段の事情がある場合は特別受益にあたると判断しました。

すなわち、原則として生命保険金は特別受益にあたりません。ただし、特別受益に該当しないとすることで、保険金受取人である相続人とその他の相続人との間に生ずる不公平が民法903条の趣旨に照らし到底是認することができないほどに著しいものであると評価すべき特段の事情がある場合、民法903条の類推適用により特別受益に準じて持ち戻しの対象となります。

> 最高裁（最2小決平成16年10月29日民集58巻7号1979頁、判タ1173号199頁）
>
> 原則として保険金は特別受益にあたらないが「保険金受取人である相続人とその他の共同相続人との間に生ずる不公平が民法903条の趣旨に照らし到底是認することができないほどに著しいものであると評価すべき特段の事情が存する場合には、同条の類推適用により、当該死亡保険金請求権は特別受益に準じて持戻しの対象となる」とした。

この事案は、養老保険に関するもので、それは満期乃至は死亡時に定額が支払われるという意味で、貯蓄性が高い保険です。その意味で預貯金と似た性格がありますが、そのような場合でも原則として、特別受益にあた

らないとした訳です。ただ、その事案の保険金額は 600 万円程で、遺産額は 6000 万円程、保険金といっても遺産の 1 割程度でした。また、生命保険金をもらった相続人は昭和 56 年から平成 2 年まで 9 年間認知症の状態の親を同居で面倒見ていたので、それほどおかしな判断とは思われませんでした。

3）903 条の類推適用の「特段の事情」

すると「特段の事情」というのは何かということになりますが、結局「基本的には、以下の客観的な事情により、著しい不平等が生じないか」によって判断すべきとされています（『最高裁判所判例解説　民事篇　平成 16 年度』631 頁）。

・保険金の額
・この額の遺産総額に対する比率
・同居の有無
・被相続人の介護等に対する貢献の度合い
・他の相続人と保険金を受領した相続人との関係
・各相続人の生活実態等の諸般の事情

4）「特段の事情」があったとして特別受益であることを認めた事例
【東高決平成 17 年 10 月 27 日家月 58 巻 5 号 94 頁】

相続財産が 1 億円程であるのに対し受取保険金総額が 1 億円程とほぼイーブンなものでした。元々母親が受取人であったものを母親の死をきっかけに相続人の 1 人である息子が受取人になったという事案で、特に、その息子が被相続人である父親と同居していた訳でもなくその扶養や施設介護を託されていたというものでもありませんでした。その意味で、特段の事情が認められるのももっともな事案でした。

【名古屋高決平成 18 年 3 月 27 日家月 58 巻 10 号 66 頁】

後妻と先妻の子供が争った事案です。遺産は 8400 万円でしたが、後妻はその他に 5100 万円の保険金を受け取っていたというものです。遺産の

60% を超える額を受け取っており、しかも、婚姻期間は 3 年 5 か月程度。被相続人は昭和 7 年生まれで平成 14 年死亡なので 70 歳超え、歳をとってからの再婚。後者は、このような事情があったからこそ、特段の事情が認められたのだと思います。

死亡退職金・遺族年金

　死亡退職金や遺族年金も、それぞれの支給の根拠となる法律、契約その他の定めの内容によりますが、相続とは関係なく、遺族の生活保障といった視点から給付されることが多いので、その多くは、相続財産にもあたらず、また、特別受益にもあたりません。

5-7

寄与分①
遺留分・被相続人の意思（遺贈）との関係

　寄与分とは「共同相続人の中」に「被相続人の事業に関する労務の提供又は財産上の給付、被相続人の療養看護その他の方法により被相続人の財産の維持又は増加」について「特別の寄与」をした者に認められるものです（904条の2-1項）。

　すなわち、寄与分は共同相続人中に家業を継続して手伝ったり、療養看護をした場合等、被相続人の財産の維持又は増加について「特別の寄与」をした者に対し、寄与に相当する額を加えた財産を取得させ、相続人の実質的な衡平を図ろうとする制度です。

　この場合「被相続人が相続開始の時において有した財産」の価額から、寄与分を控除したものを「相続財産とみなし」具体的相続分を算定します。この点については、以下を参照ください。
　「4-1 具体的相続分とは①」
　「4-3 具体的相続分とは③」

　寄与行為によって、被相続人の財産が維持・増加した場合、それを考慮しないまま具体的相続分を決めると共同相続人間に不公平が生じることから、従前からそのような取り扱いはあったのですが、昭和55年の改正により正式な法制度として、寄与を考慮した相続分が認められるようになりました。

寄与分の法的性質

その法的性質がどのようなものかについては争いがあり「共同相続人間での調整」を意味するという見解もありましたが、これを前提にすると、共同相続人全員に同程度の寄与があった場合、調整は不要で寄与考慮の必要性はないことになります。

しかし、寄与分について、共同相続人間で協議が調わないとき等は「家庭裁判所は、寄与をした者の請求により、寄与の時期、方法及び程度、相続財産の額その他一切の事情を考慮して、寄与分を定める」とされている（904条の2-2項）以上、その考慮は必要的と解されます。

その意味で、寄与分には純然たる権利性は無いものの、守られるべき一定の権利に近いもの（財産権的性質）があると考えることになると思われます。

遺留分との関係（寄与分＞遺留分）

一定の権利に近いからこそ、法律上、寄与分は遺留分を超える額についても認められる建前になっています。

すなわち、相続人の1人に寄与分が認められ、この寄与分の額が他の相続人の遺留分を侵害することになった場合でも、認められた寄与分について、他の相続人は遺留分減殺請求をすることはできないという形になっています。

この点が「遺留分に関する規定に違反しない範囲内で」でしか効力が認められない特別受益の持戻し免除の場合（903条3項）と大きく異なるところです。その意味で「寄与分＞遺留分」という図式が成り立ちます（ただし、実際の運用としては、遺留分に配慮はされています。この点については「5-8 寄与分②」を参照ください）。

遺贈との関係（遺贈＞寄与分）

被相続人の意思による遺贈は寄与分に優先し、寄与分による修正を受けません。

寄与分は「被相続人が相続開始の時において有した財産の価額から遺贈の価額を控除した残額を超えることができない」とされています（904条

の 2-3 項）。相続財産の処分は被相続人の意思に委ねられており、寄与分は一定の権利に近い性質が認められるといえども、純然たる権利として位置づけられていません。その意味で「被相続人の意思（遺贈）＞寄与分」という図式が成り立ちます。

このため、遺言により相続財産の全てについて遺贈されている場合、寄与分を考慮することはできないことになります。

遺留分と遺贈との関係（遺留分＞遺贈）

遺贈は、遺留分を侵害できないとされているため、遺留分は遺贈に優先します。

すなわち、被相続人が遺贈をし、これが他の相続人の遺留分を侵害した場合、遺留分を侵害された相続人は、その遺贈について、遺留分減殺請求をすることができます。

実際のところ、遺留分が侵害された場合には、真っ先に遺贈から減殺されていきます（1033 条）。

これを図式化すると「遺留分＞被相続人の意思（遺贈）」となります。

寄与分・遺留分・遺贈の関係

上記のとおり、寄与分は遺留分との関係では優先される建前になっています。また、遺贈との関係においては、寄与分が相続財産から遺贈を控除した額を上回ることができないため、遺贈が優先されます。他方、遺留分と遺贈との関係では遺留分が優先されます。

寄与分・遺留分・遺贈との関係では、寄与分は遺留分に優先する形になっていますが、遺留分より弱い遺贈に優先されています。こうした三者の関係をまとめて「寄与分をめぐるトリレンマ（三竦み）」と表現する見解もあります（窪田『家族法〔第 2 版〕』有斐閣、423 頁）。

一定の権利に近い性質が認められるも、寄与分は純然たる権利ではないので、財産権「的」性質があると表現される訳です。

5-8

寄与分②
現実的な遺留分との関係

遺留分との関係（寄与分＞遺留分）

法律上、寄与分は遺留分を超える額についても認められる建前になっています。

すなわち、相続人の1人に寄与分が認められ、この寄与分の額が他の相続人の遺留分を侵害することになった場合でも、認められた寄与分について、他の相続人は遺留分減殺請求をすることはできません。しかし、現実的にはそうでもありません。

寄与分の限界

この点に関連する興味深い例として、平成3年12月24日東京高決判タ794号215頁があります。これは、被相続人A（平成元年5月死亡、農家）の財産が土地建物（農地等）であり、子がB（跡取り）、C、D、Eの4人いたケースです。

原審においては、農家の遺産の維持に貢献し、被相続人の療養看護をしてきたBの寄与分を7割と判断されていました。

しかし、これが自らの遺留分を侵害するとして、Cが抗告しました。

【平成3年12月24日東京高決】

寄与分及び遺留分制度の趣旨・目的からすれば、遺留分を侵害するような寄与分を定めることは、一般論としては妥当ではないとし、家業である農業を続け、遺産である農地の維持管理をし、被相続人の療養看護を行ったのみでは、Bの寄与分を大きく評価することは妥当ではなく、特別の寄

与をした等の「特段の事情」がない限り、他の相続人の遺留分を侵害するだけの寄与分は認められないとしました。

この場合「特段の事情」とは何かが問題になります。例えば、相続開始の時の財産額（1586万円）について、90.6%の寄与を認めた例があります（昭和59年1月25日和歌山家審判・家裁月報37巻1号134頁）。ただ、このケースは、寄与分の認められた相続人が、被相続人の相続開始の時の財産（主として宅地・居宅）の90.6%を実は提供したと認められたことに関する事案です。その意味で「特段の事情」とは、相応の潜在的な持ち分が認められる場合ということになるでしょう。

例えば、被相続人の財産の維持管理については、その配偶者の貢献度が高いと考えられますが、昭和55年法改正前の配偶者の法定相続分は3分の1であり、それでは少なすぎる場合があったと思います。寄与分が法制化されたのは、昭和55年改正によりますが、それより以前にも寄与分に配慮した取り扱いは行われており、その改正以前であれば、配偶者の潜在的持ち分を評価する意味で「特段の事情」を広めに考える余地があったと思われます。ただ、そのような点を考慮して、現在の配偶者の法定相続分は2分の1に改められましたので、現在「特段の事情」認められる場合は、あまり考えられないのではないかと思われます。

ちなみに、この決定は一般的に支持されており、実務もそのような形で運用されていて「現在では、恐らく、遺留分との関係での寄与は最高でも50%とするのが実務の趨勢であり、最も多いのは20%から30%の間ではなかろうか。」と評価されているところです（坂梨『特別受益・寄与分の理論と運用』新日本法規出版、289頁）。結局、現実的には寄与分も遺留分の前には制限を受けることが多いということになります。

原審判	Aが農家であり、Bがその跡取りとして、昭和20年3月以来Aの農業を手伝い、その相続財産である農地等の維持管理に努めるとともに、晩年のAの療養看護にあたってきたことがそれぞれ認められる

原審判	Bの寄与分を7割と評価、土地建物の評価額約5465万円の7割を引いた残額約1639万円を4分し、その1（約409万円）に価格がほぼ相当する土地1筆をCに取得させました。（D、Eについては、両人が遺産を取得しなくともよいと述べていることから、BをしてD、Eに各50万円を支払うよう命じました。）。
東京高決	寄与分の制度は、相続人間の衡平を図るために設けられた制度であるから、遺留分によって当然に制限されるものではない。しかし、民法が、兄弟姉妹以外の相続人について遺留分の制度を設け、これを侵害する遺贈及び生前贈与については遺留分権利者及びその承継人に減殺請求権を認めている（1031条）一方、寄与分について、家庭裁判所は寄与の時期、方法及び程度、相続財産の額その他一切の事情を考慮して定める旨規定していること（904条の2第2項）を併せ考慮すれば、裁判所が寄与分を定めるにあたっては、他の相続人の遺留分についても考慮すべきは当然である。確かに、寄与分については法文の上で上限の定めがないが、だからといって、これを定めるにあたって他の相続人の遺留分を考慮しなくてよいということにはならない。むしろ、先に述べたような理由から、寄与分を定めるにあたっては、これが他の相続人の遺留分を侵害する結果となるかどうかについても考慮しなければならないというべきである。ところで」原審判の「寄与分の定めは、抗告人の遺留分相当額（約683万円）をも大きく下回るものであって」「前認定…だけでは…寄与分を大きく評価するのは相当でなく、さらに特別の寄与をした等特段の事情がなければならない。しかしながら、原審判には、その判文上からもそのような点を考慮した形跡は少しも窺われないから、原審判は寄与分の解釈を誤ったか、あるいは理由不備の違法があるものというべく、本件は、改めて右の点をも考慮した上で寄与分を定め、遺産を分割すべきものといわなければならない。

5–9

寄与分③
労務提供型

　寄与分は「共同相続人中」に「被相続人の事業に関する労務の提供又は財産上の給付…により被相続人の財産の維持又は増加」について「特別の寄与」をした場合に認められます（904条の2-1項）。
　すなわち、寄与分が認められるためには、被相続人の財産の維持又は増加について、特別の寄与があることが必要となります。

　また、寄与分と認められる行為は「財産の維持又は増加」をさせる必要があるので、精神的な寄与があったとしても、寄与分は認められません。

特別の労務提供であること
　被相続人の事業に関する「労務提供」については「特別」のものでなければなりません。特に、配偶者（890条）については、その潜在的持ち分を考慮して法定相続分が2分の1とされている上「互いに協力し扶助しなければならない」とされている（752条）ことから「特別」のものといえるには、より高いハードルがあります。

無償の労務提供であること
　このような観点から、寄与分が認められる「労務提供」としては、条文で示されていないものの「無償」であることが求められます。
　ただ、特に最近では「無償」による「労務提供」は考えにくいことから「工業化・商業化された都市中心部においては、この形態の寄与が主張されることはほとんどない。寄与が発生するのは、まだ農業などの一次産業が生きている郡部あるいは中小都市郊外部である」という指摘があり（坂梨『特

別受益・寄与分の理論と運用』新日本法規出版、284頁）その傾向は、益々進んでいくと思われます。

実務上の取り扱い

確かに、実務上は、完全な「無償」が要求されている訳ではなく、賃金センサス等を参考に、それよりも低額か否かによって判断されているようです。

しかし、確定申告書等から、事業の収益性が低いことが明らかな場合、賃金センサスに見合った給与等を寄与分として評価できないでしょうし、当該寄与をした相続人の家計簿等から、被相続人を通じた生活費等の入金がうかがえる場合も同様と思われます（片岡ほか編著『新版家庭裁判所における遺産分割・遺留分の実務』日本加除出版、299頁）。

労務提供型（従業員型）の寄与分の算定方法として、以下を上げるものがあります（松津節子「平成17年度専門弁護士養成連続講座・特別受益と寄与分」商事法務460頁）。

> 寄与相続人の受けるべき相続開始時の年間給付額×（1－生活費控除割合－α）×寄与年数

このαというのが、前述した事業の収益性等を考えた控除額、裁量割合といったものですが、このαが増えるだけ寄与分も目に見えて減ってくるので、そのような意味においても「労務提供」による寄与は、期待する程のものは認められないのではないかと思われます。

5–10

寄与分④
財産給付型

　寄与分は「共同相続人中」に「被相続人の事業に関する労務の提供又は財産上の給付…により被相続人の財産の維持又は増加」について「特別の寄与」をした場合に認められます（904条の2-1項）。
　すなわち、寄与分が認められるためには、被相続人の財産の維持又は増加について、特別の寄与があることが必要となります。

無償の財産上の給付であること
　「財産上の給付」については、労務提供型と同じく「無償」であることが要求されるものの「労務提供」の場合等と「比べて明快」とされています（坂梨『特別受益・寄与分の理論と運用』新日本法規出版、302頁）。

　その典型例の1つとして、以下を挙げることができます。
　すなわち、相続人が、被相続人に対し、被相続人の事業の開始、借金返済などのため、金銭を給付する場合です。ところが、これが寄与分という構成を採ると、必ずしも提供された財産の全額について認められているわけではありません。出資価額のどの程度を寄与分として認めるかについては、一定の金額又は割合が当然に決まらず「裁量的割合」として事案ごとに個別に判断されることになります。

全額請求できる貸金にした方が有利な筈なのに？
　ですから、このような給付がされた場合、寄与者にしてみれば、被相続人への貸金といった構成を採るほうが、その全額を請求できるという意味で、有利な筈であり、明快です。にもかかわらず、何故、寄与分という構

成が採られるのかというと、それが貸借といった財産上の請求権とは構成しにくい場合ということになるでしょう。

例えば、金額や費用の点を考えると訴訟をする程の額ではないと考えられる場合があるでしょう。また、貸金といえるためには金銭の移転と返還約束が要件とされていますが、それを立証する十分な証拠が存在しない場合もあるかと思います。問題となっている財産的給付というものが、被相続人の事業の借入に対する「担保提供」というようなケースでは、「金銭を給付する場合」とは異なり被相続人がどの程度の利益を得たか明確にはできない場合もあるでしょう。ただ、そのような曖昧性のあるものでも認められるのは、純然たる権利ではないという寄与分の特殊性に基づくものですし、そのようなものであるが故に「明快」性にも限界があることになります。

財産上の請求権と寄与分との関係

前述したとおり「金銭給付型」の場合、これを貸金として財産上の請求権と構成することも、寄与分という身分関係上のものと構成することも可能で、実務では「選択的」な主張も認められています。ただ「二重取り」を認めるべきではないので、裁判所で認められるのは、その何れか一方ということになります。

5-11

寄与分⑤
被相続人の経営する会社に対する寄与

　被相続人の事業に対する寄与ではなく、その経営する会社に対する寄与があった場合、それについても寄与分が認められるのでしょうか。

原則は寄与分とならない
　条文（904条の2-1項）上は「被相続人の事業」とされていますので、原則として寄与分にはなりません。

例外として寄与分になる場合
　ただ、その実質的理由は「会社に対する寄与により利益を得るのは会社だ」という点にあるのですから、会社に対する寄与が「被相続人の財産の維持又は増加」させる「特別」のものと評価される場合は、例外として寄与分になると考えられます。

　例えば、会社に対する寄与行為によって、被相続人の経営する会社の内部留保が促され相続財産たる会社株式の評価が維持・増加した場合や当該会社からの報酬という形を通じて被相続人の相続財産が維持・増加した場合等が考えられます。

寄与が労務提供型の場合
　しかし、被相続人の財産の維持又は増加させた特別の寄与が労務提供型の場合、それは賃金センサス等との比較において判断され、例えばそれより少ない場合はその分を寄与分として評価されるのが原則です。

主張される寄与分がその程度の額に留まっていれば問題はないでしょうが、それ以上の額の寄与分の主張がされた場合はどうなるのでしょうか。
　会社としては、賃金センサス等に応じた分を支払っていれば十分で、その以上の額が会社に留保され乃至は被相続人の相続財産になったとしても、それは会社乃至は経営者たる被相続人の取り分なので、寄与行為によるものとはいえないのではないかと思われます。
　ですから、このような形での寄与分が認められるには、例えば、実際は「被相続人に代わって当該寄与行為をしていた相続人が当該会社を切り盛りしていた」乃至は「共同経営者であった」というような事情が必要ではないかと思われます。

　そのような場合には「被相続人が営業権を、相続人が労務をそれぞれ提供して、それで一種の組合契約が存在したと認定し、死亡を組合の解散に準じて残余財産を分配すべきものとし、その残余財産形成の寄与割合を認定するという算定方法」「経営者タイプの場合は、寄与相続人の受べかりし年間報酬額に、被相続人が保持している利益配分額…これを足した上、生活費控除額をマイナスし、計算する」といった例が紹介されており、参考になります（松津節子「平成17年度専門弁護士養成連続講座・特別受益と寄与分」商事法務460頁）。

　なお、労務提供が認められたケースとして、以下の判例が参考となります。

平成3年11月19日高松家丸亀支部審判家月44巻8号40頁

昭和28年設立の運送会社（有限会社）を営んでいた被相続人Aにつき、その相続人たる子がB、C、D及びEの4人であったという事案について、子C、D、Eが会社で無償乃至は低賃金で働いていた期間があることに加え、Aの相続開始時の財産（約4860万円）とC、D、Eに生前贈与された財産（4756万円）が「昭和32年の…経済的苦境に陥ってからも維持され、または、その苦境を乗り切った昭和40年ころから被相続人の死亡した昭和57年までの間に増加されたものであるが、その間の<u>被相続人の年齢は50歳代後半から80歳に至っている</u>」

> として、運送会社を手伝ってきたC、D、Eの寄与を「相当顕著なものがあったと推認」し、その寄与割合をその財産合計約9616万円について、Cを35％、Dを10％、Eを20％とした。

寄与が財産提供型の場合

ただ、労務提供についての寄与が、会社や経営者たる相続人の利益に直ちに直結するのは、小規模零細会社にいえることかと思います。これが、ある程度の規模の会社になってくると、会社に利益をもたらす要因は様々になり、財産提供型の寄与でもなければ、その因果関係を認めることが難しくなってきます。

1）寄与が認められた事案

相続人が被相続人の経営する株式会社に資金援助をした場合の判例があります。

実質が個人企業と言いがたい場合であっても、以下の要件をみたせば、被相続人に対する寄与と認める余地があるとし、その寄与分を遺産の20％と認めました。

① 実質的には被相続人と経済的に密着した関係にあること
② 会社への援助と被相続人の資産の確保との間に明確な関連性があること

> 平成8年10月4日高松高裁決定家月49巻8号53頁
> 被相続人AがB会社を経営していたという事案について「B会社はAが創業した株式会社であってAとは別人格として存在しており、その実質が個人企業とは言いがたい。しかし…B会社はAの個人企業に近い面もあり、またその経営基盤の主要な部分をAの個人資産に負っていたものであって、Aがその個人資産を失えばB会社の経営は危機に陥り、他方B会社が倒産すればAは生活の手段を失うばかりでなく、担保に供している個人資産も失うという関係にあり、B会社とAとは経

> 済的に極めて密着した関係にあったものである。そうすると、B会社の経営状態、Aの資産状況、援助と態様等からみて、B会社への援助とAの資産の確保との間に明確な関連性がある場合には、Aに対する寄与と認める余地があるということができる。」という一般論を展開した上で、相続人の1人である子のCがB会社にした貸付金1億1000万円は、同社の資産状態と債務の割合から考えると、その価値は3000万円にも満たないものといわざるをえず「実質的な価値との差額である8000万円については、寄与として評価する余地がある」とした。

ただ、本件の場合、元々、B会社に対する貸付金というのは、Aに対する貸付金を振り替えたものなので、実質的にはAに対する寄与ともいえ、この結論自体は妥当と思われます。

2) 貸付金の問題

しかし、問題が1点、その後のCのB会社に対する貸付金の取り扱いです。

Aの相続開始時の相続財産の価格は約4億3825万円であり、Cにはその20%の寄与分が認められましたから、実際のところCは8000万円相当の利益を得たことになります。しかし、B会社に対する債権はそのまま残っています。

この点、原審判は、Cの寄与分の主張を認めませんでしたが、その立場は「現在も経営を継続している会社に対する債権を実質評価することを避けたもの」と評されるところです（坂梨「被相続人が経営していた会社への資金援助を被相続人への寄与と認め20%の寄与分を認めた事例」判タ978号136頁）。

結局、前述した「被相続人の経営する会社に対する寄与は、会社が利益を受けたものとして会社との関係で処理されるべきであり、被相続人に対する寄与とはいえない」という原則が問題になってくるということです。

5-12

寄与分⑥
相続人の経営する会社による寄与

　相続人の経営する会社が、被相続人に役員報酬等を支払っている場合があり、これを相続人の寄与といえるかが問題になります。

　この点については、被相続人への給与・報酬の支払いは、あくまで会社からの支払いであり、相続人個人からの援助や贈与とは認められません。
　このため、原則として、被相続人への給与・報酬の支払いは寄与分とは認められません。

　仮に、被相続人への給与・報酬の支払いが相続人による援助や贈与と認められる場合であっても、被相続人が取締役の場合においては、必ずしも労働の対価である必要はなく、被相続人が就労していなかったとしても報酬を受け取ることができるケースがあります。その意味で、無償性が低く、特別な寄与といえないことが多いでしょう。
　特に、被相続人が会社に不動産を使用させていたり、創業者等として会社に寄与していたという事情もある場合は、無償性そのものがなく、ましてや、特別の寄与とはいえないものといえます。

　このため、寄与の判定にあたっては、給与・報酬が支払われていた実質的な事情を考える必要があります。

　なお、会社という形態を使ったことにより、相続人個人が給与等を支払うのではなく、会社が支払うため、相続人個人の負担ではないという意味で、相続人が自分の利益を得ているともいえます。また、会社の経費扱い

とする意味で、会社の利益を落として節税効果を上げるというメリットもあるかと思います。

　このため、仮に寄与分が認められる場合であっても、その金額自体をそのまま寄与分として算定することには問題あると思われます（松津節子「平成17年度専門弁護士養成連続講座・特別受益と寄与分」商事法務462頁参照）。

5-13

寄与分⑦
療養看護型（配偶者）

　寄与分は「共同相続人中」に「被相続人の療養看護…により被相続人の財産の維持又は増加」について「特別の寄与」をした場合に認められます（904条の2-1項）。
　特に、被相続人の配偶者の場合、夫婦に互いに協力扶助義務があるため、被相続人の療養看護をしたといっても、それが協力扶助の範囲内であれば、寄与とは認められません。
　※反面、協力扶助義務があるからこそ、配偶者の法定相続分は多く定められています。

相続人の配偶者の行為
　寄与分とは、具体的相続分を算定するにあたって「相続人」間の公平をはかるためのものなので、寄与行為は「相続人」がしたものでなければならないとされています（904条の2-1項）。
　ここで問題になるのが、相続人の配偶者がした行為が「寄与」といえるかであり、特に、療養看護は、専業主婦によって行われることが多いことから、寄与行為の類型の中でも、一番相続人以外の者による寄与が問題になり易いところです。

【配偶者の寄与分と専業主婦の財産権】
　この点、療養看護を寄与として肯定することは、配偶者たる専業主婦の財産権（療養看護に対する報酬請求権）を侵害することになるという指摘があります。
　寄与が認められると、具体的相続分の計算の中に入れられることになる

ため、配偶者の財産権が、寄与分という形を通じて、相続人のものになってしまうという主張です。

その主張ももっともなのですが、逆に、療養看護を寄与として否定してしまうと、配偶者としても、別途訴訟において療養看護に対する報酬請求をしなければ、療養看護に対する報いを得られなくなり、かえって不都合な場合も生じるでしょう。

ですから、例えば、配偶者である妻が相続人たる夫の寄与分という形で、自らがした療養看護の報いを得ることを希望するのであれば、これを肯定しても構わないと解されます。

この場合、「共同相続人の履行補助者」と称されることが多いですが、あまり高額になってくると、特に、一般的には配偶者等の受けた特別受益は持戻しの対象ではなくみなし相続財産を算定する上で考慮されない(903条1項)ことの比較から、バランスを欠くことがあるので注意が必要です(松津節子「平成17年度専門弁護士養成連続講座・特別受益と寄与分」商事法務454頁)。

5-14

寄与分⑦
療養看護型(特別の寄与に関する目安と評価方法)

扶養義務の範囲では認められない

寄与行為は「特別」のものでなければなりません。

例えば、子が親の療養看護をしたとしても「直系血族…は、互いに扶養をする義務がある」とされています（877条1項）ので、その義務の履行の範囲内であれば、寄与分は認められません。

この点につき、以下の判例が参考となります。

> 広島家呉支部平成22年10月5日審判家月63巻5号62頁
>
> 「被相続人Aは入院する1か月前まで車を運転し、毎日自分でスーパーに行って食材を買い、昼食は自分で作り、店にも出ていた。通院も自分でしていた。」という事実を前提に、相続人の1人のBが「朝と夕方被相続人A宅に行き、朝はパンを焼いたり簡単な朝食を作ったり、夜は夕食を差し入れたりしていた。時々は、被相続人Aが相続人B宅を訪ね一緒に食事をすることもあった。」としても「それは親族間の協力にとどまり、遺産の維持、形成に対する寄与には当たらない。」

「特別」の寄与の目安＝要介護度

問題はどの程度であれば「特別」なものといえるかどうかですが、実務では介護保険における要介護度を1つの目安としています。

介護保険法では、要介護状態と要支援状態という2つの概念が用いられ

ており、要介護状態は1〜5に、要支援状態は1〜2に各々区分されています（1が一番軽度）。

　親が重度の要介護状態で常時付き添いが必要な状態（※）において、子が介護サービスなどを利用せずに介護を行った場合、または介護サービスの費用を負担した場合について、「特別」の寄与が認められます。
　※週1、2日程度の療養看護であれば認められませんし、施設に入っている期間は認められません。

【要介護度について】
　では、常時付き添いが必要となる要介護状態はどの程度なのでしょうか。
　この点、要介護2の段階では「日常生活動作」についても部分的な介護を要する状態として「歩行や起き上がりなど起居移動がひとりでできないことが多く、食事、着替えはなんとか自分でできるが、排せつは一部手助けが必要な状態」とされています。
　この日常生活動作にも介護を要することから、要介護2程度以上（要介護2乃至5）の状態に関する療養看護が「特別」の寄与とされています（上原「高齢者介護と寄与分・試論」『弁護士専門研修講座　相続・遺言』ぎょうせい、114頁）。

要支援状態	身体上若しくは精神上の障害があるために入浴、排せつ、食事等の日常生活における基本的な動作の全部若しくは一部について…継続して常時介護を要する状態の軽減若しくは悪化の防止に特に資する支援を要すると見込まれ、又は身体上若しくは精神上の障害があるために…継続して日常生活を営むのに支障があると見込まれる状態
要介護状態	<u>要支援状態よりも重い状態。</u> 身体上又は精神上の障害があるために、入浴、排せつ、食事等の日常生活における基本的な動作の全部又は一部について…継続して、常時介護を要すると見込まれる状態

「特別」の寄与の評価方法

　評価方法としては、基準額×日数×裁量（1～0.6）という数式でなされており、最近の実務では、基準額については「介護報酬基準額に基づく身体介護報酬額」が用いられることが多いようです。

　※平成24年4月現在の基準によると以下の通り。
　　要介護1（4020円）
　　要介護2（5840円）
　　要介護3（5840円）
　　要介護4（6670円）
　　要介護5（7500円）

　しかし、寄与分を認めるにしても、事実上の限界があります（この点については「5-7 寄与分①」を参照ください）。
　遺産のうち、5割を超えることはまずなく、認められてもせいぜい2～3割程度です。

　その意味も含め、1日あたりの金額にこだわるのも生産的ではありません。
　例えば、以下の判例では、1日あたり8000円程度と評価されており、1日あたりの金額としては、前述した5840円～7500円を上回るもので、審判例としては高額です。しかし、この事例の遺産総額は約2億1231万円（但し、特別受益持ち戻し前）で、寄与分として主張された額は約7366万円でした（平成元年から17年までの介護で、遺産総額の約34％）。
　ところが、認められたのは、この程度（同14年から被相続人の死亡する17年までの介護で、遺産総額の4％）ですから、遺産全体からみれば少ないものだったと思います。

> 大家平成19年2月8日審判家月60巻9号110頁
> 　被相続人に対する身上監護を理由とする寄与分の申立てに対し、被相続人が認知症となり、常時の見守りが必要となった後の期間につい

て、親族による介護であることを考慮し、1日あたり8000円程度と評価し、寄与分を876万円と定めた。

5-15

寄与分⑧
扶養型

　例えば、子が親に対し、生活費として毎月 10 万円の仕送りをして扶養した場合、これは寄与分として認められるでしょうか。

　子は、直系血族として、親の「扶養をする義務」があります（877 条 1 項）。
　ですから、10 万円が親の生活費として必要なものであるなら、それは扶養義務の履行であり「特別の寄与」とはいえないということになります。

　ただ、例えば、子が A、B 2 人いてその生活水準が同じ場合、本来ならば月々の 10 万円を 2 人で 5 万円ずつ負担しなければいけないところ、A が 1 人で 10 万円を支払っていた場合、この 5 万円分については「特別の寄与」として、寄与分が認められます（片岡ほか編著『新版家庭裁判所における遺産分割・遺留分の実務』日本加除出版、331 頁）。

　ちなみに、この場合、A は B に対し、支払った扶養料の B 負担分を求償することもできます（879 条、家事事件手続法 185 条、別表 2-10）。
　B の負担すべき分を何れの形で精算するかは、A の意思に委ねるというのが実務上の取り扱いです（前掲片岡 329 頁）。

過去の扶養料の求償

　過去の扶養料の求償については、東京高決昭和 61 年 9 月 10 日判タ 637 号 189 頁が参考になります。

　A（母　昭和 37 年 6 月死亡）には、B 女（精神病院入院中）、C 女、D 女、

E男という4人の子がいました。

CとDは、昭和36年7月から同55年1月までBの国民年金の掛金を半額ずつ負担し、長期入院中のBの医療費も半額ずつ負担してきました。また、Cは、毎月1回Bに面会し、衣類等の費用を単独で負担していました。

ただ、Cは、家庭の主婦で子は成人独立し、夫と2人年金生活をしています。Dは、独身で昭和48年定年退職し、年金生活をしています。ところが、Eは、会社取締役で子も独立し、妻と2人でかなり裕福な生活をしていることから、C、Dは、昭和57年6月、自らが負担した費用を昭和46年に遡って、Eに求償するよう調停を起こし、同59年1月には審判手続に移行しました。

原審は、民法169条に定める定期給付債権の短期消滅時効の制度趣旨にかんがみ、調停申立の5年前に遡る昭和52年6月からの費用の一定額について、Eに求償するよう命じたので、これを不服としたEの抗告に対する決定です。

Eは、Aを扶養する約束でAを扶養したので、Bを扶養する義務がないといった主張をしましたが、その扶養義務の履行も十分ではなく、最終的にはC、DがAの面倒をみたとして、Eの主張を退けました。

その上で、求償できる費用を昭和52年6月以降の分に制限した原審を支持した上で「要扶養者の扶養料のうち本来他の扶養義務者が負担すべき額を現実に支出した扶養義務者は、その扶養料を負担すべき扶養義務者に対しこれを求償することができ、この求償請求に関し審判の申立があった場合どの程度遡って求償を認めるかは、家庭裁判所が関係当事者間の負担の衡平を図る見地から扶養の期間、程度、各当事者の出費額、資力等の事情を考慮して定めることができる」として、Eに一定額の求償を命じました（Cに対し139万7000円、Dに対し昭和59年1月から毎月末日限り各金2万1000円）。

ですから、家庭裁判所の裁量による制限はあるものの、一定額の限度で過去に遡り、扶養料の求償はできるということになります。

第 **6** 章

遺産分割審判

遺産分割協議がまとまらない場合、遺産分割審判に移行することがあります。ただ、裁判所による解決なので一般の方には少しイメージしにくい様です。そこで、できるだけ簡潔にただ判り易く説明したいと思います。

【この章で取り扱うテーマ】

- **6–1** 遺産分割審判とは①
  判決との違いと注意点（公開・既判力との関係）
- **6–2** 遺産分割審判とは②　手続きの流れと調停との関係
- **6–3** 遺産分割審判の対象となるもの①
  物権等（不動産や賃借権等）
- **6–4** 遺産分割審判の対象となるもの②
  債権等（金銭債権・預貯金・株式・社債等）
- **6–5** 遺産分割審判の対象となるもの③　現金
- **6–6** 遺産分割審判における使途不明金①
  預貯金の調査と付随問題
- **6–7** 遺産分割審判における使途不明金②
  死亡前の引き出し（特別受益）
- **6–8** 遺産分割審判における使途不明金③
  死亡前の引き出し（被相続人の為にしたという主張）
- **6–9** 遺産分割審判における使途不明金④
  死亡後の引き出し
- **6–10** 相続における葬儀費用、遺産管理費用
  （固定資産税等）の負担の取扱い

6-1

遺産分割審判とは①
判決との違いと注意点(公開・既判力との関係)

　遺産分割は、共同相続人の協議によります(民法907条1項)が、それが調わないときは、それを家庭裁判所に「請求」できます(同条2項)。

審判と判決との違い＝公開か否か
　この請求が審判申立で、これがなされると家庭裁判所は「遺産の分割」「審判」をすることになります(家事事件手続法〈以下、単に法といいます。〉39条別表第二12項)。

　審判には様々な意味がありますが、ここでは「家庭裁判所の終局的な裁判」という意味として説明します。

　普段耳にする「判決」と「審判」との一番の違いは、判決については、憲法82条1項から審理等の「公開」が求められる点です。
　判決は当事者の主張する権利義務の確定を目的とする裁判です。この点、遺産分割においては、被相続人の死亡によって、法定相続分に応じた抽象的な数字的割合としての権利が、既に各共同相続人に承継されており(899条)、当事者の権利義務は既に確定しているといえます。遺産分割審判も、裁判所のする判断なので裁判の一種なのですが、具体的相続分に応じた相続財産に対する価格割合を分配する作業にすぎず、権利義務の確定を目的とする裁判である判決とは異なるため、非公開が認められており、この点が判決との大きな違いといえます。いわゆる「純然たる訴訟事件」ではないということです(法定乃至具体的相続分については「4-1 具体的相続分とは①」を参照ください)。

> **【憲法82条（裁判の公開）】**
> 裁判の対審及び判決は、公開法廷でこれを行うことが定められています（第1項）。
> ここでいう裁判とは、権利義務等に関する「純然たる訴訟事件」のことをいいます。このような裁判を国民の目にさらすことで、権利義務等の判断が公正になされるよう定められたものです。審判も裁判の一種ですが、権利義務等に関するものではないので、ここでの公開の要請は働かないとされています。

すなわち、遺産分割は「相続人その他の…権利義務の範囲は相続開始によって一応確定していて…その確定した権利の内容を具体化することでしかない」（谷口ほか編〈担当伊東〉『新版注釈民法（27）相続（2）［補訂版］』有斐閣、361頁）ことから、権利義務に対する判断ではないので「非公開」でなしてもかまわないということでしょう（法33条）。

その理由付に疑問を示す見解も多いですが、遺産分割の紛争は家族間の問題なので、特にプライバシーの保護が求められ、そのような紛争を非公開の審判で判断すること自体は望ましいと思われます。

審判における注意点（既判力との関係）

審判では、例えば、親Aが死亡した場合の子B、C間の遺産分割において、甲不動産の名義がAのものであった場合、甲がAの遺産であることを「前提」に遺産分割されます。ところが、真実の所有者は自らお金を出して買ったBであったとき、Bは遺産分割審判に納得いかなければ、甲はB自らのものであるとして、もう一度民事訴訟を起こせます。

そして、判決で、甲はB自らのものであると判断されると、権利義務の判断については、「甲はBのもの」という判決が通用し拘束されることになります（既判力）。結果として「甲はAのもの」とした審判は間違っていたものとなり、その効力は失われます。ただ、審判とはその程度のもので権利義務等を確定する訳ではないので、憲法82条1項等の要請に応

じる程のものではないとされる訳です。この趣旨を述べたのが、以下の最高裁判決です。

> 最大判昭和41年3月2日（民集20巻3号360頁、家月18巻6号153頁）
> 審判手続においてした右前提事項に関する判断には既判力が生じないから、これを争う当事者は、別に民事訴訟を提起して右前提たる権利関係の確定を求めることをなんら妨げられるものではなく、そして、その結果、判決によって右前提たる権利の存在が否定されれば、分割の審判もその限度において効力を失うに至るものと解される。

　この理由付けに対する批判も多いのですが、実務はそれを前提に動いています。従って、このような「前提問題」に争いがある場合、前述したBのように「ちゃぶ台返し」が認められるケースもあるので、遺産分割審判の申立の取下げを勧告されることが多く、注意が必要です。

補論　遺産共有確認の訴え
　このようなBの「ちゃぶ台返し」を封じるには「前提問題」である「甲不動産がAの遺産であること」を訴えにより確定させておく必要があり、その為の訴えを遺産確認の訴えといいます。しかし、既にAは死亡しているので、そのような訴えは過去の法律関係の確認を求めるものとして「訴えの利益を欠く」のではないかという点が問題とされました。現在生存している者達の法律関係として「甲不動産がB、Cの共有であること」を確定させるべきではないかということです。
　この点、最1小判昭和61年3月13日民集40巻2号389頁は「遺産確認の訴えは、右のような共有持分の割合は問題にせず、端的に、当該財産が現に被相続人の遺産に属すること、換言すれば、<u>当該財産が現に共同相続人による遺産分割前の共有関係にあることの確認を求める訴えで</u>あつて、<u>その原告勝訴の確定判決は、当該財産が遺産分割の対象たる財産であることを既判力をもつて確定し</u>、したがつて、これに続く遺産分割審判の手続において及びその審判の確定後に当該財産の遺産帰属性を争うことを

許さず、もつて、原告の前記意思によりかなつた紛争の解決を図ることができるところであるから、かかる訴えは適法というべきである」として、遺産確認の訴えを許容しました。

　上記事案及び問題点の指摘に照らして解説すると、遺産確認の訴えは「現に」甲不動産がAの遺産であることを確認するものであって「過去」に関するものではなく、訴えの利益は存在します。また「甲不動産がB、Cの共有であること」の確認を求める場合と比較して、遺産確認の訴えは、甲不動産がAの遺産として「遺産分割の対象」であることまで確定させるものであり、その必要性も認められるということです。

6-2

遺産分割審判とは②
手続きの流れと調停との関係

原則は審判の前に調停へ

　遺産分割協議が調わない場合、最終的には、裁判所の「審判」によって決せられますが、それは法の解釈適用により一刀両断的な判断で、勝ち負けが比較的はっきりします。

　ただ、家族間の紛争解決としては好ましくない場合も多いので、遺産分割審判の申立がなされても、裁判所は職権で調停に付することができる（法274条1項）とされており、この「付調停（ふちょうてい）」という取り扱いが原則とされています（片岡ほか編著『新版家庭裁判所における遺産分割・遺留分の実務』日本加除出版、8頁）。

調停＝話し合い

　調停とはどういうものか、その法的性質と関連して争いがありますが、紛争解決の主体を当事者とする自由で主体的な決断としての合意と解するのが通説です。

　調停手続としての調停機関は当事者間を仲介斡旋して利害の調整に努め、当事者間に相当な合意が成立するように公権的に援助する過程にすぎないとされています（梶村ほか『家事事件手続法〔第2版〕』有斐閣、28頁）。

調停が不成立の場合

　調停が成立しない場合、審判に移行します（法272条4項）。

　そして、裁判所は、手続において入手した資料に基づき「遺産に属する物又は権利の種類及び性質、各相続人の年齢、職業、心身の状況及び生活の状況その他一切の事情を考慮して」審判をすることになります（906条）。

6-3

遺産分割審判の対象となるもの①
物権等（不動産や賃借権等）

遺産分割審判の対象になる・ならないという視点から、よく問題になるものについて簡潔に説明します。

不動産・動産の所有権	審判の対象になる

不動産の所有権が相続財産である場合、共同相続人の「共有」になります（898条）。

ここでの「共有」が、民法249条以下に規定する「共有」と同じものかどうか、大きな争いがありますが、最高裁が以下に述べるとおり、実務的には同じものと理解されています。ですから、共有物の利用（使用や管理等）については、民法で定められており（249条以下）、遺産分割前の不動産等についてはこれと同様の扱いになります。

> 最3小判昭和30年5月31日民集9巻6号793頁、家月7巻6号42頁
>
> 民法249条以下に規定する『共有』とその性質を異にするものではない…それ故に、遺産の共有及び分割に関しては、共有に関する民法256条以下の規定が第一次的に適用せられ、遺産の分割は現物分割を原則とし、分割によって著しくその価格を損する虞があるときは…価格分割を行うことになる

ただ、遺産分割については（249条以下の「共有」とは異なった）特別の手続が定められていいます（907条以下）。すなわち、共同相続人間で協議が調わないとき等は、その分割を家庭裁判所に請求できます（907条2項）。この請求がなされた場合、裁判所は審判という形で不動産を分割します。

遺産の分割方法については、特別の手続が定められていないので、上記最高裁が述べるとおり、民法256条以下が適用され、現物分割を原則とするものの、現物をもって分割することができない場合又は分割により著しくその価格を損する可能性がある場合は、価格による賠償により分割を行うことができます。

動産の所有権についても同様です。

賃借権	審判の対象になる

賃借権とは「賃借権（利用権）とその対価たる賃料債務、その他賃貸借契約の存続に伴って生ずるすべての契約上の債権債務を一括」した「賃借関係全体」を意味します（川島「賃借関係が共同相続された場合の法律関係」法学協会雑誌、第80巻6号、165頁）。

つまり、これは「契約上の地位」であって（内田『民法Ⅳ　親族・相続』東京大学出版会、364頁）単純な債権債務とは異なります。

そして、このような契約上の地位は、898条、264条にいう「（準）共有」として遺産分割審判の対象になります。

6-4

遺産分割審判の対象となるもの②
債権等（金銭債権・預貯金・株式・社債等）

遺産分割審判の対象になる・ならないという視点から、よくあるものについて簡潔に説明します。

金銭債権 その他の可分債権	審判の対象にならない

以下の判例のとおり「当然分割」されるのですから、遺産分割の必要もなく、遺産分割審判の対象にもならないとされています。

> 最1小判昭和29年4月8日（民集8巻4号819頁）
>
> 不法行為に基づく損害賠償請求権について、分割債権・債務の原則を規定する427条を前提として「金銭その他の可分債権あるときは、その債権は法律上当然分割され各共同相続人がその相続分に応じて権利を承継する」

補論　慰謝料請求権の相続性

　ただ、不法行為に基づく損害賠償請求権といっても、それが慰謝料請求権（710条）である場合は、若干の注意が必要です。「一身に専属したもの」として、相続の対象にならないのではないかが問題になるからです（896条ただし書、これは「帰属上の一身専属性」の問題と呼ばれています。）。

この点、最大判昭和 42 年 11 月 1 日民集 21 巻 9 号 2249 頁（以下、昭和 42 年判決）は「<u>ある者が他人の故意過失によって財産以外の損害を被った場合には、</u>その者は、財産上の損害を被った場合と同様、損害の発生と同時にその賠償を請求する権利すなわち慰藉料請求権を取得し、<u>右請求権を放棄したものと解しうる特別の事情がないかぎり、これを行使することができ、</u>その損害の賠償を請求する意思を表明するなど格別の行為をすることを必要とするものではない。そして、当該被害者が死亡したときは、その相続人は当然に慰藉料請求権を相続するものと解するのが相当である」としています。主たる理由は、①民法上、損害賠償請求権発生の時点は、財産上のものか財産以外のものかで区別されていない、②慰藉料請求権が発生する場合の被害法益は当該被害者の一身に専属するが、慰藉料請求権そのものは単純な金銭債権であって相続の対象となりえないという法的根拠はない、という点にあります（下線は筆者）。

ですから、原則として、当然相続の対象になるが当然分割されるので、遺産分割審判の対象にもなりません。

しかし、昭和 42 年判決は、交通事故による人身損害に伴う慰謝料請求権に関するものであって、例えば「名誉毀損・不貞行為等による慰謝料請求権」については、被害者たる被相続人が請求権を行使する意思表示をしていたことが必要と解するなど、別異の考察が必要と思われます（昭和 42 年判決に関する、水野ほか〈担当米村〉『家族法判例百選〔第 7 版〕』有斐閣、130 頁以下の解説参照）。ですから、このような意思表示がなければ、そもそも相続の対象になっていないという意味で、遺産分割審判の対象にはならないということになります。

預貯金	審判の対象にならない （実務上、全相続人の合意があれば対象になる）

預貯金も「当然分割」されるので、審判の対象として分割することはできません。

実務上は、全相続人の合意があれば審判の対象とすることができるとさ

れていて、調停では「相続人から預金債権を分割の対象としないという積極的な申出がない限り、そのまま分割対象に含めて手続を進めている例が多い」ようです。

しかし、審判にすすむと「分割対象に含めることに合意しない事例も少なくない」ということです（前掲片岡139頁）。

預金については、これも「預金契約の相続が考えられるべきである。相続された預金契約のなかには…銀行所定の手続で、かつ、相続された預金契約の当事者、つまり共同相続人全員の手続が必要となるのではないか…預金契約の全趣旨から考えて取り扱う、というのは一つの立場である」という指摘もあります（林「遺産中の金銭の遺産分割前の帰属」金法1336号6頁、特に8頁）。つまり、賃借権と同じように契約上の地位の問題として、審判の対象になるのではないかというという指摘です。

しかし、一般的には預貯金は、可分債権として当然分割されると理解されています（定期預金については、その解約手続等、若干の問題が残ります。東地判平成18年7月14日金法1787号54頁「コメント」参照）。

ただ、定額郵便貯金については、取り扱いが異なるので、注意が必要です。

定額郵便貯金	審判の対象になる ただし通常貯金になるまでの10年間

旧郵便局の定額郵便貯金については、旧郵便貯金法（以下、単に旧法という。）7条1項3号により、分割払戻しができないという契約上の制限が付されていて、預入の日から起算して10年が経過するまでの間は通常貯金にはならないとされていました（旧法57条1項）。

その定めは「郵政民営化等の施行に伴う関係法律の整備等に関する法律」の附則5条により、ゆうちょ銀行との関係でも効力を有するとされていますので、定額郵便貯金は、通常貯金になるまでの10年間は遺産分割審判

の対象になると解されます（最2小判平成22年10月8日民集64巻7号1719頁、家月63巻4号122頁、判タ1337号114頁）。

株式や社債	審判の対象になる

　株式や社債は、会社に対する一定の法的地位と考えられており、前者には「共有」に関する定め（会社法106条）があり、後者には「相続」に関する定め（会社法691条2項）があることからして、それは遺産分割審判の対象になると解されます。

国債、投資信託、ゴルフ会員権等	具体的内容により異なる

　その他遺産としては、国債、投資信託、ゴルフ会員権等がよくある例かと思いますが、それが遺産分割審判の対象になるかどうかはその具体的内容によって、様々です。手頃なものとしては、前掲片岡165頁が詳しいですが、正確には、弁護士等の専門家に相談されることを勧めます。

6–5

遺産分割審判の対象となるもの③
現金

　遺産分割審判の対象になる・ならないという視点から、問題になるものについて簡潔に説明します。

| 現　金 | 審判の対象になる |

　以下の通り、最高裁の判断は「現金」そのものにも「共有」が認められるとするもので、これ自体は妥当と思われます。なので「現金」は共同相続人間で「共有」するものとして、遺産分割審判の対象になります。

　この点については、被相続人Ａ死亡の時点で現金であったものを相続人の1人であるＹが後に「Ａ遺産管理人Ｙ」名義でしていた預金について争われていました。
　この点に関する東京高裁は「現金は、被相続人の死亡により他の動産、不動産とともに相続人等の共有財産となり…債権のように相続人等において相続分に応じて分割された額を当然に承継するものではない」としました。
　そして、この東京高裁の判断を受け最高裁は以下のように判断しました。

> 最2小判平成4年4月10日家月44巻8号16頁、判夕786号139頁
> 相続人は、遺産の分割までの間は、相続開始時に存した金銭を相続財産として保管している他の相続人に対して、自己の相続分に相当する金銭の支払を求めることはできない…原審の判断は正当

「A遺産管理人Y」名義で預金された場合も共有のままか

ただ、問題は、何故それが「A遺産管理人Y」名義で預金された場合にも「共有」のままなのかという点です。

上記平成4年判例の射程範囲にもかかわるもので難しい問題ですが、同判例の理解は以下の2つに分かれているとの指摘があります（松原「可分債権と現金」判タ1100号332頁）。
① 「相続人が管理中の現金を不可分物と同一視しただけ」と解する見解
　（山田「遺産分割前に相続分相当の金銭支払を求めることの可否」民商107号6号102頁）
② 「共同相続人間での場面でみるときは、可分債権についてみても相続持分に応じて当然に分割されるものではない」と解する見解
　（塩月「金銭の相続と遺産分割」家月44巻10号1頁、特に9頁）

これを前提に考えると、上記判例が昭和29年判例（※）を元にした実務の流れを根本から変えるものとは思われませんので、前者の立場が相当と思います。
　※最1小判昭和29年4月8日民集8巻4号819頁
　「金銭その他の可分債権あるときは、その債権は法律上当然分割され各共同相続人がその相続分に応じて権利を承継する」

だとすれば、本件では、預金が「A遺産管理人Y」という名義で「遺産たる金銭の管理がなされているだけで、銀行への預入によって当該相続財産の性質が変容したととらえるべきではない」という形で説明されると思います。

つまり、最高裁が指摘する「相続財産として保管」されているという点がポイントで「当該金銭がそのまま保存されることが予定され、価値として流通に置かれることが予定されていない場合」であることが重要だということでしょう（道垣内「遺産たる金銭と遺産分割前の相続人の権利」『家族法判例百選〔第7版〕』有斐閣、136頁）。

その意味で、現金の保管形態が「A遺産管理人Y」のような名義以外であった場合には、遺産分割審判の対象にならないと解されることもあるかと思います。

6-6 遺産分割審判における使途不明金①
預貯金の調査と付随問題

　相続の相談を受ける際「被相続人の預貯金が思っていた以上に少ない。」といった話をよく聞きます。これは、使途不明金といわれ、家庭裁判所では「付随問題」とされるものの1つで悩みの種とされています。この点につき、簡潔に説明したいと思います。

預貯金の調査
　素人の方が、使途不明金を問題にして遺産分割調停等を起こすとき、裁判所が預貯金を調査してくれるだろうという思いがあります。しかし、使途不明金とは、詰まるところ「見当たらないもの」であり、他方遺産分割とは、現存する遺産を分割する手続であって「ない」ものは分割できません。裁判所の本音としては「当事者がわからないものは裁判所だってわからない」というところです（片岡ほか編著『新版家庭裁判所における遺産分割・遺留分の実務』日本加除出版、58頁）。

　【弁護士法23条照会の利用】
　そこで、この「見当たらないもの」について、凡その目途は当事者がつけなければなりません。相続人は「被相続人の権利義務を承継」する（896条）ので、その気になれば被相続人の預貯金の内容を確かめることはできますが、この点、弁護士に依頼すれば、弁護士法23条照会というシステムがあり、より簡便に預貯金の内容の照会をしてくれます（但し、預金については、支店の特定まで必要であり、大まかにでもその見込みをつける必要があります。調査をするためだけの実費（送料込）として、各地域の弁護士会により様々ですが、1件当たり5千円前後かかるので、手当たり

次第にという訳にはいきません)。

付随問題の説明

このようにして、預貯金の履歴が手に入ります。すると、被相続人の預貯金が、生前多数回又は（或いは）多額に引き出されており、また、死亡後に引き出されていることがあります。被相続人である母をA、依頼者を姉B、相手方を弟Cとすると、その引き出しをしたのがCであるとして「使途不明金」の探求を巡り、遺産分割調停が起こされることになります。

ただ、注意しなければならないのが、遺産分割の審判の対象等になるものについては限界があるということです（詳しくは「6-4 遺産分割審判の対象となるもの②」を参照ください）。

調停は、当事者が主体となって決断による合意で紛争処理にあたるものなので、比較的緩やかです。裁判所も、3回ほどは調停に付き合ってくれます（前掲片岡59頁）。しかし、それが審判の対象等にならないものであれば、裁判所としても当事者間に合意が成立しない限り、最終的に紛争を処理できません。だからこそ、そのようなものを「付随問題」といい、ただ「問題」にはなるが「付随」に過ぎないからこそ、その点に関する合意の見込みが薄ければ取下げを勧告されるということです。

それでは、どのようなものが審判の対象等となり、或いは、ならないのでしょうか、引き出しが死亡前か死亡後かに分けて検討したいと思います。

6-7

遺産分割審判における使途不明金②
死亡前の引き出し（特別受益）

　遺産分割の際、「被相続人の預貯金が思っていた以上に少ない。」場合がよくありますが、これは使途不明金といわれるものです。
　遺産分割調停は、決着がつかなければ、遺産分割審判に移りますが、そこでは審判の対象とならない限り、裁判所としても最終的に紛争を処理できません。ですから、被相続人の預貯金の引き出しが死亡前である場合においては、どのようなものが審判の対象となるのかを意識しつつ、以下の例を用いて簡潔に説明したいと思います。

> 被相続人である母Aの預貯金が、生前多数回又は（或いは）多額に引き出されていました。
> 依頼者である姉Bは、相手方を弟Cとし、Cが預貯金の引き出しをしたとして「使途不明金」の探求を巡り、遺産分割調停を申し立てました。

　Bとしては、先ず引き出しはCが勝手にしたものであると主張します。

相手方が勝手に引き出したことを認めた場合

　この主張に対し、Cがこれを認めれば、それは生前AがBに対して不当利得乃至は不法行為による金員請求権を有していたことになります。これは、「6-4 遺産分割審判の対象となるもの②」でも述べましたが、金銭債権その他可分債権ということですので、審判の対象にはなりません。

　ですから、相手方Cが任意に支払ってくれるようであれば、その方法

について調停で話し合い解決するということになります。しかし、その支払が期待できない様であれば、Bは調停の取下げをして、Cに対する金員請求訴訟（但し、引き出された額のうちBの相続分である1/2についてのみ）を起こすことになります。

ただ、Cが単純にこれを認めるのは稀で、大概は「特別受益」の主張か「被相続人の為に使った」という主張がなされます。今回は「特別受益」の主張を取扱い、次回に「被相続人の為に使った」という主張について検討します。

特別受益の主張

1) Cが「もらった」という主張

このような主張が認められるためには「Aの了解のもとにCが預貯金を引き出したというだけでは主張として十分でなく、それがAの贈与の意思に基づくものであったということまでの主張が必要である」とされています（東京家庭裁判所家事第5部編著「特集遺産分割事件処理の実情と課題〈以下、実情と課題といいます〉」判タ1137号92頁）。

2) Bの特別受益であるという反論

そしてCが「もらった」ということを主張するのであれば、それは「贈与」を受けたということになります。更に、それが「生計の資本としての贈与」であれば、「もらった」分が特別受益として具体的相続分を算出する過程で差し引かれる結果、Cの具体的相続分は0円、即ち、何も相続できないということも生じます（903条）。具体的相続分を算出することは審判等で必要なことなので、このような主張であれば、使途不明金の探求は調停・審判でなされます。

しかし、Cに対する超過特別受益があったとしても、Bはその分の返還を求めることはできません（903条2項）。従って、例えば、遺産分割を求める財産が、その使途不明金のみであって、それが「もらった」ものであれば、Cのところに残存していても、Aの遺産としては「ない」のですから、審判しようにも分割すべき遺産がないということなので、結局、審

判にはならないということです。

　※特別受益及び超過特別受益については以下を参照ください。
　「4-1 具体的相続分とは①」
　「4-3 具体的相続分とは③」

6–8

遺産分割審判における使途不明金③
死亡前の引き出し(被相続人の為にしたという主張)

　遺産分割の際、「被相続人の預貯金が思っていた以上に少ない。」場合がよくありますが、これを使途不明金といいます。
　遺産分割調停は、決着がつかなければ、遺産分割審判に移りますが、そこでは審判の対象とならない限り、裁判所としても最終的に紛争を処理できません。ですから、被相続人の預貯金の引き出しが死亡前である場合においては、どのようなものが審判の対象となるのかを意識しつつ、以下の例を用いて簡潔に説明したいと思います。

被相続人である母Aの預貯金が、生前多数回又は（或いは）多額に引き出されていました。
依頼者である姉Bは、相手方を弟Cとし、Cが預貯金の引き出しをしたとして「使途不明金」の探求を巡り、遺産分割調停を申し立てました。

　Bとしては、先ず引き出しはCが勝手にしたものであると主張します。

「被相続人の為に引き出した」という主張
　一番よくあるのが「被相続人Aの為に引き出した」という主張です。
　これが現金として残っていれば審判の対象になりますし、これが後に「A遺産管理人C」名義の口座にうつしてあれば、遺産分割審判の対象になります（最2小判平成4年4月10日家月44巻8号16頁、判タ786号139頁、その詳細については、「6-5 遺産分割審判の対象となるもの③」を参照ください）。

引き出した現金等が全てなくなっている場合

問題は、これが全てなくなっている場合です。これが被相続人の「為にした」ものでなければ、勝手にしたということなので、前述したとおり、BはCに不当利得乃至は不法行為による金員支払の訴えを提起することになります（勝手にした場合については「6-7 遺産分割審判における使途不明金②」を参照ください）。

【現金等を無理に探すよりも発想の転換を】

Cがなくなったといっているだけで、現実には残っているかもしれません。この点、当事者は躍起になって現金等を探そうとします。そして、無理やり現金等を発見すれば、遺産分割審判の対象になります。しかしそこで「Cの下にある現金等をBに分割する」という審判をもらっても、すんなりCがそれをBに渡すとは考えにくいです。そうなると、結局、BはCに訴訟を提起せざるを得ないので、無理やり探して審判することは、その分だけ無駄を費やすだけになります。発想の切り替えが必要と思われます。

被相続人の「為にした」という主張はどのような場合に認められるのか

この点、Cから支出明細が出てくれば、その主張の真偽はそれなりに判断できます。しかし、それが出てこない場合（特に長期に亘った多額の引き出しの場合は明細が出てきにくいと思われます。）は、Aの生前の生活レベルを認定し、そのような支出がその生活レベルに見合ったものかどうかにより判断されることになると思います。

その上で、被相続人の「為にした」ものでは「ない」ことがはっきりした場合は、「勝手にした」ことになるので、Cは不当利得乃至は不法行為による支払義務を負担することになります。Cが支払ってくれる等、任意の履行が期待できないなら、Bは調停等を取り下げてCに対する訴訟を起こすことになります。

難しいのは、「為にした」のかどうか、真偽がわからない場合です。

1つの考えは「勝手にした」場合でないと、BのCに対する金員支払請求は認められません。だとすれば、「為にした」かどうかわからない＝「勝手にした」かどうかわからないということで、Bの請求は認められないという考え方です。

もう1つは、とりあえず、Cが預貯金を引き出したのは事実である。これを正当化できるのは「為にした」場合だけである。なので「為にした」かどうか明らかでないときは、Cは自らの行為を正当化できないので、Bの請求は認められるという考え方もあるかと思います。

6-9 遺産分割審判における使途不明金④
死亡後の引き出し

　遺産分割の際、「被相続人の預貯金が思っていた以上に少ない。」場合がよくありますが、これを使途不明金といいます。
　遺産分割調停は、決着がつかなければ、遺産分割審判に移りますが、そこでは審判の対象とならない限り、裁判所としても最終的に紛争を処理できません。ですから、被相続人の預貯金の引き出しが死亡後である場合においては、どのようなものが審判の対象となるのかを意識しつつ、以下の例を用いて簡潔に説明したいと思います。

> 被相続人である母Aの預貯金が、Aの死亡後、金融機関がAの死亡を知って支払停止をかける前に引き出されていました。
> 依頼者である姉Bは、相手方を弟Cとし、Cが預貯金の引き出しをしたとして「使途不明金」の探求を巡り、遺産分割調停を申し立てました。

　金融機関がAの死亡を知って支払停止をかける前にCがこれを引き出すという場合も、割と見かけます。やはり、このようなときでも、先ずBとしては「Cが勝手に」引き出したと主張します。

預貯金を引き出したCの主張
　これに対して、Cの「もらった」という主張は、遺言等でもない限り、認められないと思います。ですから考えられるのは「為にした」という主張ですが、Aは既に死亡しているので、その対象はAではありえません。B、Cという相続人全員の「為にした」という主張がなされます。例えば、

葬儀費用、固定資産税の支払の為にしたという主張です。

引き出した現金は審判の対象となるか

ただ、このような主張が仮に認められ、Cの下に引き出した現金等が残存していたとしても、分割すべき遺産として扱うことはできません。

確かに、現金は遺産分割審判の対象と判断されています（最2小判平成4年4月10日家月44巻8号16頁、判タ786号139頁）。

しかし、A死亡の時点で存在していた財産は、預貯金といった金銭債権としての性質が決定されていて、金銭債権はA死亡によって当然に分割されると考えられるため、遺産分割審判の対象となりません。後にそれが現金になったところで、その性質が変更されると考えるのはおかしいからです。

このようなことから、現金が遺産分割審判の対象になるとした、上記最高裁の事案は異なるものと考えられます。

[参考]
この点、同判例の理解として「共同相続人間での場面でみるときは、可分債権についてみても、相続持分に応じて当然に分割されるものではない」と解する見解（塩月「金銭の相続と遺産分割」家月44巻10号1頁、特に9頁）を紹介しました（詳しくは、「6-4 遺産分割審判の対象となるもの②」を参照ください）。

この見解によれば、遺産が金銭債権であったとしても、その支払を求めるのは「共同相続人Cに対してなので、相続分に応じて当然に分割されるものではない」即ち、審判の対象になると考えることになるかもしれませんが、このような理解は一般的ではないと思われます。

預貯金を引き出したCになし得る請求

このように、被相続人の死亡後に預貯金が引き出されているような場合には、引き出した後の現金等は遺産分割の対象とはなりません。その結

果、他の相続人は不法行為に基づく損害賠償または不当利得の返還を求めることができます。

この場合、使途不明金とその他の案件を併せて調停による解決が考えられますが、話し合いがまとまらない場合、このような使途不明金については、別途一般の調停や民事訴訟を行う必要があります。

> 最3小判平成16年4月20日（家月56巻10号48頁、判タ1151号294頁）
>
> 共同相続人の1人が、相続財産中の可分債権につき、法律上の権限なく自己の債権となった分以外の債権を行使した場合には、当該権利行使は、当該債権を取得した他の共同相続人の財産に対する侵害となるから、その侵害を受けた共同相続人は、その侵害をした共同相続人に対して不法行為に基づく損害賠償又は不当利得の返還を求めることができる

預貯金を死亡後に引き出した場合のまとめ

ですから、死亡後の引き出しの場合には、何れにせよ遺産分割審判の対象にならないことが殆どと解されます。

しかし、金銭債権といっても共同相続人全員の同意があれば、審判の対象となし得ることは以前説明しました（詳しくは「6-4 遺産分割審判の対象となるもの②」を参照ください）。

すると、死亡後に引き出した現金等がCの下に存在する場合、BはCに対し訴訟で自ら相続した分を請求できます。しかし、その反面、Cが葬儀費用や固定資産税等を立て替えて支払った場合には、CもBに対して訴訟で葬儀費用等の中で相当な金額を請求できるということになります。

とすれば、お互い別途訴訟等をするだけ面倒なので、このような事情も考慮して、Cの下にある現金等を遺産分割審判の中で決着つけて欲しいとして、BC間で合意に至ることも珍しくはないと思われます。

遺産分割審判における使途不明金

このように考えると、使途不明金について、最終的に審判で解決される場合はあまり多くないですが、調停の中で相手方に対する情報を仕入れることも可能です。その結果、仮に、それが審判の対象にはならないものであっても、話し合いに従って調停合意による紛争処理がなされる場合も少なくないので、調停の申立自体にも、それなりの意味はあるのかもしれません。

【葬儀費用、遺産管理費用の取扱い】

これらについては、何れも、被相続人の「死亡後」に発生した「債務」についてのものなので、遺産分割審判の対象にならない、というのが実務の取扱いです（なので、これらも「付随問題」と位置付けられています。）。

詳細は「6-10 相続における葬儀費用、遺産管理費用（固定資産税等）の負担の取扱い」を参照ください。

6–10

相続における葬儀費用、遺産管理費用（固定資産税等）の負担の取扱い

　葬儀費用や固定資産税といった被相続人の「死亡後」に発生した「債務」については、誰が負担するのでしょうか。

　葬儀費用は喪主というのが一般的です。しかし、それは喪主が香典を取得するという考え方とリンクすることが多く、その香典分で賄えない葬儀費用の取扱いについては、相続人全員が協力して葬儀を行っているような場合であれば、相続人の負担とすることもあるようです（実情と課題94頁、最近は、香典辞退の葬儀が増えていますから、相続人らが負担すべきという論調も増えるのではないかと思われます。）。

　また、相続人が遺産を管理する場合には、遺産分割までの固定資産等の遺産管理費用は相続人らが負担するというのが実務の多数です。

　民法885条は、相続財産に関する費用について定めていますが、そこでは「財産の中から支弁する」という表現が採られており「誰が支払う」という形になっていません。その理解は難しいのですが、例えば、財産分離（941条以下）や相続人不存在（951条以下）の場合を典型と考えるのでしょう。

　そして、相続人らがいて、そのまま、相続人らが遺産を管理している場合には「相続財産に関する費用は、被相続人が負っていた債務ではないが、相続財産が負担する債務という意味で、相続債務の一種であることを定めた規定と読むほかない」とされています（内田『民法Ⅳ　親族・相続』東京大学出版、364頁）。

　結果として、相続債務は当然に分割されるので、固定資産等の遺産管理費用も相続分に応じて相続人らがこれを負担することになります。

例えば、被相続人の死亡後、相続人の1人が自らの現金等の中から、葬儀費用や遺産管理費用を立て替えた場合、その内の相当額を他の相続人に請求できることになります。

第 7 章

遺言

ここ最近、急速に「遺言」制度というものに関心が高まってきたように思います。そこで、遺言に関するポイントにつき、説明してみましょう。

【この章で取り扱うテーマ】

- 7-1　子供のいない夫婦の遺言①　問題の所在
- 7-2　子供のいない夫婦の遺言②　具体的な遺言の方法
- 7-3　子供のいない夫婦の遺言③　共同遺言とは
- 7-4　精神的障害のある子供のいる人の遺言①　後見人
- 7-5　精神的障害のある子供のいる人の遺言②
　　　相続における財産問題
- 7-6　資産を細分化しないための遺言①　特定の資産の相続
- 7-7　資産を細分化しないための遺言②
　　　敷金・株式等の相続に関する問題点
- 7-8　遺言能力とは①　遺言無効に関する基礎知識
- 7-9　遺言能力とは②
　　　遺言能力の有無の判断とは？　遺言無効になる場合
- 7-10　遺言能力とは③　認知症と遺言能力に関する判例
- 7-11　遺言能力とは④　医師の診断書と公正証書遺言の問題点
- 7-12　自筆証書遺言と公正証書遺言の違い
- 7-13　自筆証書遺言の誤記訂正の有効性
- 7-14　自筆証書遺言の訂正の方法
- 7-15　自筆証書遺言の要件①　全文自書
- 7-16　自筆証書遺言の要件②　日付
- 7-17　自筆証書遺言の要件③　氏名の自書と押印

7-1

子供のいない夫婦の遺言①
問題の所在

質問

私（A）は、高校時代に同級生として知り合った妻Bと40年前に結婚しましたが、ともに子供はいません。2人とも両親は既に死亡しており、血縁といえば私の弟Cと妻の妹Dがいるだけですが、C、D共に10年近く親交もありません。私たちも今年で65歳を迎えたので、そろそろ遺言を残したいと思っています。その際のアドバイスをお願いします。

ちなみに、私たち夫婦は、共稼ぎで互いの収入を振り分けており、私分は住宅ローンの返済に妻分は貯蓄に、それぞれまわしていました。そこで、お互いの財産としてはそれぞれありますが、主なものとしては、私名義の土地建物（時価4000万円相当、住宅ローン完済。以下、甲不動産といいます。）と妻名義の預貯金4000万円があります。

回答

Aさんについては「全ての財産をBに相続させる」と遺言すればいいです。Bさんについても「全ての財産をAに相続させる」と遺言するのが一般的ですが、解説に述べる問題点もあるので、別途弁護士に相談することを勧めます。
なお、共同遺言は禁止されているので、自筆証書遺言で対応するというのであれば、別々の紙に遺言を書くべきであり、それを入れる封筒も別々にした方が安全です。

問題の所在と解決策

1）法定相続分

　ABともに子供がいないので、例えば、Aが先に死亡した場合、配偶者である妻Bとその弟Cが相続人になります（民法889条1項2号、890条）。それぞれの法定相続分はBが4分の3でCが4分の1（900条3号）ですから、このまま放っておくと、Cが、甲不動産について4分の1を相続する可能性があります（仮に、Bが先に死亡した場合も同様で、Dが、預貯金の内1000万円を相続する可能性があります。）。

2）相続分の指定

　しかし、Cとは10年近く親交もないので、このような結論をAは望んでいないでしょうし、残されたBの地位も不安定になります。幸いにも兄弟には遺留分はない（1028条）ので、遺言によってBに、財産の全部を遺贈（964条、ちなみに、相続人も遺贈を受けることはできます、903条1項参照）する、乃至は、Bの相続分を4分の4と定める旨の指定（902条1項、これを「相続分の指定」といいます。）をすれば、甲不動産を含む全てのAの財産は全てBのものということになります（Bが先に死亡した場合も同様です。）。

　このような場合は、遺言の実益がある場合の1つとして指摘され、また、子供のいない夫婦が増えた現代において増加している遺言の類型です（清水「公正証書遺言の傾向と実務」公証126号46頁）。

7-2 子供のいない夫婦の遺言② 具体的な遺言の方法

不動産の遺言方法
では、具体的にはどのような遺言をすればいいのでしょうか。

実務上、よく行われているのは、Aが死亡した場合の甲不動産について「甲不動産をBに相続させる」という遺言です。

1) 登記の実務
特定の遺産が不動産である場合、遺言に「相続させる」旨の記載があれば、受益者である相続人が単独で登記手続を行うことができます。
※「遺贈する」とした場合、他の共同相続人と共同して登記手続きする必要があります。

なお、従前は「相続させる」と「遺贈する」場合とでは、登録免許税に違いがありましたが、平成15年4月1日から同率（1000分の6）となりました。

2) 特定の不動産を「相続させる」場合の効果
裁判所も登記の実務のような取り扱いを認めることとなりました。

> 最小2判平成3年4月19日民集45巻4号477頁、家月43巻7号63頁は、この場合の甲不動産のように「特定の遺産」についてなされた「相続させる」旨の遺言は、遺産分割方法を定めた遺言（908条）ではあるが「他の共同相続人も右の遺言に拘束され、これと異なる遺産分割

> の協議、さらには審判もなし得ないのであるから…特段の事情のない限り、何らの行為を要せずして、被相続人の死亡の時（遺言の効力の生じた時）に直ちに当該相続人に相続により承継されるものと解するべきである」としました（裁判長の名前を採って、香川判決とされています。）。

　すなわち、特定の遺産を特定の相続人に「相続させる」旨の遺言がされた場合、当該遺産は被相続人の死亡と同時に当該相続人に承継されることになるので、その遺産についての遺産分割協議をすることはできず、裁判所に審判が申し立てられたとしても裁判所は審判することはできないということになります。

　このため、「直ちに…相続により承継される」のですから、遺産分割協議を経なくても、甲不動産についてBは単独で相続登記できるということです。

　従前、遺産分割方法の指定（908条）というのは、遺産分割協議を前提としていると考えられていたため、仮に「相続させる」旨の遺言の法的性質を遺産分割方法の指定と考えるならば、遺産分割協議をしなければ登記手続が出来ないのではないかと考えられていました。ところが、香川判決は「相続させる」旨の遺言を遺産分割方法の指定と考えても、遺産分割協議は不要であるとした訳です。その意味で画期的な判決でした。

　この香川判決の趣旨は「遺産の全部」について「相続させる」旨の遺言がなされた場合にも及ぶとされています（秋武「いわゆる相続させる旨の遺言をめぐる裁判例と問題点」判タ1153号60頁）。

　そして、このような場合は「遺産分割方法の指定」というよりは、端的に「相続分の指定」がなされたと考えるのが自然ですが、その場合でも「他の共同相続人も右の遺言に拘束される」のは同様ですから、Aとしては、甲不動産を含む「全ての財産をBに相続させる」とすれば、相続というメリットのみを享受でき妥当ということになります。

※仮に、AB が内縁関係に留まっていた場合、A が死亡しても B は A の相続人ではないので、甲不動産を「相続させる」ということはできません。このときは、甲不動産を「遺贈する」としかしようがありませんが、遺言執行者を置けば、それは「相続人の代理人とみなす」とされている（1015条）ので、相続人である弟の C に代わって B への移転登記を「共同申請」してくれます（不動産登記法60条）。その意味で、遺言において遺言執行者の記載を忘れないというのがポイントです。

　従前「遺産分割方法の指定」という相続といった形式を採れば、相続登記は相続人が単独で出来る（不動産登記法62条）という利点がありました（現在では、1000分の6に統一されましたが、かつては登録免許税額も、遺贈の場合は1000分の25であるのに対し相続の場合は1000分の6で済むというメリットもありました。）。しかるに「遺産分割方法の指定」ということであれば、遺産分割を前提としているので、その協議に時間が掛かるというのがデメリットとされていました（「甲不動産を B に遺贈する」といった遺贈という形式を採れば、その反対がメリットでありデメリットであるということになります。）。

預貯金の遺言方法
　それでは、B の預貯金についてはどうでしょうか。
　上記香川判決によれば「預貯金を A に相続させる」と遺言さえすれば、A としては「直ちに…相続により承継される」ので、預貯金の払戻し請求も直ちにできるということになりそうです。

1) 銀行の実務
　ところが、香川判決がなされて20年以上が経過し、その理解は大分浸透したかに思えますが、未だ金融機関関係者の行う解説では「原則として、その預金について払戻し等の相続手続は、当該特定の相続人のみと行えば足りるが、銀行実務では、利害関係人の了解を得るとともに相続手続をする。」とされています（鈴木友法・みずほ銀行法務部『遺言書の法的性質と窓口の実務対応』銀行法務、704頁5頁）。

仮に、遺言が無効であった場合、無権利者に対する払戻しとして、払戻しが無効になり、しかも、準占有者に対する弁済（478条）として免責されるには無過失の要件を充たさないといけないので、安全策を講じたいというのが本音のところかと思います。

ただ、中小企業庁が検討に参加している事業承継協議会の事業承継関連相続法検討委員会は、平成18年に「遺言に基づく預金債権の払戻請求に対する金融機関の対応について」という報告を出しました（「金融法務事情」1783号、30頁）。

そこでは「預金を相続させる」という遺言には、遺言執行の余地がある（香川判決を素直に読めば、この点には若干の疑義が残ります。その指摘をするものとして、東高判平成15年4月23日参照、金法1681号35頁）ことを前提に、公正証書遺言にその旨の記載がなされ、第三者性・中立性を備える遺言執行者の指定がなされていれば、その払戻し請求には応ずべきであり、仮に後に遺言の効力が否定されても、特段の事情のない限り、金融機関は免責されるとされました。

それを受けてからか、前掲清水解説も「遺言執行者がいる場合は遺言執行者とともに相続手続をしたりしています。」としています。

2) 公正証書の活用

従って、Bが「預貯金をAに相続させる」と遺言する場合でも、それは公正証書によることが望ましく、第三者性、専門性を有する者を遺言執行者として指定することが安全です。この点は、弁護士等の専門家にご相談ください。

前述したとおり、香川判決の趣旨は「遺産の全部」について「相続させる」旨の遺言がなされた場合にも及ぶとされていますので、Bとしては、預貯金を含む「全ての財産をAに相続させる」とすれば足ります。

7-3

子供のいない夫婦の遺言③
共同遺言とは

共同遺言

　共同遺言とは、2人以上の者が同一の書証で遺言をする場合であり、民法975条はこれを禁止しています。

　その趣旨は、遺言をする際に他の者の影響を受けないようにする点にあります（また、仮に同一証書に遺言がなされたとすればその撤回も共同でしなければならないでしょうが、それは1022条が定める遺言撤回の自由を制限することにもなり不当です。）。そこで、例えば、最小2判昭和56年9月11日民集35巻6号1013頁、家月34巻1号67頁は、夫が妻の名前も使って夫婦共同名義で書いた遺言（妻分については署名等がなく方式違反で無効）であっても、共同遺言にあたるとされています。そこには妻の影響が伺えたということであり、妻の全く知らない間になされた遺言は有効とする例（東高決昭和57年8月27日家月35巻12号84頁）と対比されるところです。

　結局、共同遺言か否かは、妻の関与や合意の有無、遺言内容の関連性等によって、決せられているということです（辻「平成6年度主要民事判例解説」判タ882号170頁）。
　判例（最3小判平成5年10月19日家月46巻4号27頁）の中には、遺言が四枚を合綴し各葉毎に契印がなされていたとしても、各人の遺言書として容易に切り離すことができる場合は、共同遺言にあたらないとしたものがあり、学説の中には、同じ用紙を用いている場合であっても、切り離せば二通の独立した遺言書となるものは、ここにいう共同遺言ではないと

するものもあります（我妻『相続法〈判例コンメンタール〉』コンメンタール刊行会、260頁）。

　ただ、有効・無効のポイントになるのは、前述したとおり、妻の関与や合意の有無、遺言内容の関連性ですから、遺言を区別するに越したことはなく、用紙も分けた方がいいと思いますし、それが禁止される趣旨からすれば、別封筒にて別々に保管した方がいいと思います。

7-4

精神的障害のある子供のいる人の遺言①
後見人

　母1人子1人で、しかも子供に精神的障害のある方が増えています。そのような方が遺言等をされる場合の問題点を、少し検討してみたいと思います（便宜上、母親をA、子供をBとします。）。

子供が未成年の場合
　先ず、Bが未成年である場合は、Aは、遺言で死亡後の後見人を指定することが出来ます（839条）。

精神的障害のある子供が成年の場合
　Bが成年である場合は、どうでしょうか。この場合、遺言では後見人の指定はできませんが、民法には、法定後見制度というものがあって、このようなBには既に、後見開始事由（精神上の障害により事理を弁識する能力、即ち、判断能力を欠く常況、7条）、保佐開始事由（判断能力が著しく不十分である場合、11条）乃至は補助開始事由（判断能力が不十分である場合、15条）が存在することが多いでしょう。なので、Bの面倒を託そうとする人（便宜上、Cといいます。Bの生活は施設に入所する等により行われることが多いでしょうが、いまだ身上監護の必要性が全くなくなる訳ではないので、血縁乃至は親密な関係のある方が望ましいと思います。）に後見人、保佐人或いは補助人になって貰い、法定後見制度を利用して、その世話をお願いすることになります。

　そして、Bの世話をすることの対価（負担）として、Aの財産の一部の金銭等を遺言によってCに遺贈するということが考えられます。この場

合、第三者性を有する弁護士等の専門家を遺言執行者に指定すれば、遺言執行者による履行の催告等も可能（1027条）ですから、CにちゃんとBの世話をして貰うことを合理的に期待できます。

7-5

精神的障害のある子供のいる人の遺言②
相続における財産問題

　母1人子1人で、しかも子供に精神的障害のある方が増えています。そのような方が遺言等をされる場合の問題点を、少し検討してみたいと思います（便宜上、母親をA、子供をBとし、Aが死亡した後にBの面倒を託そうとする人をCとします）。

相続人不存在の可能性
　財産はどうすればいいでしょうか。
　このままでいれば、Aの財産を相続するのはBです（887条1項）。Aとしても、それで満足であればそれで十分でしょうし、Bが成年被後見人等であっても遺言能力は存在し（962条）公正証書を作成した例も報告されている（森山「成年被後見人を遺言者とする遺言公正証書の作成方式について」公証141号65頁）ので、B死亡後の財産処分はBに委ねるというのも1つの方法かもしれません。

　ただ、Bも何もしないまま死亡したとすると、相続人不存在の場合になります。精神的障害のあるBは結婚もせず、子供もつくらず、早逝することも多いです。そして、このような場合、Cが特別縁故者と認められない限り、Bの財産、即ち、Aの財産は国庫に帰属することになります（959条）。しかし、そのような結論をAが必ずしも希望するとは限りません。Cが血縁であるなら、Cに与えたいと思うことも多いでしょう。

後継ぎ遺贈
　この場合、後継ぎ遺贈という遺言が問題になります。それは多義的な概

念ですが、狭い意味では「Ａの財産をＢに遺贈する。Ｂの死亡後はＣに遺贈する。」というものです。このような遺言の効力が認められるのであれば、上記Ａの不安（Ｂが死亡すると国に財産がとられてしまう）も払拭できるでしょう。

1) 最高裁の判断と学説の見解

　ただ、これと類似した遺言条項がある場合（実際の遺言条項は、もっと複雑です。）において、原審が「これを後継ぎ遺贈として無効とし、後段部分（上記Ｂの死亡後はＣに遺贈するという部分に対応）の法的効力を否定し、前段部分（上記Ａの財産をＢに遺贈するという部分に）のみが有効である」としたところ、最２小判昭和58年３月18日家月36巻３号143頁は「本件遺言書の全記載、本件遺言書作成当時の事情なども考慮して、本件遺贈の趣旨を明らかにすべきである」として、これを破棄差戻ししました。結局、最高裁としては、後継ぎ遺贈についての判断を明確にしていない訳です。むしろ、学説では、Ｂが生存しているうちの財産についての権利がどのようなものであるか不明確なので、そのような遺言の効力は認められないとする見解も有力です。Ｂが財産を遺贈されたのであれば、その時点でＢが所有権を取得し、その財産を自由に使用、収益、処分できる（206条）筈ですが、Ｂの死亡後はＣに遺贈するという効果を認めようとすれば、結局、Ｂは財産を自由に処分等できなくなるからです。その意味で、このような遺言をすれば必ずしも望んだどおりの結果が期待できる保障はなさそうです。Ａの希望が最終的に財産を国庫に帰属させたくないという点にあるならば、上記後段部分（Ｂの死亡後はＣに遺贈する）の効力こそが認められるべきですが、上記原審はこれを否定しており、有力説もこのような遺言の効力を認めていないからです（後継ぎ遺贈については、床谷「後継ぎ遺贈なるもの」久貴『遺言と遺留分　第１巻　遺言〔第２版〕』日本評論社、269頁が、簡潔にまとまっています。）。

2) 負担付贈与の活用

　Ａの意図が、とりあえずＢの面倒を見てほしいという点にあれば、前述した場合と同様に、Ｂの面倒をみることを負担として、財産をＣに遺

贈するというのも手です。上記昭和58年判例も、上記遺言条項（Aの財産をBに遺贈する。Bの死亡後はCに遺贈する。）について「負担付遺贈」と解する余地があると指摘しています。ならば、より明確に「Bの面倒を見ることを負担として財産をCに遺贈する」という遺言条項にしてしまうということです。このようにしておいて、遺言執行者を置けばCがBの面倒をみることは合理的に期待できますが、そもそもの問題として、財産が、BではなくCにそのまま帰属してしまうので、Aに抵抗があることもあるでしょう。

遺言信託の活用

そこで、遺言信託という方法も考えられます（信託法3条2号）。これは、Aの財産を、Bを受益者として第三者に受託し定期的な金銭給付等をさせる。信託期間はBの生存中として、その後の財産の帰属者としてはCを指定するというものです（主婦の友社編『最新カラー版　遺言書の書き方と相続・贈与』主婦の友社、110頁）。

7-6

資産を細分化しないための遺言①
特定の資産の相続

　戦後、家督相続が廃止され、それぞれの立場によって割合は異なるものの遺産は相続人に均等分割されることになりました。しかし、それでは資産が細分化されるので、その対策の1つとして用いられてきたのが、遺言です。

　相続税対策として、現金・預貯金を不動産化することはよくありますが、以下を例にして、資産を細分化しないための遺言の使い方を説明したいと思います。

> 生前Aが、妻Bの生活のために、銀行Xから融資を受け、Yをテナントとする（以下、Yといいます。）賃貸マンション甲（以下、甲といいます。）を購入し、Yからの賃料収入でXからの融資金の返済をしていました（なお、他の相続人としては、子Cがいるものとします。）。

　Aが死亡した場合に主として問題になるのは、①甲所有権の帰属、②Xに対する借入債務の帰属、③Yに対する賃料債権の帰属です。

① **甲所有権の帰属**
　何も対策を採らないままAが死亡した場合、甲は相続されBCの共有（898条）となり、それぞれの相続分は2分の1ずつということになります（899条、887条1項、890条、900条1号）。

② **Xに対する借入債務の帰属**

Xに対する借入債務ですが、最1小判昭29年4月8日民集8巻4号819頁は、分割債権・債務の原則を規定する民法427条を前提として「金銭その他の可分債権あるときは、その債権は法律上当然分割され、各共同相続人がその相続分に応じて権利を承継する」としているので、これもBCが各2分の1を承継することになります。

③ Yに対する賃料債権の帰属

Yに対する賃料債権については、最1小判平成17年9月8日民集59巻7号1931頁、家月58巻2号149頁が「遺産は、相続人が数人あるときは、相続開始から遺産分割までの間、共同相続人の共有に属するものであるから、この間に遺産である賃貸不動産を使用管理した結果生ずる金銭債権たる賃料債権は、遺産とは別個の財産というべきであって、各共同相続人がその相続分に応じて分割単独債権として確定的に取得する」としていることから、これもBCが半分ずつ取得することになります。

問題点

ただ、こうなると、Bとしては、Yに従来の半分しか賃料を請求できなくなりますが、Xへの月々の返済はYから賃料全額が入ることを当てにしていたと考えられますので、Xへの返済資金に窮することになります。

仮に、その不足分をB自ら調達してきたとしても、Xへの債務の半分はCが承継するものとしてBとの関係では第三者の債務にあたるため、Cの分を支払うには第三者弁済の手続による必要があります（474条）。

そしてこの点、手古摺っていると最悪Xへの滞納→期限の利益喪失→甲競売という結果にもなりかねません。ただ、それではBの生活を保障しようとしたAの意図に反する結果になります。

遺言の使い方

1) 特定の不動産を特定の相続人に相続させる

こんなときは「Bに甲を相続させる」という遺言をするのが効果的です。

相続させる旨の遺言については、いわゆる香川判決（最小2判平成3年4月19日）によれば、特定の遺産についてなされた「相続させる」趣旨の遺言は、遺産分割の方法を定めた遺言として「特段の事情のない限り、何らの行為を要せずして、被相続人の死亡の時（遺言の効力の生じた時）に直ちに当該相続人により承継されるものと解するべきである」とされています。

香川判決については「7-2 子供のいない夫婦の遺言②」を参照ください。

従って、甲の所有権は直ちにBに承継されることになりますが、だとすれば、Yに対する賃料債権も直ちにBに帰属すると解することになります。上記平成17年最高裁判決は「相続開始から遺産分割までの間」の賃料債権に関するものなので、このように遺産分割が不要とされる場合にはあてはまりません。なので、BはYに賃料全額を請求できます。

2）特定の不動産を相続した場合の債務

問題は、Yから回収した賃料全額をもとにXに対する返済をスムーズになしえるかどうかです。この点、最小3判平成21年3月24日民集63巻3号427頁、家月61巻9号93頁は、全ての財産を相続させる旨の遺言がなされた場合において「当該相続人に相続債務もすべて相続させる旨の意思が表示されたと解すべきであり、これにより、相続人間においては、当該相続人が指定相続分の割合に応じて債務を承継することになると解するのが相当である…遺言による相続債務についての相続分の指定は、相続債務の債権者…の関与なくされたものであるから、相続債権者に対してはその効力が及ばない…相続債権者の方から相続債務についての相続分の指定の効力を承認し、各相続人に対し、指定相続分に応じた相続債務の履行を求めることは妨げられない」としました。かかる判例の趣旨が、本事例のように「相続させる」旨の遺言が甲という特定の財産についてなされた場合において甲との関係で存在するXへの債務に及ぶのかということになりますが、その構造は類似しているので及ぶのではないかと思われます。Xとしても、債権管理の合理性としては、債務者をBCと分属させる

よりはBに絞り込むことが便利と思われるので、甲の賃料収入からの返済が合理的に見込める場合はBを債務者として承認することは十分あり得ると考えます。このような場合には、BとしてもXへの債務の全額を自らの債務として返済できることになります。

このように考えると、上記①乃至③に関する問題点は解消できることになります。便宜上、子供をC1人としましたが、子供が複数あって相続人が増えるほど、上記のような問題が複雑化し、その分資産の細分化を防ぐための遺言が意味を増してくるということです。

7-7

資産を細分化しないための遺言②
敷金・株式等の相続に関する問題点

　相続税対策として、現金・預貯金を不動産化することはよくあります。ここでは、以下を例にして、資産を細分化しないために遺言を活用するにあたり、①賃貸マンション等の収益物件の敷金の取扱い、②不動産が法人（被相続人が100％株主）により所有されていた場合の注意点を説明したいと思います。

> 生前Aが、妻Bの生活のために、銀行Xから融資を受け、Yをテナントとする（以下、Yといいます。）賃貸マンション甲（以下、甲といいます。）を購入し、Yからの賃料収入でXからの融資金の返済をしていました（なお、他の相続人としては、子Cがいるものとします。）。

敷金等の問題点

　不動産を有益に相続させようとすれば、その利用に資する不動産も合わせて相続させないと意味がありません。そこで、甲をBに相続させる場合には、甲に必要な、道路等に関する用地、電気、水道、ガス設備等に関する用地も合わせてBに相続させる必要があります。

　1点、難しい問題として、敷金の取り扱いがあります。例えば、AがYから敷金を受け取ってXの普通預金口座にでも預けていた場合、どのような法律関係になるのでしょうか。

　この点、賃貸建物が売買された事案についての判例によれば、建物所

有権が第三者に移転した場合は、特段の事情のない限り、賃貸人としての地位も当然第三者に移転する（最小 2 判昭 39 年 8 月 28 日民集 18 巻 7 号 1354 頁）とされ、旧賃貸人に差し入れられた敷金の返還債務も新賃貸人に承継されるとされています（最小 1 判昭 44 年 7 月 17 日民集 23 巻 8 号 1610 頁）。

これと同じように考えれば「甲を B に相続させる」旨の遺言がなされた場合、Y との関係で B は、賃貸人たる地位を取得し敷金返還義務者としての地位も取得することになります。しかし、特に、後者の敷金については意見の対立もあるようで、上記の昭和 29 年判決や平成 21 年判決に照らしてみる（7-6 資産を細分化しないための遺言①）と「当然」B のみが敷金返還義務者になる訳ではないと解する余地もありそうです。

ただ、B が全額の敷金返還義務者たる地位を相続する可能性も十分ありえるので、このような場合は、単に甲だけではなく甲の敷金が入っている X の普通預金口座も B に相続させる必要があるということです（なお、預金債権について相続させる旨の遺言をする場合の注意点については「7-2 子供のいない夫婦の遺言②」を参照ください）。

不動産を所有するのが株式会社（被相続人が 100% 株式を保有）であった場合

最後に、仮に、A が、直接甲を購入したのではなく、自らが 100% 株式を有す Z 株式会社（以下、Z といいます。）をして、甲を所有せしめ、X から借入をし、Y に賃貸していた場合はどうでしょうか。

この場合、A の死亡によっても、甲の所有権や X、Y との法律関係に変動は生じないので、比較的安定した状態になります。ただ、問題は、Z の株式の帰属です。遺言をしないままでいくと、Z の株式は B、C が準共有（264 条）することになりますが、それぞれが 2 分の 1 しか持ち分を有さず、過半数に達しないので、それぞれの意見が対立すると、両すくみ、デットロックの状況に陥ります。会社法 106 条にいう「当該株式について

権利を行使する者一人の定め」をすることができなくなる訳です。

　このような事態を避けるためには、前述したのと同様「BにZの株式を相続させる」旨の遺言をすることが効果的です（「7-2 子供のいない夫婦の遺言②」を参照ください）。

　なお、類似の結論は、Zの株式をBに生前贈与する方法によっても実現可能です。この場合、Cとの関係で遺留分に関する民法の特例（中小企業における経営の承継の円滑化に関する法律4条）を使うことも可能ですので、関心がある方は弁護士その他の専門家にご相談ください。

7-8 遺言能力とは①
遺言無効に関する基礎知識

遺言には判断能力＝意思能力が必要

例えば、判断能力を欠く常況（7条）にある者が後見開始の審判を受けると、その者は成年被後見人となり、本人及び成年後見人が、その法律行為を取り消すことができます（8条、9条）。つまり、成年被後見人は、行為無能力者とされ、1人で確定的に有効な法律行為をする能力がありません。

ところが、遺言については、この行為能力に関する制限は解除（962条）され、例えば、成年被後見人としては、判断能力を一時回復した時、医師2人以上の立会いの下、それらの医師が判断能力を欠く状態になかった旨を遺言に付記し署名・押印すれば、遺言することができます。

つまり、民法では、判断能力＝意思能力があれば遺言能力はあり、遺言はできるとされています。

反対に、判断能力＝意思能力がなければ、遺言能力はないとされ、遺言をしたとしても、当該遺言は無効となります。

遺言能力がないことを立証することの難しさ

意思能力＝遺言能力は誰しも備えているのが一般的であり、遺言者にはこれがなかったと主張する方が遺言能力のなかったことを立証する必要があります（畠山ほか「遺言無効確認請求事件を巡る諸問題」判タ1380号4頁、特に9頁）。

しかし、現実に成立した遺言を、遺言者には遺言の当時その能力がなかった（963条）として、その効力を否定することは中々容易ではありません。

特に、遺言は、要式行為（960条）とされ、一定の方式を欠くと無効になります。利用されることの多い自筆証書遺言については「遺言者が、その全文、日付及び氏名を自書し、これに印を押さなければならない」とされていること（968条1項）から、とりあえず、遺言者には文書を書く能力があったことが伺えます。

また、公正証書遺言については「証人二人以上の立会いがあること。遺言者が遺言の趣旨を公証人に口授すること、遺言者及び証人が、筆記の正確なことを承認した後、各自これに署名し、印を押すこと。公証人が、その証書は前各号に掲げる方式に従って作ったものである旨を附記して、これに署名し、印を押すこと」とされていること（969条）から、遺言者には口授ができる、公証人の筆記の正確性を承認できるといった能力があったことが伺え、これについての証人（立ち会った2人と公証人）も必要となります。

遺言無効確認の訴えを提起できる者

このように、遺言した当時において遺言能力を欠いていたことを立証することは容易ではないにもかかわらず、遺言能力を欠いた時点でなされたものとして当該遺言は無効であると争われる例は多く見られます。その多くは遺言無効確認の訴えという形式を採ります。

そのようして無効主張をする者は、当該遺言によって不利益を被る者であると言えます。具体的には、当該遺言しか存在しない場合は、当該遺言によって利益を奪われる他の法定相続人となります（なお、最1小判平成6年10月13日家月47巻9号52頁は、特別縁故者は遺言無効確認の訴えを提起できないとしています。）。

また、当該遺言より前の遺言が存在する場合、遺言の撤回は自由であり

（1022条）、当該遺言と抵触する前の遺言の効力が失われること（1023条）から、前の遺言によって利益を受けていた者が、当該遺言によって利益を奪われたとして遺言無効の主張をする例も多く見られます。

　これらの点からすれば、相続紛争は、被相続人が死亡した後に発生するものですが、被相続人が存命中の遺言書作成の時点で既に相続争いの前哨戦が繰り広げられていると言ってもいいでしょう。

7-9

遺言能力とは②
遺言能力の有無の判断とは？ 遺言無効となる場合

　どのような場合に遺言能力は否定されるのでしょうか。遺言能力の有無は、①遺言時における遺言者の精神上の障害の存否、内容及び程度、②遺言内容それ自体の複雑性、③遺言の動機・理由、遺言者と相続人又は受遺者との人的関係・交際状況、遺言に至る経緯等といった諸事情が考慮され、判断されるとされています（畠山ほか「遺言無効確認請求事件を巡る諸問題」10頁）。以上について、簡潔に説明したいと思います。

遺言時における遺言者の精神上の障害の存否、内容及び程度
　これらは、精神医学的観点と行動観察観点から、考察されます。

1）精神医学的観点
　遺言能力＝判断能力に影響を与えるものとして指摘されているものは、認知症、総合失調症（平成14年に変わるまでは、精神分裂病と呼ばれていました。）から内臓疾患に至るまで、多岐にわたります。認知症の類型としては、アルツハイマー型、脳血管障害型等があります（遺言能力について判断した判例を病状毎に分類するものとして、篠田「遺言能力について」公証120号5頁、特に16頁）。

　認知症による遺言能力の有無についての目安として、**長谷川式簡易スケール**（以下、長谷川式テストといいます。）を重要視する見解があります。長谷川式テストによれば、
　20〜30点－異常なし、　16〜19点－認知症の疑いあり、
　11〜15点－中程度の認知症、　5〜10点－やや高度の認知症、

0〜4点－高度の認知症

とされていますが、大きな目安として、15点以下の場合には遺言能力に疑いが生じ、10点以下の場合には遺言能力がないと指摘するものとなっています（河原崎「認知症の母の公正証書遺言の効力／弁護士の法律相談」参照 http://www.asahi-net.or.jp/~zi3h-kwrz/so/yuigonotar.html）。現実の裁判例における遺言能力の判断は遥かに詳細になされており、単純にこの見解のとおりであるとは言い難い面もありますが、結果としてそれに沿った裁判例も多く1つの簡易な目安としてはとても役立つものと考えられます。

2) 行動観察観点

　また、上記精神医学的観点を1つの目安としつつ、医療記録、看護記録、介護記録及びそれらを作成した者らの供述等から伺える遺言者の当時の行動等を観察して、遺言能力＝判断能力が総合的に判断されることになるでしょう。

　抽象的にいえば成年被後見人について962条が指摘する「判断能力を一時回復した時」ということになりますが、認知症についていえば、参考となる判例がいくつかあります。
　詳細は「7-10 遺言能力とは③」を参照ください。

遺言内容それ自体の複雑性

　これらは、上記「遺言時における遺言者の精神上の障害の存否、内容及び程度」とも大きく関連します。判断能力が低くても遺言内容がシンプルであれば遺言能力が肯定される例も多く、またその逆もあります（これを遺言能力の相対性といいます、前掲篠田11頁）。参考になる例としては、以下のものを指摘できます。

1) 遺言能力を肯定した例

① 「全財産を遺贈する」（大阪高判平成2年6月26日家月43巻8号40頁、但し、公正証書遺言・当時、精神分裂病とされていたケース）

② 「遺言執行者の指定も含めて全部で八か条、相続に関係する者も、妻、子及び孫という近親者だけで、その対象も不動産と預金のみ」（東京高判平成10年8月26日判タ1002号247頁、公正証書遺言・加齢に伴う生理的な徴候は認められたが、未だ痴呆の領域には至っておらず、「7-10 遺言能力とは③」参照）
③ 「一切の財産をBに遺贈する、Bを遺言執行者とする、葬儀に関する付言事項といった3か条」（京都地判平成13年10月10日、公正証書遺言・認知症のケース－長谷川式テストの結果は4点、「7-10 遺言能力とは③」参照）

2）遺言能力を否定した例
① 「本件遺言の内容がかなり詳細で多岐にわたる（特に、株式についての遺言内容の分配を計算する計算関係は複雑である）」（大地判昭和61年4月24日判タ645号221頁、但し、公正証書遺言・肝不全症状等による重篤状態のケース）
② 「本件遺言が前記のとおり必ずしも単純な内容のものではなかった（但し、判決では遺言目録が添付されていたようであるが掲載誌では省略されていたためその詳細は不明である。）」（東地判平成4年6月19日家月45巻4号119頁、公正証書遺言・認知症のケース－遺言書作成当時長谷川式テストもできない状態で判断力等は4、5歳程度と診断されていた。）
③ 「本文14頁、物件目録12頁、図面一枚という大部の公正証書遺言」（東京高判平成12年3月16日判タ1039号214頁、公正証書遺言・認知症のケース－遺言書作成当時の長谷川式テストの結果は4点）

遺言の動機・理由、遺言者と相続人又は受遺者との人的関係・交際状況、遺言に至る経緯

　この点に関して言えば、遺言を肯首するだけの動機がよく指摘されます（前掲篠田15頁）。

　たとえば、遺言者A（当時96歳）が知人Bに3800万円余りの預金債

権を遺贈する旨の死亡危急時遺言について、東高決平成 3 年 11 月 20 日家月 44 巻 5 号 49 頁が、高額の預金債権を「親族ないし同居人を差し置いて、何らの縁戚関係等も存在しない B 一人に対してのみ、右のような高額の本件預金債権を遺贈するということは、甚だ不自然というべきであり、右遺贈について、それ相当の原因ないし理由が存在すると認めることは困難である」として、その効力を認めなかった例が参考になります。

 また、遺言者 C（当時 78 歳）がその財産を D に包括遺贈する旨の公正証書遺言の効力が争われた事案について、名古屋高判平成 5 年 6 月 29 日家月 46 巻 11 号 30 頁、判タ 840 号 186 頁は「遺言者は D と、これまでほとんど深い付き合いがなかったので、C の全財産を D に包括遺贈する動機に乏しい、全財産を遺贈し、C の姉弟の扶養看護から葬儀まで任せることは重大な行為であるのに、姉にはなんら相談をしていないのみならず、D から話が出てわずか五日の間に慌しく改印届をしてまで本件遺言書を作成する差し迫った事情は全くなかった」として、C の遺言能力を否定した例も参考になります。

7-10

遺言能力とは③
認知症と遺言能力に関する判例

　遺言能力の有無は、以下の諸事情が考慮され、判断されるとされています（この点の詳細は「7-9 遺言能力とは②」を参照ください）。

① 遺言時における遺言者の精神上の障害の存否、内容及び程度
② 遺言内容それ自体の複雑性
③ 遺言の動機・理由、遺言者と相続人又は受遺者との人的関係・交際状況、遺言に至る経緯等

　①に関し、遺言能力＝判断能力に影響を与えるものとして指摘されているものは、認知症、総合失調症から内臓疾患に至るまで、多岐にわたります。これらは、精神医学的観察からされるものですが、この点から疑いがはさまれたとしても、行動観察観点から遺言能力が肯定される場合も多いです。特に認知症についていえば、以下の判例が参考となります。

> 和歌山地判平成 6 年 1 月 21 日判タ 860 号 259 頁

　遺言者 A は、明治 45 年 1 月生まれ、公正証書遺言が作成されたのは昭和 63 年 7 月（当時 A78 歳）、同年 12 月死亡。同 63 年 2 月には、脳梗塞、意識障害等の症状があり、同年 7 月頃から痴呆症状、健忘、記銘力低下、失見当症状などが医師より確認されるようになり、同年 8 月末頃にはやや悪化し、身体的にも終日介助を要するようになった。

ただ、Aは普段は意識は清明であることが多く、同年代の人と比較して精神状態はしっかりしている方で、昭和63年12月頃入院中に新聞を読むことができた。そして本件遺言当時、Aの意識は清明で、公証人の人定質問にも的確に答えており、当日体調が特に悪いこともなく、Aの意思能力に問題はなかった。

このような事実を認定した上で、Aには遺言当時遺言能力＝意思能力があったと判断した。

> 東京高判平成10年8月26日判タ1002号247頁

遺言者Aは、明治33年生まれ、公正証書が作成されたのは平成7年1月、同年12月満94歳で死亡した。鑑定意見は割れていた。

ただ、平成6年8月の長谷川式テストの合計得点は21点であり、同7年1月当時、加齢に伴う生理的な徴候は認められたものの、未だ痴呆の領域には至っておらず、ほぼ94歳の老人として標準的な精神能力を有していたと認められること、本件遺言前夜の同月9日午前8時頃、血圧が著しく低下して一時的にショック状態に陥り、意識レベルが大きく低下したものの、病院側の処置等により同日午後10時頃までにはショック状態からほぼ脱出し、本件遺言が行われた翌10日午後2時頃の時点においては、血圧や脈拍は正常な状態に戻り、意識の状態も概ね普通どおりに回復していたものと認められるとした。

その上で、本件遺言の内容自体について、その条項は、遺言執行者の指定も含めて全部で八か条に過ぎず、遺言による相続に関係する者も、妻、子及び孫という近親者だけであり、その対象も不動産と預金のみである等とし、遺言者にその内容を的確に認識することは困難なものであったとは認め難い等として、遺言者の意思能力は認められた。

> 京都地判平成 13 年 10 月 10 日（LLI/DB　判例秘書登載）

　遺言者 A は、明治 42 年 3 月生まれ、公正証書遺言が作成されたのは平成 12 年 1 月（当時 90 歳）、同年 5 月死亡。平成 9 年 3 月の時点で軽度の痴呆がみられ、同 10 年 12 月頃には、入院していた病院で、経管栄養チューブを自己抜去したり不潔行為が頻繁に見られるようになり、その後いったん問題行動が収まったものの、同 11 年 11 月に実施された長谷川式テストの結果は 30 点満点中 4 点と非常に低い得点であった。さらに、同年 12 月から同 12 年 1 月にかけては再び不潔行為や暴力行為、異常行為等が見られるようになっていたことが認められるから、遺言作成当時、A の痴呆は相当高度の重症であったとした。

　ただ、平成 11 年 10 月、遠縁で平成 9 年 3 月頃から A の世話をするようになった B（本件遺言による遺贈の相手方でもある。）に治療費等の滞納があるので支払って欲しいと頼み通帳と印鑑を預けた、本件遺言作成に必要な実印等は B が A から保管場所を聞いて持ち出した、公証人の質問にもはっきり答え署名押印の際には「右手の具合が悪いので、字が書けません。」と申し述べた。

　このような事実から、A には遺言作成当時、痴呆が相当高度に進行していたものの、いまだ他者とのコミュニケーション能力や、自己の置かれた状況を把握する能力を相当程度保持していたとした。

　その上で、本件遺言の内容が、一切の財産を B に遺贈する、B を遺言執行者とする、葬儀に関する付言事項と、3 か条から成る比較的単純なものであること等から、A の遺言能力＝判断能力を肯定した。

　※但し、本件については、精神医学観点からすれば認知症の程度は著しい。その意味で、上記判断の前提として裁判所が「痴呆性高齢者であっても、その自己決定はできる限り尊重されるべきであるという近

時の社会的要請、及び、人の最終意思は尊重されるべきであるという遺言制度の趣旨」を強調した上での判断であるともうかがえ、その位置付けには注意を要するかもしれません。

東京地判平成 24 年 12 月 27 日（LLI/DB　判例秘書登載）

遺言者 A は平成 19 年 1 月当時 80 歳、自筆証書遺言が作成されたのは同年 9 月 20 日と同 20 年 6 月 19 日の 2 通で、同年 12 月 29 日死亡。平成 19 年 9 月頃にはアルツハイマー型認知症を発症、その程度は軽度から中程度であったが、同 20 年 4 月 26 日の長谷川式テストの結果（10 点）は中程度と重度の認知症の境界にあった。

鑑定意見は割れていたが、裁判所は、長谷川式テストは、認知症のスクリーニングを目的とした診断方法であり、重症度の段階評価をするものではないとして、更に検討。遺言者 A は、①平成 19 年 8 月から同 20 年 4 月頃まで、無効確認の訴えを提起した原告である長男に対し一貫して亡夫の遺産を単独で相続したいとの意向を伝え、同年 5 月の亡夫の遺産分割協議の成立時に各遺産分割協議書に自ら署名・押印し、同協議成立に至る過程で長男からも意思能力等について疑いを差し挟まれなかった。②平成 20 年 5 月頃、精神科医師との間で会話することができ、調子がよいと散歩もでき、また、自ら乳房のしこりに気づいて受診することができたこと、同年 7 月に乳がん手術のため入院した当時、既往症を認識したり、手術内容を理解したりした上、医師らとの会話ができ、病院からは、日常生活動作は、ほぼ自立しているとの所見を持たれたほか、自分自身で、ノートに入院中の出来事や遺言無効確認の被告である二男へ指示した内容、所感を記載できたこと、退院後も、単独で買い物をすることができた。③本件各遺言及び上記各分割協議は、遺言者 A の一貫した意思に沿う内容であり、一部旧字体を用い、書字がきれいで整っており、書字自体から遺言者 A の能力低下はうかがわれない等として、遺言能力を認めた鑑定結果を支持し、遺言無効確認の訴を棄却した。

7–11

遺言能力とは④
医師の診断書と公正証書遺言の問題点

　実際、遺言能力を問題として遺言無効確認の訴えが提起されることは多く、それに関する判例も多くあります。そこで、遺言無効とされる可能性がある場合、この点に関する争いを避けるため、遺言をつくる際の注意点として、①かかりつけの医師の診断書を用意しておいた方がいいこと、②出来るだけ公正証書遺言によった方がいいことが、一般的なアドバイスとして示されます。ただし、これらを活用するにしても以下の問題点があります。

医師の診断書
　医師の診断書といっても、かかりつけの医師が判断能力の有無を診断するスキル等を備えているとは必ずしもいいきれません（大塚「実務から見た高齢者の遺言と「遺言能力」」久貴『遺言と遺留分　第1巻　遺言〔第2版〕』日本評論社、75頁、特に81頁）。

公正証書遺言
　特に、注意すべきは、公正証書遺言といっても完璧とは限らないことです。自筆証書遺言の場合、全文を筆記しなければなりませんが、公正証書遺言の場合、口授等が出来ればよく、作業量は遥かに軽くなります。しかも、公正証書遺言がなされるのは弁護士持込み案件が多いですが、この場合、公証人は『弁護士の介在に安心して、本人意思の確認を弁護士任せとして、自らは直接に遺言者の意思を「聴き取る」ことをせず、弁護士作成の文案によって作成した公正証書を「読み聞かせる」ことで意思確認とすることがある』ということです（前掲大塚84頁）。その結果として、最近

では、東京地判平成20年11月13日判時2032号87頁が「弁護士2人が証人として立ち会った公正証書遺言が「口授」の要件を欠くとして無効」としたもの、東京高判平成22年7月15日判タ1336号241頁が「司法書士立会いの下になされた公正証書による遺言が認知症により遺言能力を欠き無効」としたものとして紹介されています。

　公証人としては、遺言者の能力に疑いを抱いた場合、必ずしも拒絶するばかりではないようです。孫引きになりますが、植村元公証人は「意思能力に疑いがある場合に証書作成を拒否すれば、遺言者は後日裁判所が有効と判断するかも知れない遺言につき、証書作成の機会を奪われることになるから、公証人としては遺言公正証書を作成し、公証人法施行規則13条1項により、関係者に注意を与え、これに対する関係者の説明の要旨を証書に作成し、裁判に必要な資料を提供するのが妥当であり、この場合には、遺言の有効無効の判断を裁判所に委ねることになり、公証人に義務違反による損害賠償責任はない」としているようです（篠田「遺言能力について」公証120号36頁）。

　なお、公証人としては「ボーダーラインケースでは、遺言能力肯定に用いた診断書等の資料は、公正証書原本の付属書類として保存している。また、公証人の署名押印のある資料メモを添付・保存している公証人もいるようである。この資料メモについては、公証人法4条で漏泄禁止が原則とされているが、民刑家等の各裁判所からの調査嘱託や提出命令、弁護士法23条の2に基づく照会等に応じることの可否が、実際の事件で問題となることがある」ことが指摘されています（小瀬「公正証書遺言の実態と問題点」前掲『遺言と遺留分　第1巻　遺言〔第2版〕』121頁、特に145頁）。遺言能力を争う場合は、これらの資料も存在しないか確認し、存在するのであればその内容を検討することも必要ということです。

　このとおり、遺言能力については、複雑な問題が絡んでおり、遺言書を作成する場合にしても、遺言能力を欠くとして遺言の無効を主張する場合にしても、遺言能力があったとして遺言の有効を主張するにしても、弁護

士等の専門家に相談しておくことが肝要であると思われます。

7-12 自筆証書遺言と公正証書遺言の違い

　自筆証書遺言とは、自筆にて作成される遺言であり、最も身近な遺言です。公正証書遺言と比較すると、以下のようなメリットとデメリットがあります。

メリット
方式：簡単である
【公正証書遺言】
　969条の定めるとおりの手続を踏む必要があります。この点の詳細は「7-8 遺言能力とは①」を参照ください。

費用：掛からない
【公正証書遺言】
　証書作成の手数料は、原則として、その目的価格により定められています。
　例えば、相続人が1人であれば相続する目的価格が、1000万円を超え3000万円までは2万3000円となります。
　但し、相続（または遺贈）における証書作成の場合、合計額が1億円に満たないときは1万1000円を追加するので、合計3万4000円になります。また、5000万円を超え1億円までは4万3000円となります（公証人手数料令参照）。

秘密：守られる
【公正証書遺言】
　969条1号で、2人以上の証人の立会いが必要とされており、この証人

から遺言内容が漏れる可能性があります。公正証書遺言の原本は公証人役場に保管され「法律上利害の関係を有することを証明したる者は証書の原本の閲覧を請求することを得」とされています〈公証人法44条1項〉。この場合における利害関係を有する者とは、遺言者本人が死亡するまでは遺言者のみとされており、推定相続人であったとしても、それまではこれを閲覧することができません。

デメリット
検認：必要である
【公正証書遺言】
1004条2項で、公正証書遺言では検認は不要とされています。それは、検認とは、遺言書の保存を確実にして後日の変造や隠匿を防ぐ一種の証拠保全手続であって、公証人役場に保管されている公正証書遺言にはそのような恐れがないためです。

ちなみに、同条3項は「封印のある遺言書は、家庭裁判所において相続人…の立会いがなければ、開封することができない」としていますが、これは封印のある遺言書についての定めであって、封印されていない遺言書も検認が必要となります。ただ、検認の有無は遺言書の効力には影響せず、過料の問題が生じるのみとなります（1005条）。

保管：不十分である
【公正証書遺言】
公正証書遺言の場合、前述したとおり、その原本は公証人役場で保管されるほか、遺言書検索システムというものが存在し、遺言者の氏名、生年月日、証書の日付、番号などが日本公証人連合会の本部でデータ管理されています（主婦の友社編『最新カラー版　遺言の書き方と相続・贈与』主婦の友社、30頁）。

無効になりやすい
遺言は厳格な要式行為として「この法律に定める方式に従わなければ、することができない」とされ（960条）ており、その方式＝要件を充たさ

ないと無効になると解されています。その簡便さ故、利用されやすい自筆証書遺言ですが、素人の手のみで作成可能であるため、要式性を欠いて無効になる率も高いといえます。

7-13
自筆証書遺言の誤記訂正の有効性

　遺言は厳格な要式行為として、「この法律に定める方式に従わなければ、することができない」とされ（960条）ており、その方式＝要件を充たさないと無効となります。

　自筆証書遺言は簡便なため、多く利用されていますが、要式性を欠いて無効になるケースも多く見られます。誤記の訂正についても、その遺言書が有効と認められるためには、原則として、法が定める要式通りに訂正を行う必要があります。
　この点、要式に従ってはいないものの、明らかな誤記を訂正した場合、どのように取り扱われるのでしょうか。

明らかな誤記の訂正
1）遺言書が有効とされた例
　遺言の記載自体から判断して、明らかな誤記の訂正については、要式に違背（違反）があったとしても、遺言は有効とされています（最２小判昭和56年12月18日民集35巻9号1337頁、家月34巻6号23頁）。このように判断された遺言書は以下のようなシンプルなものでした。

| 遺言書 | 「私は今まで遺言書を書いた記憶はなが（※）、もしつくった遺言書があるとすればそれらの遺言書は全部取消…」
※これは「記憶はないが」の意であることは全体の趣旨から明瞭であるとされた。 |

訂正等	① 「それら」の前にあった「そ」という字を×で消し、 ② 「遺言書は全部」の前の行に「ユ」と書きかけた字を放置 ③ 「取消…」との記載を数本線で消して次の行の下方に「取消す」と記載 ④ 以上三ヵ所には署名押印と同一の印章による押印がなされていた

　確かに、この遺言書は書き損じた部分の訂正について、法が定める所定の要式を満たしているとは言えません。しかし、遺言書の記載自体から判断して、この明らかな誤記の訂正は要式を欠いているといえども、遺言者の意思を確認し得るとして遺言書の効力は認められました。
　(太田「自筆証書遺言における明らかな誤記の訂正について方式違背がある場合と遺言の効力」判評283号30頁)。

2) 法律上の解釈が問題になる例

　注意しなければならないのは、最近の自筆証書遺言に関する事案報告で「私の遺産の全部を長男に承継する。」という遺言の「承継する。」という部分を線で抹消し横に「相続させる。」と記載した例が紹介されているということです（前掲久貴「担当小田―自筆証書遺言の実態」111頁）。それは、素人が遺言作成後何らかの法律相談を受けそれに基づき自ら遺言を変更したものとも考えられます（同様に法律相談を受けた後の訂正事案を紹介するものとして、久貴「自筆証書による遺言」中川ほか編『新版注釈民法（28）相続（3）［補訂版］』有斐閣、104頁）。

【承継と相続】

　確かに、昭和56判例の事案は明らかな誤記訂正といえなくはありませんが、上記事案報告による「承継する。」を「相続させる。」に変更する場合はどうでしょうか。
　「相続させる」は前述した香川判決によれば「遺産分割方法の指定」ということになりますが、「承継する」は「遺贈」とも解釈できます（香川

判決については「7-2 子供のいない夫婦の遺言②」を参照ください。)。

　素人からすれば、ちょっとした言葉の違いですが、法律的にこの差をどのように考えるかが問題となります。これを、明らかな誤記に過ぎないと言い切れるか、少し悩ましい問題です。その意味で、自筆証書遺言については、素人が作成する段階で誤りが生じやすく難しい部分もあるほか、これについての専門家のアドバイスの仕方も難しいといえます。

7-14 自筆証書遺言の訂正の方法

　遺言は厳格な要式行為として、「この法律に定める方式に従わなければ、することができない」とされ（960条）ており、その方式＝要件を充たさないと無効となります。

　自筆証書遺言は簡便なため、多く利用されていますが、要式性を欠いて無効になるケースも多く見られます。特に誤字・脱字や文字の追加等により発生する間違い（誤記）の訂正については、法が定める要式通りに行っている割合が低く、せっかく作成した遺言書が無効になる可能性もあるので、注意する必要があります。

誤記の訂正の方法

　自筆証書遺言の加除その他の変更は、遺言者が、①その場所を指示し、②これを変更した旨を付記して特にこれに署名し、③かつ、その変更の場所に印を押さなければならないとされています（968条2項）。

　具体的には、訂正箇所に印を押し、欄外に「この行○字加入（○字削除）」等と書いた上でその部分に署名するという方法です（東京弁護士会　相続・遺言研究部『実務解説相続・遺言の手引き』日本加除出版、172頁）。しかし、通常の公文書の変更方法と比較しても、下線部分についての手続が増える等、素人には一層解り難いものになっており、実際、誤記の訂正を要式通りに行っている割合は非常に低いと言えます。

　（参考）「平成9、10年に大阪家裁本庁に係属した検認事件の5分の1にあたる155件のうち、何らかの訂正があったものが約14％で、民法の定

める方法を採っていたものはその中の約4分の1に過ぎなかった。」と報告されています（小田「自筆証書遺言の実態」前掲久貴、99頁、特に101頁、111頁）。

自筆証書遺言が複数枚に及ぶ場合

自筆証書遺言が複数枚に及ぶ場合、通常は割印をするが、そのような割印がなかったとしても、最高裁は1通の遺言書であると確認できる限り、それを有効としています（最1小判昭和36年6月22日民集15巻6号1622頁、家月13巻11号73頁）。

7-15

自筆証書遺言の要件①
全文自書

　遺言は厳格な要式行為として、「この法律に定める方式に従わなければ、することができない」とされ（960条）ており、その方式＝要件を充たさないと無効となります。

　自筆証書遺言の要件は、「遺言者が、その全文、日付及び氏名を自書し、これに印を押さなければならない」とされています（968条1項）。自筆証書遺言は簡便なため、多く利用されていますが、要式性を欠いて無効になるケースも多く見られます。
　そこで、自筆証書遺言の要件のうち、全文自書に関して日常的に問題になる点について検討してみたいと思います。

全文自書でなければならない

　添え手がなされた場合も有効とした例があります。しかし、それは、全文自書が求められた理由を「筆跡によって本人が書いたものであることを判定でき、それ自体で遺言が遺言者の真意に出たものであることを保障することができるからにほかならない」とした上で、以下の厳格な要件においてのみ許されるとした判断であることに注意する必要があります（最1小判昭和62年10月8日民集41巻7号1471頁、家月40巻2号164頁、判タ654号128頁）。
　① 遺言書作成時に自書能力があったこと
　② 添え手が単に始筆若しくは改行にあたり若しくは字の間配りや行間を整えるため遺言者の手を用紙の正しい位置に導くにとどまるか又は遺言者の手の動きが遺言者の望みにまかされており遺言者は添え手を

した他人から単に筆記を容易にするための支えを借りただけであること
③　添え手をした他人の意思が介入した形跡のないことが筆跡のうえで判定できること

ワープロ、コピーによるもの
　ワープロ、コピーによるものは無効となります。平素もっぱらタイプライターを使用している英国人が、自らタイプして作成した英国人作成の自筆証書遺言を有効とした例（東家審昭和48年4月20日家月25巻10号113頁）もありますが、一般化するのは危険といえます。

　物件目録のワープロ書については「タイプ印書された右不動産目録は、本件遺言書の中の最も重要な部分を構成し、しかも、それは遺言者自身がタイプ印書したものでもない」といったケースについて、その効力を否定したものがあります（東高判昭和59年3月22日東高民時報35巻1-3合併号47頁、判タ527号103頁）。

　ただ、このような判例の結論を支持しながらも「一般的にみて、添付の不動産目録がいわば念のために付加された明細書のごときものであれば、それなしでも遺言者の意思は明確であり、目的物件は特定できるから、遺言の効力に影響を与えない」とする見解（上野「タイプ、ワープロによる遺言」判タ688号305頁）もあります。

【写真・図面等の使用】
　特に図面等については「遺言の対象や内容を明確にするために写真・図面及び一覧表等を用いること一切を否定するものではなく、遺言者が図面等を用いた場合であっても、図面等の上に自筆の添え書きや指示文言等を付記し、あるいは自筆書面との一体性を明らかにする方法を講じることによって、自筆性はなお保たれ得る」とした例もあります（札高決平成14年4月26日家月54巻10号54頁）。

遺言書という表題が必要？　鉛筆書きでも良い？

　全文自書であればよく、遺言書という表題を欠いてもかまわないし、鉛筆書きでもかまいません。但し、前者はそれが遺言書かどうか争われる可能性があり、後者は消されてしまうと意味がないので、やはり遺言書という表題を自書するのが望ましく、筆記用具も筆墨、万年筆、ボールペン、マジックペン等簡単には消せないものによることが望ましいと言えるでしょう。

　なお、カーボン複写による自筆証書遺言を有効とした例があります（最3小判平成5年10月19日家月46巻4号27頁、判夕832号78頁）。カーボン複写はコピーの普及により、領収書以外、最近はあまり見掛けなくなりましたが、遺言は性質上、その作成日と効力発生日即ち遺言者の死亡日との間にズレが生じるものであり、昔カーボン複写で作られた遺言に現在出くわす機会がないではなく、また、著名な判例でもあることから紹介しておきました。

7–16

自筆証書遺言の要件②
日付

　遺言は厳格な要式行為として、「この法律に定める方式に従わなければ、することができない」とされ（960条）ており、その方式＝要件を充たさないと無効となります。

　自筆証書遺言の要件は、「遺言者が、その全文、日付及び氏名を自書し、これに印を押さなければならない」とされています（968条1項）。自筆証書遺言は簡便なため、多く利用されていますが、要式性を欠いて無効になるケースも多く見られます。

　そこで、自筆証書遺言の要件のうち、日付に関して日常的に問題になる点について検討してみたいと思います。

日付の特定ができること

　日付は、遺言能力を判断する時的基準になり、また、内容の異なる数通の遺言書が存在する場合後に作成された遺言書の方が効力を有する（1023条1項）こととの関係上、その判断資料として、重要なものであるため、要件とされています。

　その趣旨からすれば、日付を特定することができれば良く、「私の還暦の日」といった記載は有効となります（浦川「日付の記載」判タ688号300頁）。また「平成元年11月末」という記載も「平成元年11月30日」を表示したものとして有効となります（東地判平成6年6月28日金商979号31頁）。

　しかし「吉日」という記載は無効となります（最1小判昭和54年5月

31 日民集 33 巻 4 号 445 頁、家月 31 巻 9 号 20 頁、判タ 389 号 69 頁)。

全文自書日と日付を記載した日が異なる場合

　遺言書を作成して、日付のみを後日記載したように、全文自書日と日付を記載した日にズレがある場合どうでしょうか。全文自書・署名押印をした日から 8 日後に日付の記載をした遺言書について、判例は「特段の事情のない限り、右日付が記載された日に成立(下線は筆者)した遺言として適式なものと解する」としています (最 3 小判昭和 52 年 4 月 19 日家月 29 巻 10 号 132 頁、金法 828 号 36 頁)。

日付に誤記がある場合

　日付に誤記があった場合 (昭和 48 年秋に死亡した者が同年夏の入院中に作成した自筆証書遺言について日付の年を昭和 28 年と記載) は「その誤記であること及び真実の作成日が遺言証書の記載その他から容易に判明する場合には、右日付の誤りは遺言を無効ならしめるものではない」とされます (最 2 小判昭和 52 年 11 月 21 日家月 30 巻 4 号 91 頁、金商 538 号 16 頁)。ただし、故意に日付を遡らせたような場合は無効とされています (前掲浦川 301 頁、下線は筆者)。

最高裁の遺言の解釈

　遺言の要式性を強調すると単なる誤記であっても遺言が無効ということになってしまいます。そこで、最高裁は、形式的に判断するのみではなく、遺言者の真意を探求して趣旨を確定すべきであると判断しているようです。

【最高裁の判断】

最 2 小判昭和 58 年 3 月 18 日家月 36 巻 3 号 143 頁
「遺言の解釈にあたっては、遺言書の文言を形式的に判断するだけではなく、遺言者の真意を探求すべきものであり、遺言書が多数の条項からなる場合にそのうちの特定の条項を解釈するにあたっても、単に遺言書の中から当該条項のみを切り離して抽出しその文言を形式的に解釈するだけで

は十分ではなく、遺言書の全記載との関連、遺言書作成当時の事情及び遺言者の置かれていた状況などを考慮して遺言者の真意を探究し当該遺言条項の趣旨を確定すべきものである」としています。

また、判例の傾向としては、以下が指摘されています。
① 遺言解釈において広く外部的証拠の援用が許されるということ
② そのような外部的証拠を用いて探究される遺言者の真意については遺言の記載に一応のてがかりが求められていること
（浦野「遺言の解釈」久貴編『遺言と遺留分　第1巻　遺言〔第2版〕』日本評論社、315頁、特に319頁）。

このような観点から、上記、日付に誤記があった場合の昭和52年判例を検討すれば、原審がそのまま援用した第1審の認定において、当該遺言の遺言執行者として弁護士Aと記載されていた人物が元判事であり、その退官日が昭和30年6月18日であることから、当該遺言が昭和28年に作成されたことはありえず、故に明らかな誤記である旨を指摘していることが重要視されることになります。

7-17

自筆証書遺言の要件③
氏名の自書と押印

　遺言は厳格な要式行為として、「この法律に定める方式に従わなければ、することができない」とされ（960条）ており、その方式＝要件を充たさないと無効となります。

　自筆証書遺言の要件は、「遺言者が、その全文、日付及び氏名を自書し、これに印を押さなければならない」とされています（968条1項）。自筆証書遺言は簡便なため、多く利用されていますが、要式性を欠いて無効になるケースも多く見られます。

　そこで、自筆証書遺言の要件のうち、氏名の自書と押印に関して日常的に問題になる点について検討してみたいと思います。

氏名の自書

　氏名の自書が要求される趣旨は、遺言者本人を明確にし、遺言内容が遺言者の真意に出たものであることを明らかにするためだけです。なので、氏と名を併記するのが原則ですが、氏又は名だけであっても本人を識別することができるものであれば良いとされています。なお、通称、芸名、雅号でも本人の同一性が識別できれば有効となります（東京弁護士会　相続・遺言研究部『実務解説相続・遺言の手引き』日本加除出版、171頁）。

押印

　押印が要求される趣旨も、氏名と同様です。なので、印章は遺言者のものであれば、実印でなくても認印でも良いとされています。指印でも足りるとする判例もありますが、本人死亡後に本人の指印であるかどうかを確

認することは簡便になし得るものでもないので、できるだけ印章によるべきであるとされています(最小1判平成元年2月16日民集43巻2号45頁、家月41巻5号47頁—平成元年度最高裁判例解説民事篇20頁)。

押印が遺言書本文以外に押されていた場合はどうでしょうか、有効とされた例と無効とされた例を指摘しておきますが、遺言全体の状態から判断されているようです。

【有効とされた例】
遺言書本文の入れられた封筒の封じ目にされた押印をもって、民法968条1項の押印の要件を満たしており、有効とされた（最2小判平成6年6月24日家月47巻3号60頁）。

【無効とされた例】
遺言内容の記載されていた書面には署名押印を欠き、検認時に既に開封されていた封筒には遺言者の署名押印がある場合の遺言は、同条項の方式を欠くものとして無効とされた（東高判平成18年10月25日判タ1234号159頁）。

第 8 章

遺言執行

遺言の内容を実現することを遺言執行といい、これを行うものを遺言執行者といいます。ただ、それだけなのですが、遺言執行者に関する議論は、とても難しく、判りにくいところが多々あります。そこを少しでも解きほぐせればと思います。

【この章で取り扱うテーマ】

- 8-1　遺言執行者①　遺言できる事項の確認
- 8-2　遺言執行者②　受遺者の選定を遺言執行者に委託した遺言の効力
- 8-3　遺言執行者③　特定の不動産の遺贈と登記の必要性
- 8-4　遺言執行者④　防衛的機能（処分行為の無効）
- 8-5　遺言執行者⑤　借地権の付着した建物の遺贈
- 8-6　遺言執行者⑥　特定の不動産が遺贈された場合における登記手続
- 8-7　遺言執行者⑦　遺贈不動産が第三者名義になっていた場合
- 8-8　遺言執行者⑧　特定の動産・債権が遺贈された場合
- 8-9　遺言執行者⑨　特定の不動産を「相続させる」旨の遺言について
- 8-10　遺言執行者⑩　相続財産の占有・管理は誰が行うのか（問題の所在）
- 8-11　遺言執行者⑪　相続財産の占有・管理は誰が行うのか（平成10年判決）
- 8-12　遺言執行者⑫　相続財産の占有・管理は誰が行うのか（平成10年判決の射程範囲）

8–1

遺言執行者①
遺言できる事項等の確認

　遺言執行とは遺言の内容を実現することであり、これを行う者を遺言執行者といいます。

　遺言できる事項は法定されているとするのが通説です。その中で、遺言執行が必要かどうか、必要であるにしてもその執行が遺言執行者によらなければならないかどうかといった視点から、主な事項を確認し分類してみます（日本司法書士会連合会『遺言執行者の実務』民事法研究会、181頁参照）。

1. 執行が必要で、かつ、遺言執行者のみが執行できる事項
① 認知（781条2項） ② 相続人の廃除等（893条、894条2項） ③ 一般財団法人の設立（一般法人法152条2項） 　遺言により一般財団法人が設立される場合 　→「1-5 遺言など」参照
2. 執行は必要であるが、相続人でも執行できる事項
④ 祭祀主宰者の指定（897条1項ただし書） 　遺言により祭祀主宰者を指定する場合の注意点について 　→「1-3 生前にしておくこと　仏壇・墓」参照 ⑤ 遺贈（964条） ⑥ 相続させる旨の遺言

⑦ 信託の設定（信託法3条2項）遺言により信託が設定される場合について
　→「7-5 精神的障害のある子供いる人の遺言②」参照
⑧ 生命保険金の受取人の指定と変更（保険法44条1項）

3. 遺言の効力発生と同時に内容が実現されるので執行の余地がないとされる事項

⑨ 未成年後見人の指定（839条）
　遺言により未成年後見人が指定される場合について
　→「7-4 精神的障害のある子供のいる人の遺言①　後見人」参照
⑩ 相続分の指定・指定の委託（902条）
⑪ 特別受益の持戻し免除（903条3項）
⑫ 遺産分割方法の指定・指定の委託（908条）
⑬ 遺産分割の禁止（908条）
⑭ 共同相続人間の担保責任の減免等（914条）
⑮ 遺贈の減殺方法の指定（1034条ただし書）
⑯ 遺言執行者の指定・指定の委託（1006条1項）

補論　不倫関係にある相手方を生命保険金の受取人と指定乃至は変更する場合

このような遺言は効力を有するでしょうか。

本問を検討する上で、最1小判昭和61年11月20日民集40巻7号1167頁（以下、昭和61年判決）が参考になります。それは、Aには妻Bがいるにも拘らず不倫関係にあった女性Cに対し遺産の3分の1を包括遺贈した遺言（以下、本件遺言）について、遺言の目的が「不倫関係の維持継続」にあるのか「生計をAに頼っていたCの生活保全」にあるのか、また、遺言の内容が「相続人らの生活の基盤を脅かすものといえるか」といった視点から、民法90条に違反し無効であるかを検討したものです。

結局、昭和61年判決の事案では、①AはCと昭和44年頃から死亡時まで約7年間半同棲のような形で不倫関係を継続していたが、②もともとAと妻Bの夫婦関係は同43年頃から別々に生活する等その交流は希薄で、夫婦としての実体はある程度喪失していた上、Cとの関係は早期にA

の家族に公然となっていたこと、③本件遺言は、死亡約1年2か月前に作成されたが、遺言の作成前後において両者の関係の親密度が特段増減したという事情もなく、④本件遺言の内容は、妻であるBとその子及びCに全遺産の3分の1ずつを遺贈するものであり、当時の民法上の妻の法定相続分は3分の1であって、ABの子も既に嫁いで高校の教師等をしているなどの事実関係が指摘され、本件遺言を有効としました。

　しかし、同様の視点から、生命保険契約において生前に不倫相手を死亡保険金の受取人とした指定を公序良俗に反し無効とした事例（東高判平成11年9月21日金商1080号30頁）が存在しますので、本問のように遺言による指定乃至は変更の場合であったとしても、諸般の事情を総合的に考慮した上で、同様に無効とされる場合があることになります。

8–2

遺言執行者②
受遺者の選定を遺言執行者に委託した遺言の効力

　遺言執行とは遺言の内容を実現することであり、これを行う者を遺言執行者といいます。

　例えば、遺言できるとされている事項の1つとして、遺言で遺言執行者を指定し、又はその指定を第三者に委託することができるとしています（1006条1項）。

　では、これと似たようなものとして、遺言で受遺者（遺言により遺贈を受けることになる者）を誰にするか第三者に委託することはできるでしょうか。

従来の見解

　明文で「できる」とはされていないところであり、むしろ、受遺者の決定は遺贈者（遺言によって遺産を与える行為をする者）がすべきことであって、これを第三者に委託することは、「遺言の代理を許すのと異ならないので無効」と解されてきました（中川ほか編〈担当阿部〉『新版注釈民法(28)〔補訂版〕』189頁）。

最3小判平成5年1月19日判決

　ところが、最3小判平成5年1月19日民集47巻1号1頁、家月45巻5号50頁（以下、平成5年判決）は、それまでの見解より緩やかに考えて、受遺者を誰にするか、その選定を遺言執行者に委託したとしても有効な場合があると判断しましたので紹介します。

> **平成5年判決の事案と最高裁に至るまでの経緯**
>
> Aには、妻がいましたが子はいませんでした。
> Aは、昭和48年9月10日、遺言書と題し、「私の遺産全部は妻の所有とし…妻死去の際は遺産全部を特殊法人日本赤十字社に寄附」するという自筆証書遺言を書いていました。ところが、妻が同53年11月25日に死亡し、Aの法定相続人は、2人の妹だけになりましたが、後記本件遺言がされた時点では、長らく絶縁状態でした。
>
> そこで、Aは、昭和58年2月28日、Bに遺言の執行を委嘱する旨の自筆による遺言証書(以下、本件遺言執行者指定の遺言書といいます。)を作成し、これをBに託するとともに、再度その来宅を求めました。
> Aは、同年3月28日、Bの面前で、「一、発喪不要。二、遺産は一切の相續を排除し、三、全部を公共に寄與する。」という文言記載のある自筆による遺言証書(以下、本件遺言書といいます。)を作成して本件遺言をした上、これをBに託して、自分は天涯孤独である旨を述べました。
>
> その後、昭和60年10月17日、Aが死亡したのでBが遺言執行者として本件遺言の執行をしようとしたところ、妹らから「当該遺言は無効であり、Bは当該遺言の執行者としての地位を有しない」旨の確認を求める訴えが提起されました。
>
> これに対し、地裁、高裁の何れもが、Bが遺言執行者としての地位を有することを認めたので、これを不服とした妹らが最高裁に上告したものです。ちなみに、高裁は、本件遺言書につき「遺産全部を、国、地方公共団体に包括遺贈する意思…を表示したものである」として、これを有効と判断しました。

先ず、平成5年判決は、遺言は遺言者の意思を表明するものであり、この意思を尊重して遺言の趣旨を解釈すべきであるとして、遺言書の記載のみならず、遺言者が遺言作成に至った経緯や遺言作成時に置かれた状況等を考慮すべきとした一般論を展開しました。

なお、最高裁が説く遺言解釈一般論については「7-16 自筆証書遺言の要件②」を参照ください。

> **平成5年判決**
>
> 遺言の解釈に当たっては遺言書に表明されている遺言者の意思を尊重して合理的にその趣旨を解釈すべきであるが、可能な限りこれを有効となるように解釈することが右意思に沿うゆえんであり、そのためには、遺言書の文言を前提にしながらも、遺言者が遺言作成に至った経緯及びその置かれた状況等を考慮することも許される

次に、遺言書の内容やAが遺言書を作成した時の状況から、Aが遺産を公益目的のために役立てたいという意思を有していたことが明らかであるとされました。

また、①遺産を受ける相手を明示せず、②遺産が公共のために利用される旨の文言を用いていることから、高裁の認めた国や地方公共団体のみならず、より広く公の団体等に遺産の全部を遺贈する趣旨であると判断しました。

> **平成5年判決**
>
> 本件遺言書の文言全体の趣旨及び同遺言書作成時のAの置かれた状況からすると、同人としては、自らの遺産を上告人ら法定相続人に取得させず、これをすべて公益目的のために役立てたいという意思を有していたことが明らかである。そして、本件遺言書において、<u>あえて遺産を「公共に寄與する」として、①遺産の帰属すべき主体を明示することなく、②遺産が公共のために利用されるべき旨の文言を用いていること</u>からすると、本件遺言は、右目的を達成することのできる団体等（原判決の挙げる国・地方公共団体をその典型とし、民法三四条に基づく公益法人あるいは特別法に基づく学校法人、社会福祉法人等をも含む。）にその遺産の全部を包括遺贈する趣旨であると解するのが相当である

（下線は筆者）

平成5年判決が検討した問題点
平成5年判決が検討した問題点は2つありました。

「寄與（寄与）」という言葉の解釈
遺言の場合「寄付」や「信託」ができます（一般法人法152条2項、信託法3条2項）。

ただし、本件遺言書中には「法人の目的、名称、事務所、資産及び理事の任免に関する規定等の記載を全く欠いていること、並びに他人をして一定の目的に従い財産の管理又は処分をさせる旨を表す記載が一切ないこと」から、「寄付」や「信託」とは考えられず（平成5年判決の原審判決理由参照）、下線①の事実等から、これを「(包括)遺贈」と考えたものと思われます。

遺贈の相手方が誰か
1) 受贈者はどの程度限定されていたのか
事案の中で指摘しましたが、Aはかつて「私の遺産全部は妻の所有とし…妻死去の際は遺産全部を特殊法人日本赤十字社に寄附」するという自筆証書遺言を書いていました（これは、後継ぎ遺贈（※）といわれるものです）。

※後継ぎ遺贈については、「7-5 精神的障害のある子供のいる人の遺言②」を参照ください。

ところが、妻が先に死亡したので、本件遺言書を作成するに至ったのですが、そこでの「公共に寄與する」との文言と、かつての遺言の「日本赤十字社に寄付」するという文言は、必ずしも抵触しないので、かつての遺言が本件遺言書によって「撤回」された（1023条1項）とはいえない可能性があります。

だとすれば、高裁よりも狭く、日本赤十字社に対する「単純遺贈」として、受贈者を限定して解釈する余地もあったと思われます（伊藤「平成5年重要判例解説」ジュリスト臨時増刊1046号、98頁）。

しかし、高裁が受遺者の範囲を国、地方公共団体としていたところ、最

高裁は、それを、公益法人、学校法人、社会福祉法人等にまで広げました。つまり、より範囲を広めたにも拘わらず、限定としては十分とした訳です。

平成5年判決

本件遺言執行者指定の遺言及びこれを前提にした本件遺言は、遺言執行者に指定した被上告人（B）に右団体等の中から受遺者として特定のものを選定することをゆだねる趣旨を含む」とした上で、「本件においては、遺産の利用目的が公益目的に限定されている上、被選定者の範囲も前記の団体等に限定され、そのいずれが受遺者として選定されても遺言者の意思と離れることはなく、したがって、選定者における選定権濫用の危険も認められないのであるから、本件遺言は、その効力を否定するいわれはない

2）はたして受贈者（被選定者）の「限定」がされているのか

本件遺言に被選定者の「限定」があるのかについては若干疑問があり、その意味で平成5年判決を問題視する見解（新井平成5年判例解説『家族法判例百選〔第7版〕』有斐閣、174頁）があります。

その一方で、遺言者としては、「誰でもよい公共のために遺産を使って貰いたいというものであろうから、遺贈の相手方をある程度具体的に記述せよと要求することは困難を強いるものであり、せっかくの遺言者の志をふいにしかねない」として、むしろそれを支持する見解もあります（半田「平成5年判決解説ジュリスト」1042号117頁）。

この点については評価が分かれるところでしょうが、これまで、このような遺言については下級審で判断が分かれていた点を考えると、平成5年判決が広くこれを有効とする判断をしたことは、司法政策的に大きな方向性を示そうとしたものと思われます。「迷わず有効と解してもかまわない」と号令をかけた訳です。伊藤教授は皮肉を込めて「実務現場への素晴らしい贈り物」と称しているようですが（前掲伊藤100頁参照）、実務の指針が明らかになることは良いことなので、その言葉どおり素直に肯定的に考

えてもかまわないかと思われます。

8-3

遺言執行者③
特定の不動産の遺贈と登記の必要性

　遺言執行とは具体的にどのようなことをするのでしょうか。
　特定の不動産が遺贈（遺言によって無償で譲渡される場合、964条）を例として、説明します。

　不動産の遺贈の執行は、受遺者（遺言により遺贈を受けた者）に登記名義を移転する形で行います。

　特定遺贈の対象たる不動産の所有者が死亡した場合、その所有権は受遺者に移転します。
　しかし、受遺者としては、登記を備えない限り、当該不動産を売買したりできず、事実上処分等できないのですから、「登記の重要性」に変わりありません。

　しかも、最3小判昭和46年11月16日民集25巻8号1182頁、家月24巻6号41頁、判タ279号201頁（以下、昭和46年判決）は、遺贈があった場合の権利関係についても登記が必要であり、遺言執行者が受贈者に登記名義を移転する必要があると判断をしています。

最3小判昭和46年11月16日判決
　最3小判昭和46年11月16日判タ279号201頁は、遺贈があった場合の権利関係を対抗問題としています。

> **昭和 46 年判決の事案の概略**
>
> 被相続人が不動産を有しており、その子として甲、乙がいました。被相続人は、不動産を、生前、甲に贈与したのですが、登記未了の間に乙に特定遺贈をし、その後に相続が開始しました。

　この場合、昭和 46 年判決は、「贈与および遺贈による物権変動の優劣は、対抗要件たる登記の具備の有無をもつて決すると解するのが相当」としました。

　つまり、受遺者である乙としても不動産の登記名義を取得しない限り、甲に対抗できるような完全な所有権を取得できないので、そのような点も含めると、遺言執行者としては、尚更、受遺者に登記名義を移転しなければならない必要があるということです。

8–4

遺言執行者④
防衛的機能（処分行為の無効）

　遺言執行者を定めた場合、そこには防衛的機能があるとされています。（吉野「遺言執行者の権限――『相続させる』旨の遺言を中心として」登記研究576号17頁）。

　すなわち、最1小判昭和62年4月23日民集41巻3号474頁、家月39巻9号29頁、判タ639号116頁（以下、昭和62年判決）では以下の判断がなされました。
① 　遺言執行者がある場合、受遺者以外の共同相続人が目的物について行った処分行為が無効になる。
② 　遺言執行者がある場合、受遺者は登記がなくても第三者に対抗できる。
③ 　遺言執行者として指定された者が就任を承諾する前であっても、「遺言執行者がある場合」にあたる。

最1小判昭和62年4月23日
以下、昭和62年判決をご紹介します。

事案の概略

被相続人が娘に遺言によって不動産を与えました（遺贈）。
被相続人にはその娘とは別に息子がおり、被相続人死亡後、息子が娘の相続放棄申述書を無断で作成する等して不動産を自己名義にした上で債権者のために根抵当権を設定しました。

> 後日その根抵当権が実行されたので、娘はその競売は許されないという申立をしました。

当該遺言には遺言執行者が存在したものの、息子による抵当権の設定が遺言執行者の就任前であったので、このような場合にも民法1013条が適用されるかを含め争われました。

【民法第1013条（遺言の執行の妨害行為の禁止）】
　遺言執行者がある場合には、相続人は、相続財産の処分その他遺言の執行を妨げるべき行為をすることができない。

　この点、昭和62年判決は、遺言執行者を定めた場合、1013条が適用される結果、第三者の設定した根抵当権は無効になるので、受遺者である娘は登記なくして第三者に対抗でき、第三者がした競売は許されないという判断をしました。

> **昭和62年判決**
> 民法1012条1項が「遺言執行者は、相続財産の管理その他遺言の執行に必要な一切の行為をする権利義務を有する。」と規定し、また、同法1013条が「遺言執行者がある場合には、相続人は、相続財産の処分その他遺言の執行を妨げるべき行為をすることができない。」と規定しているのは、遺言者の意思を尊重すべきものとし、遺言執行者をして遺言の公正な実現を図らせる目的に出たものであり、右のような法の趣旨からすると、相続人が同法1013条の規定に違反して、遺贈の目的不動産を第三者に譲渡し又はこれに第三者のため抵当権を設定してその登記をしたとしても、相続人の右処分行為は無効であり、受遺者は、遺贈による目的不動産の所有権取得を登記なくして右処分行為の相手方たる第三者に対抗することができるものと解するのが相当である…そして、前示のような法の趣旨に照らすと、同条にいう「遺言執行者がある場合」とは、遺言執行者として指定された者が就職を承諾する前をも含むものと解するの

> が相当であるから、相続人による処分行為が遺言執行者として指定された者の就職の承諾前にされた場合であつても、右行為はその効力を生ずるに由ないものというべきである

つまり、昭和46年判決によれば、受遺者としては登記を得ない限り、その権利を第三者に対抗できないのですが、遺言執行者がいれば他の相続人が処分行為をすることができないので、結果として第三者が登場する余地はなく、受遺者としては登記を得なくてもその権利を防衛することができるということです。

8-5

遺言執行者⑤
借地権の付着した建物の遺贈

　特定の不動産が遺贈（遺言によって無償で譲渡される場合、964条）され、その不動産が借地上の建物である場合、注意が必要です。
　建物所有権を譲渡することは、特段の事情のない限り、借地権も譲渡したことになります（最3小判昭和47年7月18日金融法務事情662号21頁）。

借地権の譲渡の問題と対策

　この場合、借地権の譲渡にあたっては、賃貸人（地主）の承諾を得る必要があるとされているため、賃貸人の承諾を得ない限り、賃貸借契約が解除されてしまいます（612条）。
　ですから、遺言執行者としては賃貸人の承諾を得る必要があります。

相続させる旨の遺言の活用

　このような手間を考えるなら、仮に受遺者が相続人であるとすれば、遺贈という形式ではなく「相続させる」旨の遺言の形式で当該不動産を譲ることが効果的です。
　※903条（特別受益者の相続分）は相続人が遺贈を受けられることを前提とした規定であり、相続人も遺贈を受けることは出来ます。

　この場合、香川判決は「相続させる」旨の遺言をした場合、原則として、遺産分割協議等の行為をすることなく、被相続人の死亡の時（遺言の効力が生じた時）に直ちに遺産が相続により承継されると判断しています。
　※香川判決については「7-2子供のいない夫婦の遺言②」を参照ください。

このため、612条が定める「譲渡」があったとはされないため、借地権の譲渡について賃貸人の承諾を得る必要はありません。

[参考] 農地の場合

遺贈の対象たる不動産が農地である場合も似たような問題が生じます。

農地法3条は、農地等について所有権を移転等する場合には「農業委員会等の許可」を受けなければならないとしているからです。

この場合にも、「相続させる」旨の遺言をすることにより、農業委員会等の許可が不要となります。

8-6

遺言執行者⑥
特定の不動産が遺贈された場合における登記手続

遺言執行とは具体的にどのようなことをするのでしょうか。
　特定の不動産が遺贈（遺言によって無償で譲渡される場合、964条）を例として、説明します。

不動産の遺贈に関する移転登記
　不動産の遺贈に関する移転登記は、受遺者と遺言執行者の共同申請で行います（不動産登記法60条）。

　特定遺贈の対象たる不動産の所有者が死亡した場合、その権利義務を承継するのはその相続人（896条本文）です。
　このため、遺言執行者がいない場合は相続人と受遺者が共同で登記申請を行います。

　一方、遺言執行者がいる場合、「遺言執行者は、相続人の代理人とみなす」とされていて（1015条）、「遺言執行者がある場合には、相続人は、相続財産の処分その他遺言の執行を妨げるべき行為をすることができない」ともされている（1013条）ので、遺言執行者が相続人に代わって移転登記の申請をする訳です。

1015条の「代理人」という文言と職務説
　1015条の「代理人」とはどういう意味なのかについては、争いがあります。
　被相続人の代理人と考えるのがイメージしやすいですが、遺言執行者が

職務を行うとき既に被相続人はこの世に存在しません。

かといって、1013条が「遺言執行者がある場合には、相続人は、相続財産の処分その他遺言の執行を妨げるべき行為をすることができない」としていることからも読み取れるように、遺言執行者が相続人と利害対立する場面も予定されていて、その代理人であるという考え方にも難色があります。

【職務説（通説）】

そこで、遺言執行者は相続人から離れて独自の職務を行うものとして、1015条の意味は「遺言執行者の行為の効果が相続人に帰属することを明らかにした」ものとされています（中川ほか編〈担当泉〉『新版注釈民法(28)[補訂版]』有斐閣、361頁）。

これは職務説という見解で、通説とされています。ですから、遺言執行者に関する訴状、判決の表示も「亡甲野一郎遺言執行者被告乙野二郎」とされていて、そこでは「何某代理人」というような、代理の場合に要求される「顕名（本人のためにすることを示すもの、99条1項）」表示はされていません。

8-7

遺言執行者⑦
遺贈不動産が第三者名義になっていた場合

遺言執行とは具体的にどのようなことをするのでしょうか。

特定の不動産が遺贈（遺言によって無償で譲渡される場合、964条）されたにもかかわらず、遺贈の対象たる不動産の名義が第三者に移転していた場合を検討してみましょう。

当該不動産の所有権は遺言によって既に受遺者に移転しています。

このため、受遺者としては当該第三者に対して、直接自分（受遺者）に移転登記を行うことを求めることが出来るのではないかが問題になります。

この点、最2小判昭和43年5月31日民集22巻5号1137頁、家月20巻9号61頁（以下、昭和43年判決といいます。）は、受遺者は遺言執行者を通じてしか、遺贈を原因とする移転登記を得られないという判断をしています。

つまり、先ずは被相続人の名義に登記を戻してから、遺言執行者が受遺者に遺贈を原因とする移転登記を行うことになります。

最2小判昭和43年5月31日判決

事案の概要
被相続人が妹に不動産を遺贈したところ、被相続人の子（妹からみれば甥にあたります。）が登記を自己名義にしてしまいました。当該

遺言には遺言執行者が存在するようにも思えたのですが、妹は子に対し直接遺贈を原因とする移転登記請求訴訟を起こしました。

1）遺贈を原因とする移転登記請求

昭和43年判決は、受遺者は遺言執行者を通じてしか、遺贈を原因とする移転登記を得られないと判断しています。

このため、妹の請求を認めた原判決を破棄して、遺言執行者が存在するかについての審理を尽くさせるべく原審に差し戻しました。

> **昭和43年判決**
>
> 特定不動産の遺贈を受けた者がその遺言の執行として目的不動産の所有権移転登記を求める訴えにおいて、被告としての適格を有する者は遺言執行者にかぎられるのであって、相続人はその適格を有しない

（下線は筆者）

2）移転登記の抹消登記請求

昭和43年判決は、その字句のとおり「遺贈を原因とする移転登記」を求める訴えについての判断です。当該事案において、妹が被相続人の子名義の登記抹消等を求めた場合、その訴えがどうなるかについては言及されていません。

この点、昭和43年判決の理解として、受遺者は遺言執行者を通じてしか遺贈を原因とする移転登記を得られないということは、その「裏面において」第三者に抹消登記等を求めることができるのは遺言執行者であるという説明があります（高橋『重点講義民事訴訟法上』有斐閣、252頁）。

被相続人の名義に登記が戻らなければ、遺言執行者としても受遺者に遺贈を原因とする移転登記をすることができないということでしょう。

【遺言執行者の存在意義】
　しかし、既に不動産の所有権は第三者（被相続人の子）に移転している以上、受遺者（妹）が自己の所有権を妨害する第三者名義の登記を排除してその抹消を行い、被相続人の名義に戻すように求めることは当然と思われます。
　このように解すると、遺言執行者のみならず、受遺者も当該第三者に抹消登記等を求めることができることになります。

　ただ、受遺者としては、被相続人名義に戻った登記について、遺言執行者を通じてしか遺贈を原因とする登記を受けられません。そのように考えないと遺言執行者の存在意義がなくなってしまうからです。それを指摘したのが昭和43年判決という訳です。

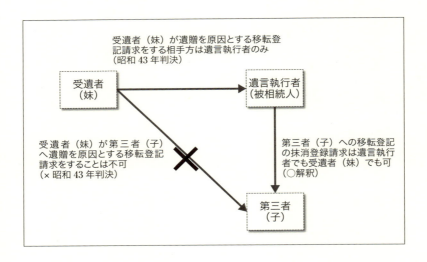

8-8

遺言執行者⑧
特定の動産・債権が遺贈された場合

　遺言執行とは具体的にどのようなことをするのでしょうか。
　特定の動産・債権が遺贈（遺言によって無償で譲渡される場合、964条）を例として、説明します。

動産

　動産の対抗要件は「引渡し」とされています（178条）。
　このため、遺言執行者が受遺者に遺贈の対象たる動産の引渡しをする形で執行します。
　当該動産が自らの元にある場合はその引渡しをすればいいのですが、第三者の元にあるときはどうなるでしょうか。

【第三者の手元にある場合】
　指図による占有移転（184条）すなわち、その第三者に以後遺贈者のためにそのものを占有することを命じ、その第三者がこれを承諾する方法によることが多いと思われます。
　典型としては、当該動産が倉庫業者等に預けられている例が挙げられますが、このような場合であれば問題は生じないでしょう。

　しかし、例えば、その第三者が当該動産は預かっているのではなく自らの所有物であるとして、184条にいう「承諾」を拒むような場合はどうなるでしょうか。
　遺言執行者として、訴訟を起こして当該動産の引渡し等を受け、その上で受遺者に渡さなければならないか（それまで遺言執行者の義務が続くか）

どうかについては、後述する相続財産の占有・管理に関する遺言執行者の義務をどう考えるかに関する問題として、争いがあるところです。

債権
債権（譲渡）の対抗要件は「譲渡人が債務者に通知をし、又は債務者が承諾」すること（467条）です。

このため、遺言執行者としては遺贈の対象たる当該債権の債務者（※）に「通知」をする形で執行することになるでしょう。

※講学上、これを第三債務者と呼ぶことが多いです。

ただ、この類型で一番多いのが預貯金債権でしょうが、これは通常「譲渡禁止」とされています（466条2項、この場合の第三債務者は預貯金の払い戻し義務のある金融機関となります。）。

そこで、遺言執行者としては「通知」ではなく第三債務者の「承諾」を得る方法、すなわち金融機関と合意をして名義の変更をする形か、預貯金を解約した上で受遺者に金銭を渡す形で、執行することになります。

遺言執行者をおくメリット
なお、判例上は「金銭その他の可分債権あるときは、その権利は法律上当然分割され各共同相続人がその相続分に応じて権利を承継する」とされていて（最1小判昭和29年4月8日民集8巻4号819頁）、預貯金（但し、定額郵便貯金を除く）についても同様です。

ですが、金融機関としては、誰が真実の相続人であるかを確実に知る術に乏しいこともあって、相続された預貯金を解約するには全相続人の同意書を求めるところが多いです（※）。

しかし、遺言執行者が存在する場合、前述したとおり「遺言執行者は、相続人の代理人とみなす」とされ「相続人は、相続財産の処分その他遺言の執行を妨げるべき行為をすることができない」とされています（1015条、1013条）。

その結果、遺言執行者の判子だけで対応できる場合も多く、この点が遺言執行者を置く大きなメリットといえます。

※【定額郵便貯金】
　定額郵便預金については、昭和29年判例の趣旨は及ばず、最2小判平成22年10月8日民集64巻7号1719頁、家月63巻4号122頁、判タ1337号114頁は「同債権は、その預金者が死亡したからといって、相続開始と同時に当然に相続分に応じて分割されることはないものというべきである」としています。
　ですから、定額郵便貯金の場合、ゆうちょ銀行から全相続人の同意書を求める要望があればそれは法律上当然のものといえます。

その他、相続における預貯金の取扱いについては、以下を参照ください。
「7-2 子供のいない夫婦の遺言②」
「6-4 遺産分割審判の対象となるもの②」

8-9 遺言執行者⑨
特定の不動産を「相続させる」旨の遺言について

　特定の不動産をある相続人（※）に「相続させる」旨の遺言がされた場合の遺言執行者の立場について、遺贈の例と比較しながら説明します。
　※講学上、これを受益相続人と呼ぶ場合が多いです。
　この点を理解する上で知っておかなければならない2つの判決が存在します。

香川判決
　特定の財産を受益相続人に「相続させる」旨の遺言については、香川判決があり、その法的性質は遺産分割方法の指定（908条）であるとしました。ただし、そのように解した場合は遺産分割協議等が必要であるとしていた従前の考え方を否定しました。

　すなわち、香川判決は、「相続させる」旨の遺言をした場合、遺産分割協議等をすることなく、被相続人の死亡の時（遺言の効力が生じた時）に直ちに遺産が相続により承継されると判断しています。

> **香川判決**
>
> 他の共同相続人も右の遺言に拘束され、これと異なる遺産分割の協議、さらには審判もなし得ないのであるから…特段の事情のない限り、何らの行為を要せずして、被相続人の死亡の時（遺言の効力の生じた時）に直ちに当該遺産が当該相続人に相続により承継される

香川判決については「7-2 子供のいない夫婦の遺言②」を参照ください。

最 2 小判平成 14 年 6 月 10 日

その上で、最 2 小判平成 14 年 6 月 10 日家月 55 巻 1 号 77 頁、判タ 1102 号 158 頁（以下、平成 14 年判決）は、「相続させる」旨の遺言により、特定の不動産を取得した受益相続人は「登記なくしてその権利を第三者に対抗することができる」としました。

① **平成 14 年判決の概要**

被相続人が不動産を有しており、その相続人として甲、乙がいたのですが、甲に「相続させる」旨の遺言がされました。ところが、乙の債権者が当該不動産の 2 分の 1（乙の法定相続分）を差し押さえたという事案についての判断です。

平成 14 年判決がいわんとしているところは、不動産は、受益相続人である甲が「直ちに…相続により承継」し、乙は無権利者なので、177 条の問題は出てこないという点にあるかと思います（平成 14 年判決の判タ解説参照）。

② **参考**

なお、平成 14 年判決は、最 2 小判昭和 38 年 2 月 22 日民集 17 巻 1 号 235 頁（以下、昭和 38 年判決といいます。）の影響を受けています。

昭和 38 年判決は、被相続人が不動産を有しており、その子の甲、乙が共同相続しました。ところが、乙が勝手に単独所有権取得の登記をして、第三者丙に移転登記をしたという事案です。

これについて、「乙の登記は甲の持分に関する限り無権利の登記であり、登記に公信力なき結果丙も甲の持分に関する限りその権利を取得する由ないからである」として甲は「自己の持分を登記なくして対抗できる」としたものです。

「相続させる」旨の遺言と遺言執行者

以上 2 つの判決を前提とすると、次のような疑問が生じます。

1) 遺言執行は必要か

先ず、そもそも特定不動産について「相続させる」旨の遺言がされた場合、その「執行」の必要はないのではないかという点です。遺贈の場合と異なり、受益相続人は登記を得なくても第三者に権利を対抗できるからです。

しかし、だからといって、受益相続人には、現実問題として、登記を具備しない限り、不動産の売却といった処分をすることが事実上出来ない等の不都合が生じます。従って、そのような遺言を「執行」する必要はあります。それが「登記の重要性」といわれるものです。

2) 遺言執行者の存在意義

次に、遺贈の場合と異なり、受益相続人は「相続」によって不動産を取得するので、受益相続人は単独で登記名義の移転を申請できます（不動産登記法62条）。

特定不動産を「相続させる」旨の遺言がされた場合、直ちに遺産が相続により承継されるため、他の相続人の協力を必要とせず、この遺言書を利用して単独で相続を原因とする所有権移転登記が可能です。

そうなると、特定不動産について「相続させる」旨の遺言がされた場合、遺言執行者の出る幕がないのではないかという疑問が生じます。

この疑問に答えたのが、最1小判平成11年12月16日民集53巻9号1989頁、家月52巻5号120頁、判タ1024号155頁（以下、平成11年判決）です。

> 平成11年判決・事案の概要（遺言執行者の職務に関する事実に限って簡略化）
>
> 被相続人が不動産を有しており、その子として甲、乙がいました。当該不動産について、甲に「相続させる」旨の遺言（以下、新遺言といいます。）があったのですが、乙に「相続させる」旨の旧遺言があったので、これを乙が利用して登記を自己名義にしました。

新遺言には遺言執行者がいて、その者が乙名義の登記抹消を求めることができるかどうかが争われました。

> **平成11年判決**
>
> 甲への所有権移転登記がされる前に、他の相続人（乙）が当該不動産につき自己名義の所有権移転登記を経由したため、遺言の実現が妨害される状態が出現したような場合には、遺言執行者は、遺言執行の一環として、右の妨害を排除するため、右所有権移転登記の抹消登記手続を求めることができ、さらには、甲への真正な登記名義の回復を原因とする所有権移転登記手続を求めることもできると解するのが相当である。この場合には、甲において自ら当該不動産の所有権に基づき同様の登記手続請求をすることができるが、このことは遺言執行者の右職務権限に影響を及ぼすものではない

（下線は筆者）

つまり、「相続させる」旨の遺言がされた場合、受益相続人は単独で登記名義の移転を申請できるため、遺言執行者に登記手続きを行う必要がありません。平成11年判決は、傍論で「当該不動産が被相続人名義である限りは、遺言執行者の職務は顕在化せず」と述べていますが、それはこのような意味です。

しかし、遺言書の記載内容と異なる登記が行われている場合には、遺言執行者は遺言内容を実現するため、当該登記の抹消等の請求を求めることができるということになります。そのような場合には、遺言執行者の存在意義があるということです。

8-10
遺言執行者⑩
相続財産の占有・管理は誰が行うのか
（問題の所在）

> **設問**
>
> 被相続人が不動産を有しており、その子として甲、乙がいました。
> 被相続人は、甲に不動産を遺贈乃至は相続させる旨の遺言を残していたにもかかわらず、被相続人死亡後乙が不動産を単独で占有し事実上管理をしていたとします。
> 当該遺言には遺言執行者が存在した場合、甲、乙、遺言執行者の関係はどうなるのでしょうか。

　遺贈乃至は「相続させる」旨の遺言がなされた場合、被相続人が死亡した時点で不動産の権利は甲に帰属します。従って、不動産の実体法上の権利関係についていえば、権利者は甲であり、乙は無権利者として、その事実上の管理を解いて占有を返還する義務を有します。

　ところが、ここに遺言執行者が入ってくることから、それぞれの権利義務が何らかの影響を受けるのではないかが問題になります。
　例えば、当該不動産が収益物件であった場合、賃料の管理をしたり、乙に占有の明け渡しを求めるのは、甲、遺言執行者何れがすべきことでしょうか。

遺言執行者に対する期待と現実

　相続の処理をする際には、遺産の調査、相続人・受遺者との連絡という事実行為、電気・ガス・水道等の新使用者への名義変更、準確定申告・相

続税の申告準備、納税等の代行という事務といった広範、かつ、煩雑な事務が存在します。

そして、遺言者のみならず、その家族その他相続債権者・債務者などからしても、こうした煩雑な事務を円滑に処理することが遺言執行者には期待されているのではないかと思われます（竹下「「相続させる」旨の遺言の最高裁判決は遺言執行者の関与を排除したものか」判タ823号28頁参照）。

そのような視点からすれば、応急的な処置として、とりあえず、賃料の管理をしたり、乙に占有の明け渡しを求めてみるといったことも、遺言執行者に期待されているといえるでしょう。

しかし、乙との間で紛争が生じた場合はどうでしょうか。この場合、訴訟等をした上で、乙から不動産の管理を取り戻さなければ、遺言執行は終了しないと解すると、その任務は想像以上に重くなります。遺言執行者に就任承諾する者が減ることも予測され、遺言執行制度の運用に困難をきたすことも考えられます。

そこで、相続財産の占有・管理について、最終的な義務を負う者は遺言執行者なのか、それとも受遺者乃至は受益相続人が対応すれば足りるのか、を検討しなければならないことになります。

8-11
遺言執行者⑪
相続財産の占有・管理は誰が行うのか
（平成10年判決）

> 設問
>
> 被相続人が不動産を有しており、その子として甲、乙がいました。
> 被相続人は、甲に不動産を遺贈乃至は相続させる旨の遺言を残していたにもかかわらず、被相続人死亡後乙が不動産を単独で占有し事実上管理をしていたとします。
> 当該遺言には遺言執行者が存在した場合、甲、乙、遺言執行者の関係はどうなるのでしょうか。

　例えば、当該不動産が収益物件であった場合、賃料の管理をしたり、乙に占有の明け渡しを求めるのは、甲、遺言執行者何れがすべきことでしょうか。

従来有力だった見解

　この点、条文上「遺言執行者は、相続財産の管理その他遺言の執行に必要な一切の行為をする権利義務を有する」とされ、「遺言執行者がある場合には、相続人は、相続財産の処分その他遺言の執行を妨げるべき行為をすることができない」とされています（1012条1項、1013条）。

　ここから、遺言執行者に広い権限を導き、不動産の占有管理等をするのは遺言執行者だとする理解があります。

　典型的には「遺言執行者の管理下にある相続財産に属する権利の行使（たとえば、債権の取立、物の引渡）は遺言執行者に専属し、相続人は当事者適格を欠く」という見解です（中川ほか編〈担当泉〉『新版注釈民法（28）

［補訂版］』有斐閣、297頁）。

このような見解は、遺言執行者の地位を破産管財人と同様に理解する立場といえるでしょうし、例えば、清算型遺贈（※）については、当てはまり易い理解と思います。

※清算型遺贈

相続財産を換価して金銭として遺贈する場合。

特に、全財産を換価して負債等も清算の上残った金銭を遺贈する場合を包括的清算型遺贈といいます。清算型遺贈が使われる場合については「1-5 遺言など」を参照ください。

しかし、清算型遺贈は「今日ではほとんどみられない」とされています（後述の平成10年判決〈最高裁〉判例解説〈民事篇平成10年度〉218頁）。にもかかわらず、これに馴染みやすい見解を原則と考えるのは疑問です。

遺言執行者の権限は「遺言の内容により定まる」とされています（平成10年判決判例解説223頁）。ですから、特定不動産について遺贈乃至は「相続させる」旨の遺言がされた場合は、そのような遺言がなされた趣旨から考えるべきでしょう。

最2小判平成10年2月27日

この点、参考になるのが、最2小判平成10年2月27日民集52巻1号299頁、家月50巻7号50頁（以下、平成10年判決）です。

事案の概要

被相続人は不動産を有していて、相続人として甲、乙2人の子がいました。当該不動産について「甲に相続させる」旨の遺言がなされたのですが、乙はその不動産について被相続人から賃借権の設定を受けていたと主張しました。当該遺言には、遺言執行者がいたので乙は遺言執行者を相手として賃借権確認請求訴訟を起こしました。

この場合において、そのような訴訟をする相手方として遺言執行者がふ

さわしいのか（これを被告適格といいます。）が争われました。

そして、平成10年判決は、以下のとおり述べ、賃借権確認請求訴訟をする相手方としては遺言執行者ではなく、受益相続人であると判断しました。

> **平成10年判決**
>
> 特定の不動産を特定の相続人に相続させる趣旨の遺言をした遺言者の意思は、右の相続人に相続開始と同時に遺産分割手続を経ることなく当該不動産の所有権を取得させることにあるから…その占有、管理についても、右の相続人が相続開始時から所有権に基づき自らこれを行うことを期待しているのが通常であると考えられ、右の趣旨の遺言がされた場合においては、<u>遺言執行者があるときでも遺言書に当該不動産の管理及び相続人への引渡しを遺言執行者の職務とする旨の記載があるなどの特段の事情のない限り、遺言執行者は、当該不動産を管理する義務や、これを相続人に引き渡す義務を負わないと解される。</u>そうすると、遺言執行者があるときであっても、遺言によって特定の相続人に相続させるものとされた特定の不動産についての賃借権確認請求訴訟の被告適格を有する者は、右特段の事情のない限り、遺言執行者ではなく、右の相続人であるというべきである。

（下線は筆者）

つまり、遺言執行者には、特段の事情のない限り、相続させる旨の遺言がその目的としていた当該不動産を管理する義務はなく、また、これを相続人に引き渡す義務を負わないとしました。従って、それをすべきは受益相続人だということです。

ですから、平成10年判決を前提とすれば、次のような行為をするのも、遺言執行者ではなく受益相続人ということになります（平成10年判決判例解説230頁）。

① 相続人に対抗できる賃借人が目的不動産を占有している場合におい

て、賃料の受領や賃料増額請求等
② 目的不動産の不法占拠者に対する明渡請求訴訟の提起
③ 被相続人が生前に提起した賃貸借契約解除を請求原因とする明渡訴訟の承継

法律家が遺言執行者に就任した場合

平成10年判決については「通常人が遺言執行者に任命された場合に妥当する考慮であり、法律家が遺言執行者に任命された場合には別ではないか」という指摘があります（高橋『重点講義民事訴訟法上』有斐閣、255頁）。

しかし、法律家は交渉や訴訟といった方法論には長けているかもしれませんが、その力が発揮されるのは、確固たる権限が効率よく行使できる場合です。

しかし、以下の点を勘案すれば、遺言執行者には確固たる権限があるとは、安易に判断できません（平成10年判決判例解説227頁、216頁）。

① 遺言執行者の権限は、破産管財人と比べてその権限の内容が不明確なことが珍しくなく（遺言の内容が多様であり、かつ不明確なことに起因する）…その権限が消滅する時期も明確にならないことが珍しくない。
② 権限を行使するにしても、遺言執行者の選任の事実を公示する仕組みは存在しない。さらに、遺言執行者の権限の範囲を公示する仕組みも存在しない…その地位や権限の内容についての証明書を発行してもらうことができない。

だとすれば、法律家の遺言執行者とはいえ、平成10年判決の指摘するとおり「特段の事情のない限り、遺言執行者は、当該不動産を管理する義務や、これを相続人に引き渡す義務を負わない」とするのが妥当と思われます。

ただ、法律家が遺言執行者に就任する場合は、当該遺言の作成にも関与することが多いでしょう。その際、遺言者の意思を十分に汲み取った上

で、それ以上の働きを求められる場合は、特段の事情としての職務内容等を明確に遺言に記載することが望まれると思います。

8-12
遺言執行者⑫
相続財産の占有・管理は誰が行うのか
（平成10年判決の射程範囲）

> **設問**
>
> 被相続人が不動産を有しており、その子として甲、乙がいました。
> 被相続人は、甲に不動産を遺贈乃至は相続させる旨の遺言を残していたにもかかわらず、被相続人死亡後乙が不動産を単独で占有し事実上管理をしていたとします。
> 当該遺言には遺言執行者が存在した場合、甲、乙、遺言執行者の関係はどうなるのでしょうか。

　この点、最2小判平成10年2月27日民集52巻1号299頁、家月50巻7号50頁（以下、平成10年判決）は、不動産について「相続させる」旨の遺言がされた場合においては、原則として遺言執行者には、当該不動産を管理する義務や、これを相続人に引き渡す義務はないとしました。

> **平成10年判決**
>
> 特定の不動産を特定の相続人に相続させる趣旨の遺言をした遺言者の意思は、右の相続人に相続開始と同時に遺産分割手続を経ることなく当該不動産の所有権を取得させることにあるから…その占有、管理についても、右の相続人が相続開始時から所有権に基づき自らこれを行うことを期待しているのが通常であると考えられ、右の趣旨の遺言がされた場合においては、<u>遺言執行者があるときでも遺言書に当該不動産の管理及び相続人への引渡しを遺言執行者の職務とする旨の記載があるなどの特段の事情のない限り、遺言執行者は、当該不動産を管理</u>

> する義務や、これを相続人に引き渡す義務を負わないと解される。そうすると、遺言執行者があるときであっても、遺言によって特定の相続人に相続させるものとされた特定の不動産についての賃借権確認請求訴訟の被告適格を有する者は、右特段の事情のない限り、遺言執行者ではなく、右の相続人であるというべきである。

(下線は筆者)

設問でいえば、これが「相続させる」旨の遺言であった場合、賃料の管理をしたり、乙に占有の明け渡しを求めるのは、受益相続人たる甲だということになります。遺言執行者としては、対抗要件としての移転登記のみが職責であり、甲に移転登記がなされたならば完全な移転をしたという意味で、十分に義務を果たしたと解されます(平成10年判決判例解説237頁)。

遺贈の場合

では、当該不動産が遺贈された場合は、どうでしょうか。

平成10年判決の射程は遺贈の場合にも及ぶとされています(平成10年判決判例解説233頁)。

遺言者としては、受遺者についても、平成10年判決の説くとおり「相続開始時から所有権に基づき自らこれを行うことを期待しているのが通常である」と考えられるでしょう。

そもそも、受遺者は、一般の相続債権者には劣後するものの、相続人に受遺目的物の引渡等を求めることができるという意味で、相続債権者の一種です。例えば、931条は「限定承認者(相続人)は…相続債権者に弁済をした後でなければ、受遺者に弁済することができない」としていて、相続人との関係で受遺者を債権者としています。

その意味で、受益相続人よりも、対等乃至はそれ以上の権利が認められるべきであり、受益相続人が、賃料の管理等ができるのなら、受遺者としてもできて然るべしともいえるかと思います。

設問の場合、甲は相続人ですが、受遺者としての地位も有している訳なので、同様に考えることができるでしょう。

動産または債権について

ただ、平成 10 年判決は、動産又は債権についての「特定遺贈」又は「相続させる遺言」がされた場合の遺言執行者の権限・任務については、判例は何ら明らかにしていないとされており、この点はよく考えた上で判断することが必要です（平成 10 年判決判例解説 233 頁）。

第 **9** 章

遺留分減殺請求権

遺言の広まりと相まって「遺留分減殺請求権」に対する関心も広がっています。具体的事例をテーマとして、説明してみましょう。

◇◇◇◇◇◇◇◇◇◇◇◇◇◇◇◇◇◇◇◇◇◇◇◇◇◇◇◇◇◇◇◇◇◇◇◇◇◇

【この章で取り扱うテーマ】

- **9-1** 遺留分侵害額の算定① 相続債務がある場合の計算方法
- **9-2** 遺留分侵害額の算定② 特別受益①
  過去の贈与も遺留分算定の際に含めるか
- **9-3** 遺留分侵害額の算定③ 特別受益②
  遺留分減殺請求の対象となるか
- **9-4** 遺留分侵害額の算定④ 特別受益③ 計算方法
- **9-5** 遺留分侵害額の算定⑤ 特別受益④
  最高裁と学説の見解の違い
- **9-6** 遺留分侵害額の算定⑥ 個別に相続する債務との関係
- **9-7** 遺留分減殺請求権の行使① その方法
- **9-8** 遺留分減殺請求権の行使② その効果
- **9-9** 遺留分減殺請求権の行使③ 価額弁償
- **9-10** 遺留分減殺請求権と取得時効
- **9-11** 遺贈、死因贈与、生前贈与の遺留分減殺の順序
- **9-12** 相手方複数等の場合の遺留分減殺請求
- **9-13** 事業承継と遺留分に関する民法の特例①
  従来の問題と適用要件
- **9-14** 事業承継と遺留分に関する民法の特例②
  合意と手続の留意点
- **9-15** 事業承継と遺留分に関する民法の特例③
  適用の効果と具体例

9–1

遺留分侵害額の算定①
相続債務がある場合の計算方法

> **相談 1**
> 遺留分の計算には債務を入れるのですか？

【家族構成と生い立ち】
　私は、現在42歳で、家族としては3つ上の兄のほか、今年で70歳になった父がいました（母は小学生の頃に死んでいます。）。私は、高校卒業後、父の援助を受けてアメリカの大学に行きました。ただ、卒業も難しく22歳で中退し、それからは家族とも音信不通で、アメリカで気ままに生活していました。

【父の死亡と遺言】
　ところが、今年（平成25年）7月、久々に日本に帰国したので、実家に立ち寄ったところ、5月に父が亡くなっているのを知りました。兄とは折り合いが悪かったのですが、しぶしぶ尋ねてみると昨年末頃、末期癌がみつかり、そのまま死んでしまったということです。
　父は、自宅兼マンション（以下、マンション甲といいます。）を経営していたので、それはどうなったのかと尋ねると、父の遺言を見せられ、そこには「マンション甲は兄に相続させる。」と書いてあり、そのまま兄の名義になっていました。

【相続財産と遺留分】
　父の財産としては、ほかに200万円ばかりの預金があるだけで、兄から

は、父や兄がどれだけ苦労したかを1時間ほど愚痴られた後「お前の分だ。」と吐き捨てるようにいわれ、100万円を叩き付けられ、そのまま私は実家を追い出されました。

ただ、あまりの仕打ちに納得がいかなかったので、無料法律相談にいったところ、私には父の遺産について4分の1の遺留分がある（900条4号、1028条2号）といわれました。そこで、「マンション甲の時価8000万円の4分の1は俺のものだ。」と兄にいったところ、兄からは「マンション甲を買った時の借金が4000万円も残っているので、そんなにある筈がないだろ。」とけんもほろろでした。

兄のいっていることは本当なのでしょうか。

回答1
遺留分の計算には債務が含まれます。

お兄さんのいっていることは本当です。
　この点に関し、最3小判平成8年11月26日（民集50巻10号2747頁、家月49巻4号34頁、判タ931号175頁）がありますから、紹介します。これは、被相続人が相続開始時、つまり、あなたのお父さんが死亡した時、債務を有していた場合の遺留分の侵害額の算定方法を述べたものです。

最3小判平成8年11月26日（民集50巻10号2747頁、家月49巻4号34頁、判タ931号175頁）

遺留分の額は、民法1029条、1030条、1044条に従って、被相続人が相続開始の時に有していた財産全体の価額にその贈与した財産の価額を加え、その中から債務の全額を控除して遺留分算定の基礎となる財産額を確定し、それに…1028条所定の遺留分の割合を乗じ、複数の遺留分権利者がいる場合は更に遺留分権利者それぞれの法定相続分の割合を乗じ、遺留分権利者がいわゆる特別受益財産を得ているとき

> はその価額を控除して算定すべきものであり、遺留分の侵害額は、このようにして算定した遺留分の額から、遺留分権利者が相続によって得た財産がある場合はその額を控除し、同人が負担すべき相続債務がある場合はその額を加算して算定するものである。

数式にすると、以下の通りになります。

| 遺留分算定の基礎となる財産額 | 相続開始時の財産額＋贈与額－債務額　　・・・① |

| 遺留分額 | 遺留分の基礎となる財産額×遺留分の割合×法定相続分
－特別受益額（贈与額）　　・・・② |

※遺留分の割合
　直系尊属のみが相続人の場合：1/3（1028条1号）
　その他の場合：1/2（1028条2号）
※法定相続分
　本件では子2人による相等しい相続分（900条4号）：1/2

| 遺留分侵害額 | 遺留分額－相続によって得た財産額
－負担すべき相続債務　　・・・③ |

遺留分算定の基礎となる財産額

　ポイントは、上記①乃至③なのですが、ここでは相談1と関連する①について、簡単に解説します。

　遺留分額を定めるにあたって、基礎となる財産額の算定は、1029条1

項の定めるとおりです。この点は条文上明らかなのですが、遺産分割の基準となる具体的相続分を算定する場合と少し違っている点が重要です（この点については「4-1 具体的相続分とは①」を参照ください）。

　一番の違いは「債務」が含まれる点です。
　具体的相続分の算定は、遺産分割という積極財産に関するものなので、債務は考慮されません。債務は当然分割されるので、遺産分割の必要はありません（この点は「6-4 遺産分割審判の対象となるもの②」を参照ください）。
　※債務については、相続人は法定相続分に従って相続することになります。

　ところが、遺留分は、遺留分侵害者の有する相続財産から、法定相続人がどれだけ実質的な利益を受けるべきかという視点から判断されるので、相続財産の実体（プラス・マイナス）を考慮する必要があるという訳です。

9-2 遺留分侵害額の算定②
特別受益①
過去の贈与も遺留分算定の際に含めるか

> **質問2**
> 20年前の留学費は遺留分の算定における特別受益に含まれますか？

ところで、さきほど先生のおっしゃった「特別受益」というのは、どういうものですか。

先生に指摘されたので、今、机の上にあった民法の条文をパラパラっと眺めたのですが、1030条には「贈与は、相続開始前の一年間にしたものに限り、前条の規定によりその価額を算入する。当事者双方が遺留分権利者に損害を加えることを知って贈与をしたときは、一年前の日よりも前にしたものについても、同様とする。」とありました。

私は、アメリカ留学する際、父から1000万円貰いました。もう20年以上も前のものですし、相続開始前の1年間の贈与ではありません。当時は遺留分なんて考えてもみなかったので、ここにいう「特別受益」にはあたりませんよね。

> **回答2**
> 相続人の受けた特別受益は、①時期にかかわらず「遺留分の算定の基礎となる財産額」に含まれ、②「遺留分減殺請求」の対象になります。

相続人に対する特別受益の時期

　残念ですが、あなたの受け取った 1000 万円は、そこにいう「特別受益」にあたるので、遺留分額を算定する際に考慮されると思います。

　確かに、遺留分算定にあたり考慮される生前贈与については、相続開始前 1 年間にされたものに限られるとされています（1030 条）。ただし、この規定は「相続人」が贈与を受けた場合には適用がありません。
　相続人が受けた特別受益となる贈与については、1044 条をみると 903 条が準用されています。すなわち、相続人に対する生前贈与（特別受益）は相続開始前 1 年間に限定せず、すべて遺留分算定の基礎となる財産額に含まれることになります。

【1044 条の 903 条の準用】

　903 条 1 項は「被相続人が相続開始の時において有した財産の価額」に「相続人中に、被相続人から…生計の資本として贈与を受けた者があるときは…その贈与の価額を加え」るとしており、相続人に対する特別受益が何時なされたかを問題にしていません。これが 1044 条によって「遺留分について準用」される結果、1029 条 1 項にいう「被相続人が相続開始時において有した財産の価額」にも、相続人に対する特別受益がその時期にかかわらず加算されると解されます。

9–3

遺留分侵害額の算定③
特別受益②　遺留分減殺請求の対象となるか

　相続人に対する生前贈与（特別受益）は、その時期を問わず「遺留分算定の基礎となる財産額」に含まれます（1044条の903条の準用）。

遺留分減殺請求の対象となるか
　では、この特別受益は遺留分減殺請求の対象となるのでしょうか。
　この点、最高裁は、相続人に対する特別受益は受けた時期にかかわらず、特段の事情がない限り、遺留分減殺の対象となると判断しました（平成10年3月24日判決民集52巻2号433頁、家月50巻9号88頁）。

　ただし、相当昔になされた生前贈与まで遺留分の減殺請求を認めると、生前贈与を受けた相続人に酷になる場合があります。このような「特段の事情がある場合」には遺留分減殺請求の対象になりません。
　例）生前贈与を受けた時は裕福だったが相続時には経済的にかなり困窮
　　　している場合

> 最3小判平成10年3月24日（民集52巻2号433頁、家月50巻9号88頁、判タ973号138頁）
>
> 民法903条1項の定める相続人に対する贈与は、右贈与が相続開始よりも相当以前にされたものであって、その後の時の経過に伴う社会経済事情や相続人など関係人の個人的事情の変化をも考慮するとき、減殺請求を認めることが右相続人に酷であるなどの特段の事情のない限り、民法1030条の定める要件を満たさないものであっても、遺留分減殺の対象となるものと解するのが相当である。けだし、民法903条

> 1項の定める相続人に対する贈与は、すべて民法 1044 条、903 条の規定により遺留分算定の基礎となる財産に含まれるところ、右贈与のうち民法 1030 条の定める要件を満たさないものが遺留分減殺の対象とならないとすると、遺留分を侵害された相続人が存在するにもかかわらず、減殺の対象となるべき遺贈、贈与がないために右の者が遺留分相当額を確保できないことが起こり得るが、このことは遺留分制度の趣旨を没却するものというべきであるからである。

903条2項（超過特別受益）との関係

この点、このような解釈をすると 903 条 2 項の趣旨が害されるとして、これに反対する見解も有力でした。

　特別受益額の方が、具体的相続分より高くなる場合も想定されますが、超過額を返還する必要はありません。
　即ち、903 条 2 項は「贈与の価額が、相続分の価額…を超えるときは…受贈者は、その相続分を受けることができない」としているだけで、超過受益の返還義務を認めていません（超過受益については「4-2 具体的相続分とは②」を参照ください）。これは、後で特別受益として返還させることを予定して被相続人が生前に財産を贈与したとは考えられないためです。

　ところが、例えば、A が、平成 20 年 7 月、相続人の 1 人である長男 B に 1000 万円の現金を贈与した後、同 25 年 7 月、他に何ら財産も残さず死亡したとします。この場合に、平成 10 年 3 月最高裁判決のような立場を採ると、もう 1 人の相続人である二男 C は B に対し 250 万円の遺留分減殺請求ができることになりますが、B にしてみれば、この結論は、903 条 2 項の趣旨に反すると主張します。1044 条が 903 条を準用していることは事実ですが、それは 1030 条の限度で認められるにすぎないと主張する訳です。
　その結果、「損害を加えることを知って」したものでない限り、持戻しの必要はないということになります。

【1030 条、1044 条】

　遺留分算定にあたり考慮される生前贈与（特別受益）については、相続開始前 1 年間にされたものに限られます（1030 条）。ただし、この規定は相続人が贈与を受けた場合には適用がありません。

　相続人が受けた特別受益となる贈与については、相続開始前 1 年間に限定せず、すべて遺留分算定の基礎となる財産額に含まれることになります（1044 条の 903 条の準用）。

　しかし、前述したとおり、遺留分減殺額の算定は、具体的相続分の算定と異なって、遺留分侵害者の有する相続財産から、法定相続人がどれだけ実質的な利益を受けるべきかという視点から判断されます。

　「相続分の算定に際し超過受益分を返還する必要がないことは、遺留分減殺の際にも超過受益分を返還する必要がない（減殺の対象とならない）ことの論拠とならない」と考えられます（最高裁判例解説民事篇平成 10 年度（上）316 頁）。むしろ、そのような見解を原則にすると、遺留分を侵害された相続人が存在するにもかかわらず、減殺の対象となるべき遺贈、贈与がないため、遺留分相当額を確保できないことが想定し得ます。これは、上記平成 10 年 3 月最高裁判決が指摘するとおり、「遺留分制度の趣旨を没却することになる」と思われ、実務上、特別受益は遺留分減殺請求の対象として運用されています。

第9章　遺留分減殺請求権　285

9-4

遺留分侵害額の算定④
特別受益③　計算方法

質問3

結局、留学費は特別受益にあたるのでしょうか、あたるとするなら私の遺留分の算定にどのような影響を与えますか？

回答3

以下のとおりです。

留学費は特別受益にあたるか

　このように考えた場合、先ず、あなたが受けた留学費1000万円が特別受益にあたるかどうかが問題になります。これは単なる贈与ではダメで「生計の資本としての贈与」であることが必要ですが、お父さんが亡くなった時の財産は8000万円相当のマンション甲と預金200万円ですから、1000万円というのは相当な額として遺産の前渡しといえるので「生計の資本としての贈与」にあたるといえます。

　そして、あなたは現在「アメリカで気ままに生活」しているということであり、むしろ本件では、あなたがお兄さんに遺留分侵害額を請求する方でお兄さんから請求されて生活に窮する訳でもないと考えられますから、平成10年3月最高裁判決がいう特段の事情（※）もないと思われます。

　※特段の事情については「9-3 遺留分侵害額の算定③　特別受益②」を

参照ください。

遺留分額

ですから、遺留分額を算定するにあたって留学費 1000 万円は考慮されます。

具体的には、あなたの遺留分額は、以下の通りになります。

遺留分算定の基礎となる財産額	相続開始時の財産額＋贈与額－債務額
	5200 万円＝マンション甲 8000 万円＋預金 200 万円＋留学費 1000 万円－借金 4000 万円

遺留分額	遺留分の基礎となる財産額×遺留分の割合×法定相続分－特別受益額（贈与額）
	300 万円＝5200 万円×1/2（※1）×1/2（※2）－留学費 1000 万円

※1 遺留分の割合

　直系尊属のみが相続人の場合：1/3（1028 条 1 号）

　その他の場合：1/2（1028 条 2 号）

※2 法定相続分

　本件では子2人による相等しい相続分（900 条 4 号）であり、1/2

9-5

遺留分侵害額の算定⑤
特別受益④　最高裁と学説の見解の違い

　以下の計算式を定めた、平成8年11月最高裁判決のポイントのうち、②の点について簡単に説明します。

遺留分算定の 基礎となる財産額	相続開始時の財産額＋贈与額－債務額　　・・・①

遺留分額	遺留分の基礎となる財産額×遺留分の割合 ×法定相続分－特別受益額（贈与額）　　・・・②

遺留分侵害額	遺留分額－相続によって得た財産額 －負担すべき相続債務　　・・・③

特別受益額に対する最高裁と学説の見解の違い

　この判例は、②で指摘したとおり「遺留分額」を算定する段階で、特別受益額を差し引いています。

　この点、学説では「遺留分侵害額」を算定する段階でこれを差し引くものが多いです。例えば、遠藤ほか編〈担当上野〉『民法（9）相続〔第4版〕』有斐閣双書、251頁では「遺留分の額は、遺留分算定の基礎となる財産額に、その者の遺留分の率を乗じたものである」とした上で、

遺留分侵害額＝遺留分算定の基礎となる財産額×当該相続人の遺留分の率－当該相続人の特別受益額－当該相続人の純相続分額　とされています。

しかし、平成8年11月最高裁判決の判断は、この点で異なります。これは、1029条1項の「被相続人が相続開始の時において有した財産の価額」に「特別受益」を加える根拠が1044条を通じた903条1項の解釈ということであれば、同条項では更に「算定した…中からその…贈与の価額を控除」するとされている以上、これと同様に考えるべきとされたことによるものと解されます。

【見解の違い：具体例】

この見解の違いを具体例で示してみると、例えば、Aが死亡し、遺言で子Bに全財産（現金3000万円）を相続させたとします。もう1人の子Cは遺言では何も受け取らなかったのですが、生前に1000万円を受け取っていました。この場合、以下の通り、結論としては同じなのですが、それぞれが使う「遺留分額」という言葉は異なる意味を持っているということになります（窪田『家族法〔第2版〕』有斐閣、518頁）。

有力説	
Cの遺留分額	遺留分の基礎となる財産額（4000万円＝現金3000万円＋生前贈与1000万円）×1/2×1/2＝1000万円

但し、遺留分侵害額の算定段階で、生前贈与1000万円が差し引かれるので、その侵害はないということになります。

平成8年11月最高裁判決の立場	
Cの遺留分額	（遺留分の基礎となる財産額4000万円×1/2×1/2）－生前贈与1000万円＝0円

遺留分そのものがないということになります。

9-6

遺留分侵害額の算定⑥
個別に相続する債務との関係

質問4

それでは、結果として私の遺留分侵害額は幾らになるのでしょうか?

回答4

これは、少し難しい問題で、あなたがお父さんの4000万円の債務のうち幾らを承継するのか、特にお兄さんから見せられたという遺言がどのようなものかによると思います。平成8年11月最高裁判決のポイントとして指摘した③と関連する点です。

【平成8年11月最高裁判決により定められた算式】

遺留分侵害額	遺留分額 − 相続によって得た財産額 − 負担すべき相続債務　　・・・③

特定財産を相続させる遺言であった場合

見せられた遺言は「マンション甲は兄に相続させる」というものなので、普通に考えれば、この遺言は、甲という特定の財産をお兄さんに相続させるものです。

すると、甲以外のものは、法定相続どおりとなり、「金銭債務その他の可分債務は、法律上当然分割され、各相続人がその相続分に応じてこれを

承継する」ことになります（最2小判昭和34年6月19日民集13巻6号757頁、家月11巻8号89頁。この点については「6-4遺産分割審判の対象となるもの②」を参照ください）。

相続人は、お兄さんとあなたの2人だけですから、債務のうち2000万円はあなたが承継することになります。そうなると、あなたの遺留分額は、前述したとおり、300万円であって、以下の計算により、遺留分侵害額は、2200万円ということになります。

遺留分侵害額	遺留分額－相続によって得た財産額（※） －負担すべき相続債務
	2200万円＝300万円－100万円－（－2000万円）

※本件の場合、預金の半分　100万円

ここで個別に相続する債務が差し引かれるのは「遺留分算定の基礎となる財産の計算において債務が考慮される（民法1029条）にもかかわらず、遺留分侵害額の算定においては減殺請求者が相続を原因として負担した債務を考慮しない、とするのはバランスを欠く。」と解されるからです（金子「最高裁判所民事判例研究・被相続人が相続開始時に債務を有していた場合における遺留分額の侵害の算定」法学協会雑誌119巻3号、119頁）。

財産を包括的に相続させる遺言と解釈される場合

ただ、あなたのお父さんの財産の殆どはマンション甲です。なので、その遺言は、結局、全ての財産をお兄さんに相続させる遺言とも解釈できます。このような遺言がなされた場合の遺留分侵害額の算定についても、最高裁の判例があります。

これによると、相続人の1人に全て相続させるとした遺言は、特段の事情がない限り、債務も全て相続させたものと解するべきであると判断されています。すなわち、遺言に基づくプラスの財産を全部承継する者は、マ

イナスの財産も全部承継すべきとしました。

> 最3小判平成21年3月24日（民集63巻3号427頁、家月61巻9号93頁）
>
> 相続人のうちの1人に対して財産全部を相続させる旨の遺言がされた場合には、遺言の趣旨等から相続債務については当該相続人にすべてを相続させる意思のないことが明らかであるなどの特段の事情のない限り、相続人間においては当該相続人が相続債務もすべて承継したと解され、遺留分の侵害額の算定に当たり、遺留分権利者の法定相続分に応じた相続債務の額を遺留分の額に加算することは許されない。

そうすると、あなたの遺留分額が、300万円であることからすれば、相続によって得た財産額（預金の半分100万円）が引かれるだけなので、遺留分侵害額は、200万円ということになります。

遺留分侵害額	遺留分額－相続によって得た財産額 －負担すべき相続債務
	200万円 = 300万円 － 100万円 － (0円)

このように考えると、その結論には随分差がでますので、正式に弁護士に依頼して具体的に検討された方がいいと思います。

9-7

遺留分減殺請求権の行使①
その方法

> **質問5**
>
> 何れにしても、私の遺留分は侵害されているということですので、それを行使したいと思うのですが、その方法を教えてください。

> **回答5**
>
> 遺留分を侵害された相続人は、遺留分を侵害する贈与を受けた者に対し、遺留分減殺の意思表示をする必要があります（**遺留分減殺請求**）。

遺留分減殺請求権

遺留分を侵害された相続人は、自分の遺留分の権利を確保するため、その侵害された限度で贈与または遺贈の効力を失わせることができます。

【1031条】

遺留分権利者…は、遺留分を保全するのに必要な限度で、遺贈及び前条に規定する贈与の減殺を請求することができる。

これが遺留分減殺請求権というものですが、その法的性質は「形成権であって、その権利の行使は受贈者または受遺者に対する意思表示によってなせば足り、必ずしも裁判上の請求による必要はない」とされています（最小1判昭和41年7月14日民集20巻6号1183頁）。

遺留分減殺請求権の行使方法

1）行使期間

遺留分減殺請求権の行使は「相続の開始及び減殺すべき贈与…があったことを知った時から一年間行使しないときは、時効によって消滅する。」とされている（1042条）ことから、シビアな問題に発展することがあります。

2）表示方法

遺留分減殺請求権は必ずしも訴えの方法によることを必要としておらず、相手方に対する意思表示によって行えば足ります。

ただ、その意思表示は、相手方に「到達」する必要があります（97条1項）。また、上記の通り消滅時効にかかる可能性があるため、いつ減殺請求を行ったかが問題となる事があります。そこで、通常このような意思表示は明確に行うために内容証明郵便によってなされます。

しかし、それが返送されてきたときはどうなるでしょうか。

内容証明郵便が不在により配達することができない場合、郵便局に連絡する旨の通知書が代わりに郵便局により投函されます。これを相手方が取りに行かなかったり、不在の通知書に気づかないと差出人に戻ってきます。この場合、最高裁は、相手方が不在であっても内容証明が到達したとみる判決を下しました。

> 最1小判平成10年6月11日民集52巻4号1034頁、家月50巻11号45頁、判タ979号87頁
>
> 内容証明郵便が留置期間の経過により差出人に還付された場合において、受取人が不在配達通知書の記載等から郵便物の内容が遺留分減殺の意思表示等であることを推知することができ、また受取人の意思があれば、郵便物の受領をすることができたときは、右遺留分減殺の意思表示は了知可能な状態に置かれたものとして、留置期間が満了した時点で受取人に到達したと認められる。

意思表示は遺産分割協議の申入の中でも可能

　意思表示の内容としては、遺留分減殺の対象となる物件等を特定する必要はありませんが、それが遺留分減殺請求の意思表示と解釈できるものでなければいけません。この点、上記平成10年6月最高裁判決は、以下の通り、その意思表示が、遺産分割協議の申入の中でも可能とされる場合を認めました。

> 遺産分割と遺留分減殺とは、その要件、効果を異にするから、遺産分割協議の申入れに、当然、遺留分減殺の意思表示が含まれているということはできない。しかし、被相続人の全財産が相続人の一部の者に遺贈された場合には、遺贈を受けなかった相続人が遺産の配分を求めるためには、法律上、遺留分減殺によるほかないのであるから、遺留分減殺請求権を有する相続人が、遺贈の効果を争うことなく、遺産分割協議の申入れをしたときは、特段の事情のない限り、その申入れには遺留分減殺の意思表示が含まれていると解するのが相当である。

　このように考えると、あなたが遺産分割の調停・審判の申立をした場合についても、あなたは既に預金の半分は受け取っており、本来ならば他に話し合いをするものは残っていないのですから、その申立には同様の事情があると考えられ、お兄さんに遺留分減殺の意思表示が到達したと解釈されるのではないかと考えます。

9–8

遺留分減殺請求権の行使②
その効果

> **質問6**
>
> 私が遺留分減殺請求権を行使した場合、どのような結果になりますか？

> **回答6**
>
> 遺留分の侵害となった遺贈や贈与はなかったことになり、減殺請求をされた者は対象物の権利を返還する必要があります。ただ、遺留分は遺産全体に対する割合的な権利であり、しかも現物返還が原則となっているので、多くの場合、共有状態となります。また、この共有状態の解消のためには、共有物分割（256条以下）の手続が必要となります。

現物返還の原則と共有関係

昭和41年7月最高裁判決によれば「遺留分減殺請求権は形成権であって…その意思表示がなされた以上、法律上当然に減殺の効力を生ずる」とされています。

すなわち、遺留分減殺請求の行使がなされると、法律上の効果が出て、遺留分の侵害となった遺贈や贈与はなかったことになります。

その結果、対象物に関する権利は、遺留分減殺請求権者のものとなり、減殺請求をされた者（受遺者または受贈者。「相続させる」という形が採られても同様です。）は、対象物の権利を返還する必要があります（現物返還の原則）。

例えば、あなたの遺留分侵害額が2200万円であったと仮定して、お兄さんへ遺贈されたマンション甲（8000万円）について、あなたがお兄さんに遺留分減殺請求権を行使したとすると、その限度で（2200/8000＝11/40）マンション甲の権利（物権・共有権）があなたに移転する訳です。

　このように物権・共有権の移転といった効果が直ちに発生するという意味で、そこには物権的効力があるとされています。

遺留分減殺請求により生じる法律関係

　問題は、その結果として生じたマンション甲について、お兄さんとあなたの「共有」関係を解消するには、どのような手続が必要かという点です。
　この点については、お父さんの遺言の法的性質について、1）特定財産を相続させた場合、2）財産を包括的に相続させた場合、にわけて検討する必要があります。

　ただし、いずれの場合においても、遺留分減殺請求権の行使によって生じる法律関係は、あなた（遺留分減殺請求者）とお兄さん（相続させられた者）との個別的な関係となります。
　この場合、遺産分割の対象となる相続財産としての手続ではなく、個別財産としての共有物分割の手続ということになります。
　このため、共有状態の解消にあたっては、遺産分割のやり直し（906条以下）の手続ではなく、持分権の交換としての共有物分割（256条以下）の手続によることになります。

1）特定財産を相続させる遺言であった場合

　この場合、遺言によって、マンション甲の権利（物権・所有権）はお兄さんに直ちに移転し、それは既にお父さんの遺産ではなくなった状態の後、遺留分減殺請求権の行使によって、その一部の権利（物権・共有権）があなたに移転します。その結果、当該不動産は、あなたとお兄さんの共有状態となり、両者の個別的な関係となります。

この共有状態の解消にあたっては、遺産分割協議（906条以下）ではなく、個別財産しての共有物分割の手続(256条以下)ということになります。

2) 財産を包括的に相続させる遺言等と解釈される場合

ただ、前述したとおり、お父さんの遺産はマンション甲が殆どなので、その遺言はお父さんの遺産を包括的に相続させるものとも解釈できます。

このような場合、遺言によって、お父さんの遺産について「お兄さんを10、あなたを0とする相続分の指定（902条1項）がなされた」のと実質的には同じことであると考える立場があります。この立場は、そのように考えると、マンション甲は遺産のままなので、その共有関係を解消する手続も、遺産分割の対象となる相続財産として遺産分割（906条以下）をすべきだと主張します。

その背景には、このような場合は、実質的には共同相続人間の共有関係の解消の問題なので、全体として家庭裁判所で対応することが望ましいというような考えがあるのかもしれません。

例えば、遺言によって「お兄さんを7、あなたを3とする相続分の指定がなされた」場合、お父さんの遺産の全体の中からあなたがどの部分の3割を取得するのか、これは遺産分割協議によって決めなければどうしようもないと思います。このような場合は、この見解にも納得がいきます。

しかし、これが10：0であった場合は別物と思われます。財産を包括的に相続させる遺言があったとして、その法的性質が相続分を10：0と指定するものと解したところで、遺言の効力が発生した時点で、マンション甲の権利（所有権）は全てお兄さんに移転すると考えざるを得ないからです。このため、相続分の10を相続させると指定している以上、0の相続分しか有しないあなたが、お兄さんと協議することはできないからです。

ですから、このような場合でも、結局、特定財産を相続させる遺言の場合と同じということになり、共有関係を解消するのは、個別財産しての共有物分割の手続（256条以下）ということになります。

この点、以下の判例のうち、①と解する理由は様々でしょうが、その理由として遺留分減殺請求権の法的性質（形成権・物権的効力説）を述べるほかに②が指摘されている点は重要かと思われます。

	最2小判平成8年1月26日（民集50巻1号132頁、家月48巻6号40頁、判夕903号104頁）
①	遺言者の財産全部の<u>包括遺贈に対して遺留分権利者が減殺請求権を行使した場合に遺留分権利者に帰属する権利は、遺産分割の対象となる相続財産としての性質を有しない</u>。
②	民法は、遺留分減殺請求を減殺請求をした者の遺留分を保全するに必要な限度で認め（1031条）、遺留分減殺請求権を行使するか否か、これを放棄するか否かを遺留分権利者の意思にゆだね（1031条、1043条参照）、減殺の結果生ずる法律関係を、相続財産との関係としてではなく、請求者と受贈者、受遺者等との個別的な関係として規定する（1036条、1037条、1039条、1040条、1041条参照）など、遺留分減殺請求権行使の効果が減殺請求をした遺留分権利者と受贈者、受遺者等との関係で個別的に生ずるものとしていることがうかがえるから、<u>特定遺贈に対して遺留分権利者が減殺請求権を行使した場合に遺留分権利者に帰属する権利は、遺産分割の対象となる相続財産としての性質を有しない</u>と解される。

（下線は筆者）

　そして、包括遺贈も包括的に財産を相続させる場合もその効果は実質的には同じですので、本件の場合も同様に共有物分割手続が必要と解される訳です。

9–9

遺留分減殺請求権の行使③
価額弁償

> **質問7**
>
> 遺留分減殺請求を行って、遺留分を侵害された範囲で贈与・遺贈等された財産の返還を受けても、現物返還が原則のため共有になるのですね。ただ、私としては、マンション甲の持分をもらっても仕方がないと思っているのですが、この点、何とかならないでしょうか?

> **回答7**
>
> 確かに、原則として現物返還となるため、共有となります。ただし、受贈者または受遺者(「相続させる」という形が採られても同様です。)が現物返還の代わりに、遺留分侵害額相当の金銭を支払うことにより、現物返還を免れる定めがあります(1041条)。この場合には現金を手にすることも可能です。

現物返還の原則

遺留分減殺請求権とは、遺留分権利者(あなた)の侵害された遺留分に関する権利を被相続人(お父さん)の相続財産上に回復させるものなので、今回の場合、マンション甲の持分を取得するというのが本来の姿であり、それが限界です。これを現物返還の原則といいます。

価額弁償

現物返還の原則を徹底した場合、遺留分減殺の対象となる目的物の持分

取得となるため、受遺者または受贈者と遺留分権利者との共有関係になることが多くみられます。

　この場合、共有物の使用・変更・管理にあたっては、共有者間で制約があるため、お兄さん（相続させるとされた者）としても、マンション甲の持分が一部でもあなた（遺留分権利者）に取られるのならば、いっそのことその分の金銭をあなたに払って済ませようと考える場合もあります。
　そこで、お兄さんが対象財産の価格を弁償することにより、現物返還の義務を免れることができるとして、価額弁償の制度が設けられています。

　すなわち、受遺者または受贈者は「減殺を受けるべき限度において…遺贈の目的の価額を遺留分権利者に弁償して返還の義務を免れることができる」とされています（1041条1項、お兄さんは「相続させる」という形でマンション甲を得ていますが、この場合も同様です。）。これを価額弁償といい、それは「被相続人の意思を尊重しつつ、すでに目的物の上に利害関係を生じた受贈者又は受遺者と遺留分権利者との利益の調和をもはかる」点から認められています（最2小判昭和51年8月30日民集30巻7号768頁、家月29巻2号92頁、判タ340号155頁）。

　お兄さんがこのような権利を行使すれば、あなたの持ち分に相当する現金をお兄さんから払ってもらえます。

　また、1041条によって「受遺者が返還の義務を免れる効果を生ずるためには、受遺者において遺留分権利者に対し価額の弁償を現実に履行し又は価額の弁償のための弁済の提供をしなければならず」とされていて、お兄さんが「単に価額の弁償をすべき旨の意思表示をしただけでは足りない」とされています。現実に現金受取等しない限り、マンション甲の持分はなくならないので、安心しても大丈夫です（最3小判昭和54年7月10日民集33巻5号562頁、家月31巻12号77頁、判タ399号137頁）。

価額弁償の価額算定の基準時

上記昭和51年8月最高裁判決によれば「価額弁償は目的物の返還に代るものとしてこれと等価であるべき」として「価額算定の基準時は、現実に弁償がされる時であり、遺留分権利者において当該価額弁償を請求する訴訟にあっては現実に弁償がされる時に最も接着した時点としての事実審口頭弁論終結の時」とされています。

遺留分減殺請求の対象となる目的物を選択できるか

マンション甲が8000万円の1つの物件ではなく、2200万円の甲1と5800万円の甲2の2つの物件であった場合。

この場合、仮に相談者の遺留分侵害額が2200万円であったとして、相談者が、遺留分減殺請求権行使の結果として、マンション甲1全部の権利移転を求めることができるかが問題になりますが、これは出来ないとされています。

遺留分は、基礎となる財産の一定「割合」として計算（1028条）され、目的物の価額「割合」に応じて減殺していくもの（1034条）に過ぎず、特定の財産を取得することを保障するものではないからです。

相談者としては、甲1、甲2共に11/40の権利（物権・共有権）を取得するに過ぎません。

【価額弁償の抗弁が認められる者】

遺留分侵害額相当の金銭を支払うことにより、現物返還を免れる制度（価額弁償の抗弁）は、受遺者または受贈者に認められた制度であり、遺留分権利者が金銭での弁償を強制することはできません。

このため、相談者の遺留分減殺請求に対して、兄の方から、例えば、マンション甲1について「のみ」価額弁償をしてその権利に関する請求を免れることは出来るとされています（最3小判平成12年7月11日民集54巻6号1886頁、家月53巻2号130頁、判タ1041号149頁）。

その理由は幾つかあると思いますが、前述したとおり、価額弁償は受贈者等の利益のために存在するものであること、遺留分といっても「一定割合」に関する権利に過ぎないので、そのように解しても遺留分権利者の権利を害したことにならないといった点が重要なのではないかと思われます。

9-10

遺留分減殺請求と取得時効

質問8

私は長くアメリカ暮らしですが、家族には兄のほかに父がいました（母は既に死亡）。久々に帰国したところ、父が今年亡くなったということを兄から聞きました。父の所有していたマンション甲は数十年前に兄に贈与されており、兄はこれを長期間占有していたため取得時効を主張していますが、遺留分減殺請求をすることができますか？

回答8

相続開始時より相当前になされた贈与で、長期間にわたり占有していた場合であっても、取得時効を援用することはできず、遺留分減殺請求の対象となります。

　相続人に対する特別受益の持戻し計算は、1030条による制限を受けず、何年でも遡れます（1044条、903条）。

取得時効が成立した場合でも遺留分減殺請求権は認められるか

　それでは、兄が取得時効に必要な期間マンション甲を占有していた場合、マンション甲に対する相談者の遺留分減殺請求を拒めるかが問題になります。

　この点、最高裁は贈与が相当前になされ、占有が長期間にわたるものであっても、他の相続人は遺留分の減殺請求による権利取得ができると判断

しました。

　これは、時効による取得を認めると他の相続人が時効取得を阻止する手段を奪うことになるためです。すなわち、受贈者（兄）は贈与を受けてから被相続人の死亡までの間、現実に不動産の所有権を有し、占有している場合には占有権をも主張することができます。一方、他の相続人（あなた）はその間推定相続人であるものの、被相続人（父）が亡くなるまでは相続人としての確固たる地位や権利がある訳ではありません。ましてや、受贈者に対し、不動産の明け渡しを請求することはできず、時効を中断させる法的手段を得ることはできません。

　このように、相続人間において不公平が生じるため、占有期間が取得に足るものであっても、時効取得は認められないと解されています。

> 最１小判平成 11 年 6 月 24 日（民集 53 巻 5 号 918 頁、家月 51 巻 11 号 92 頁、判タ 1010 号 241 頁）
>
> 遺留分減殺の対象としての要件を満たす贈与を受けた者が、右贈与に基づいて目的物の占有を取得し、民法 162 条所定の期間、平穏かつ公然にこれを継続し、取得時効を援用したとしても、右贈与に対する減殺請求による遺留分権利者への右目的物についての権利の帰属は妨げられない。

　結局そのように解しないと、1044 条が 903 条を準用した趣旨が害されるというのが一番の理由と解されます。

　ですから、例えば「受贈者が生前贈与とは別個の事由に基づいて目的物の占有を開始してこれを時効取得した場合の減殺請求の可否という点についてまでその射程が及ぶものではないだろう」とされています（最高裁判例解説民事篇平成 11 年度上 499 頁）。

【162 条（所有権の取得時効）】
　20 年間、所有の意思をもって、平穏に、かつ、公然と他人の物を占有

した者は、その所有権を取得する。

　10年間、所有の意思をもって、平穏に、かつ、公然と他人の物を占有した者は、その占有の開始の時に、善意であり、かつ、過失がなかったときは、その所有権を取得する（162条2項）。

【1030条、1044条】

　遺留分算定にあたり考慮される生前贈与（特別受益）については、相続開始前1年間にされたものに限られます（1030条）。ただし、この規定は相続人が贈与を受けた場合には適用がありません。

　相続人が受けた特別受益となる贈与については、相続開始前1年間に限定せず、すべて遺留分算定の基礎となる財産額に含まれることになります（1044条の903条の準用）。

9-11

遺贈、死因贈与、生前贈与の遺留分減殺の順序

遺留分減殺請求の対象となる遺留分を侵害する行為には遺贈、死因贈与、生前贈与などがあります。

※遺贈とは、遺言により行う贈与
※死因贈与とは、贈与する者の死亡により効力が生じる生前の財産の贈与契約

遺留分侵害行為が複数ある場合、以下の順に減殺請求を行なうことになります。

① まず、遺贈から減殺請求を行ないます。
   贈与は遺贈を減殺した後でなければ減殺することができません（1033条）。
② 次に、新しい（相続開始時に近い）贈与から減殺を行い、順次古い（昔の）贈与が減殺されます（1035条）。
③ では、死因贈与がされた場合は、どうなるでしょうか。
   条文では明らかでなく、遺贈に近いと考える遺贈説と生前贈与に近いと考える贈与説の対立があります。

遺贈説

554条は「その性質に反しない限り、遺贈に関する規定を準用する」としているところ、遺贈は「遺言者が、包括又は特定の名義で、その財産の全部又は一部を処分」すること（964条）ですから「遺言者は、いつでも…遺言の全部又は一部を撤回（取消）することができる」とされています（1022条）。

仮に、この1022条が死因贈与にも準用されるとするなら、それが契約

だといってもそれほどの拘束力はなく遺贈と同様に考えてもよいのではないかということになります。これが、遺贈説の大きな論拠です。

死因贈与と1022条に関する最高裁の立場

最高裁も、一般論としては「死因贈与については、遺言の取消（撤回）に関する民法1022条が<u>その方式に関する部分を除いて</u>準用される」としています（最1小判昭和47年5月25日民集26巻4号805頁、判タ283号127頁）。

※下線部の意味ですが、1022乃至1024条によれば、遺言は撤回も「遺言の方式」等により行うとされているところ、死因贈与は遺言でされるものではないため、その撤回も遺言の「方式に関する部分を除い」た形でされるというものです。

しかし、他方、負担付死因贈与がなされた事案において、最2小判昭和57年4月30日民集36巻4号763頁、家月34巻10号59頁、金商647号3頁は「負担の履行期が贈与者の生前と定められた負担付死因贈与契約に基づいて受贈者が約旨に従い負担の全部又はそれに類する程度の履行をした場合においては、贈与者の最終意思を尊重する余り受贈者の利益を犠牲にすることは相当でないから、右贈与契約締結の動機、負担の価値と贈与財産の価値との相関関係、右契約上の利害関係者間の身分関係その他の生活関係等に照らし右負担の履行状況にもかかわらず負担付死因贈与契約の全部又は一部の取消をすることがやむをえないと認められる特段の事情がない限り、遺言の取消に関する民法1022条、1023条の各規定を準用するのは相当でない」としています。

その意味で、死因贈与に1022条が準用されるかは、事案によりけりといえ遺贈説の論拠も盤石とはいえません。

贈与説

この点、贈与説に立つ下級審判例（東高判平成12年3月8日高民集53巻1号93頁、東高民時報51巻1-12合併号2頁、判タ1039号294頁。

以下、平成 12 年高裁判決）が参考になるので、紹介します。

> **事案の概要**
>
> Aが死亡し、その法定相続人として5人の子B、C、D、E及びFがいました。
> Aの相続財産は、甲不動産（借地上の建物、時価2400万円）、乙不動産（土地建物、時価6700万円）及び預貯金（900万円）でした（合計1億円）。
>
> Aは、死亡する4年程前、Bとの間で、甲不動産をBに死因贈与する旨の契約書を交わし、所有権移転仮登記を経ました。その約10日後、Aは、遺言をし、その内容は「Bに甲不動産を相続させる、Cに乙不動産を相続させる、D、Eに預貯金を等分で相続させる」というものでした。
>
> その後、Aは死亡したのですが、Aの遺言に不満であったDが遺留分減殺請求をしました。

1033条は、先ず遺贈から減殺すべきとしているので、乙不動産を相続したCに対し遺留分減殺請求権が行使されることになりますが、その際、甲不動産の死因贈与を受けたBがどうなるか問題になりました。

死因贈与が遺贈と同じと解されるなら「目的物の価格に応じて減殺」される（1034条）ことになりますし、贈与と同じと解されるなら「遺贈を減殺した後」に減殺される（1033条）ことになります。かかる事案について、平成12年高裁判決は、次のとおり、述べました。

> **平成 12 年高裁判決**
>
> 死因贈与も、生前贈与と同じく契約締結によって成立するものであるという点では、贈与としての性質を有していることは否定すべくもないのであるから、死因贈与は、遺贈と同様に取り扱うよりはむしろ贈与として取り扱うのが相当であり、ただ民法一〇三三条及び一〇三五条の趣

> 旨にかんがみ、通常の生前贈与よりも遺贈に近い贈与として、遺贈に次いで、生前贈与より先に減殺の対象とすべきものと解するのが相当である。そして、特定の遺産を特定の相続人に相続させる旨の遺言による相続は、右の関係では遺贈と同様に解するのが相当である

　この事案は、相続させる遺言に関するものでしたが、遺贈説を採った上で、その趣旨は相続させる遺言にも及ぶとしたものです。

　※下線部の意味ですが、以下のとおり考えると理解できると思います。
　　即ち、1033条が「贈与は、遺贈を減殺した後でなければ、減殺することができない」としている趣旨は「新たな処分から先に減殺させることにより、減殺請求を受ける者に対する影響を極力少なくしようとする」ところにあるので「相続させる旨の遺言は、相続による一般承継と位置づけられるものの、遺言者の死亡によって即時移転の効果が生ずるという点で遺贈と何ら変わりがないから、遺贈と同視して減殺の対象になると解すべき」ということです（神谷「平成12年高裁判決判例評釈」判例評論517号、21頁）。

　世間で見受ける遺言書や契約書を前提とすれば、死因贈与と遺贈はそれほど明確に区別できない場合があります。例えば、自筆証書遺言が押印を欠く等して方式違反から無効（960条、968条1項）とされる場合、そこでの遺贈の記載をもって遺言者たる被相続人から死因贈与の意思表示があったと解釈し、結論的にその相手方を救済することがあります（最3小判昭和32年5月21日民集11巻5号50頁は、遺言証書という表題の文書を死因贈与と解釈した原審判断を支持したものです。）。にもかかわらず両者に法的な差異を認める贈与説は問題だというのが遺贈説の実質的な論拠です。つまり、贈与説を採ると、遺言が無効として死因贈与と認定された方が、それが贈与として取り扱われる結果、遺言が有効として遺贈があったとされる場合よりも、遅れて遺留分減殺されることになって有利であるが、それは不合理だということです。かなり説得的な論拠といえます。

しかし、平成12年高裁判決が説くとおり、死因贈与は「契約」として「贈与としての性質」を有していると思われますし、実際、死因贈与に関する定めは554条ですが、それは民法第二章「契約」の第2節「贈与」の箇所にあることを考えると、基本的には遺贈説が相当と考えるべきでしょう。<u>特に、本件の場合、Bとしては甲不動産につき所有権移転仮登記を経ています。その意味で、その拘束力はかなり強いと考えていいでしょう。従って、本件事案の処理としては、贈与説が妥当と解して構わないと思われます。</u>

最後に、減殺の順序としては、平成12年高裁判決は「死因贈与は…民法1033条及び1035条の趣旨にかんがみ、通常の生前贈与よりも遺贈に近い贈与として、遺贈に次いで、生前贈与より先に減殺の対象とすべきものと解するのが相当である」としました。その結論は、1033条等からの趣旨（遺贈が、遺留分を直接侵害してその権利を害するものであり、それ以前の贈与については、極力影響を少なくする）からも導けるでしょうし、死因贈与は、その効力が死亡によって生じることから「贈与の中では最も新しいもの」として「後の贈与」として先に減殺される（1035条）ともいえると思います（鈴木『相続法講義』創文社、148頁）。

9-12

相手方複数等の場合の遺留分減殺請求

　相手方や目的物が複数ある場合の遺留分減殺請求権の行使は、どのようになるでしょうか。以前説明した、東高判平成 12 年 3 月 8 日判タ 1039 号 294 頁、高民集 53 巻 1 号 93 頁、東高民時報 51 巻 1-12 合併号 2 頁（以下、平成 12 年高裁判決）の事案を題材に、考えてみましょう。

> **事案の概要**
>
> A が死亡し、その法定相続人として 5 人の子 B、C、D、E 及び F がいました。
> A の相続財産は、甲不動産（借地上の建物、時価 2400 万円）、乙不動産（土地建物、時価 6700 万円）及び預貯金（900 万円）でした（合計 1 億円）。
>
> A は、死亡する 4 年程前、B との間で、甲不動産を B に死因贈与する旨の契約書を交わし、所有権移転仮登記を経ました。その約 10 日後、A は、遺言をし、その内容は「B に甲不動産を相続させる、C に乙不動産を相続させる、D、E に預貯金を等分で相続させる」というものでした。
>
> その後、A は死亡したのですが、A の遺言に不満であった D が遺留分減殺請求をしました。

　具体的には、D は、遺留分が 1000 万円であるとして、預貯金の半分 450 万円を差し引いた 550 万円について遺留分減殺請求権を行使しました（E についても同様でしたが、この点は省略します。）。

※下線部の遺留分の計算式は、以下のとおりです。

遺留分額	遺留分の基礎となる財産額×遺留分の割合×法定相続分
	1000万円＝相続財産1億円（甲不動産＋乙不動産＋預貯金）×1/2（※）×1/5（※2）

※1 遺留分の割合
　直系尊属のみが相続人の場合：1/3（1028条1号）
　その他の場合：1/2（1028条2号）
※2 法定相続分
　本件では子5人による相等しい相続分（900条4号）であり、1/5

そして、以前説明したところですが、平成12年高裁判決は、以下のとおり述べ、死因贈与の取扱につき贈与説を採りました。

> **平成12年高裁判決**
>
> 死因贈与も、生前贈与と同じく契約締結によって成立するものであるという点では、贈与としての性質を有していることは否定すべくもないのであるから、死因贈与は、遺贈と同様に取り扱うよりはむしろ贈与として取り扱うのが相当であり、ただ民法一〇三三条及び一〇三五条の趣旨にかんがみ、通常の生前贈与よりも遺贈に近い贈与として、遺贈に次いで、生前贈与より先に減殺の対象とすべきものと解するのが相当である。そして、特定の遺産を特定の相続人に相続させる旨の遺言による相続は、右の関係では遺贈と同様に解するのが相当である

その結果、本件については、先ずはCに対し乙不動産について減殺請求権が行使されることになります。すると、Dの侵害されている遺留分額は550万円に過ぎず、乙不動産の価格は6700万円なのでその中で減殺されて事足り、相手方や目的物が複数である場合ではなくなります。
　※その後については、Dは、乙不動産について550/6700（11/134）の

割合で権利を取得し、その点についてCと共有分割等の協議をしていくことになります。

この点については、「9-8 遺留分減殺請求権の行使②」を参照ください。

遺贈説によった場合

では、仮に、死因贈与の取扱いにつき遺贈説をとった場合は、どうなるでしょうか。この場合、Cに対する乙不動産のみならずBに対する甲不動産についても減殺請求権が行使されることになります。遺贈説によれば、死因贈与＝遺贈と考えるので、Cに対し相続（≒遺贈）させられた乙不動産と同順位に取り扱われるからです。

すると、相手方と目的物が複数である場合に遺留分減殺請求権をどのように行使するかが問題となり、具体的には、1034条にいう「目的物の価額の割合に応じて」減殺するというのは、どのような意味かが問題になってくる訳です。

1）平成12年高裁判決の原審

1034条の文言どおり、純粋に価額割合と考えるとDは、以下の割合で権利を取得します。

平成12年高裁判決の原審は、遺贈説をとって、このような結論を導きました。

甲不動産について
550÷（9100＝2400〈甲不動産価額〉＋6700〈乙不動産価額〉） ×2400/9100≒145/9100（29/1820）
乙不動産について
550÷9100×6700/9100≒404/9100（101/2275）

2) 問題点の指摘と最高裁の立場

しかし、これだと、B、C自らが有する遺留分への配慮に欠けます。その点を考慮すれば、それぞれ1000万円の遺留分を有しているのでその侵害のないよう、それを差し引いた数字を前提に考えるべきです。この点を示したのが、最1小判平成10年2月26日民集52巻1号274頁、家月50巻8号38頁です（以下、平成10年最高裁判決）。

即ち、平成10年最高裁判決は「相続人に対する遺贈が遺留分減殺の対象となる場合においては、右遺贈の目的の価額のうち受遺者の遺留分額を超える部分のみが、民法1034条にいう目的の価額に当たるものというべきである。けだし、右の場合には受遺者も遺留分を有するものであるところ、遺贈の全額が減殺の対象となるものとすると減殺を受けた受遺者の遺留分が侵害されることが起こり得るが、このような結果は遺留分制度の趣旨に反すると考えられるからである」としています。

この立場で考えるとDは、以下の割合で権利を取得することになります。

甲不動産について
550÷（7100＝1400〈甲不動産価額−1000〉＋5700〈乙不動産−1000〉）×1400/7100≒108/7100（27/1775）
乙不動産について
550÷7100×5700/7100≒4411/7100

9–13

事業承継と遺留分に関する民法の特例①
従来の問題と適用要件

　平成20年10月1日に施行された、いわゆる経営承継円滑化法（以下、単に法といいます。）は、「中小企業について…遺留分に関し民法の特例を定めるとともに、中小企業者が必要とする資金の供給の円滑化等の支援措置を講ずることにより…経営の承継の円滑化」を図るものです。

　そこで1つの柱とされている「遺留分に関する民法の特例」について、簡潔に説明したいと思います。

事業承継における従来の遺留分制度の問題
1) 資産の細分
　資産を細分化させないことが遺言をする動機・目的の1つであることは、以前説明しました。
　参照
「7-6 資産を細分化しないための遺言①」

　例えば、Aが100%株式を有する会社Zの代表者でマンション甲を所有し賃貸経営していたとします。Aの子としてB、Cが存在した場合、Aが死亡すれば、均分相続の建前により、B、Cがそれぞれ2分の1ずつ法定相続（887条1項、900条1号）する形になり、遺産分割が終了するまではZの株式はB、Cが準共有（264条）ということになります。

　しかし、会社法106条によれば、権利を行使する者1人を定めなければ、当該株式についての権利を行使することができません。このため、

B、Cの意見対立があると、結局、Zの代表者を誰にするかも含め経営が立ち行かなくなり、最悪の場合はZ株式等を換価し金銭で分割しなければならないという事態も生じます。

そうなると、せっかく築いたZの経営も失われていくことになります。

2）遺留分減殺請求による自社株式等の分散

この場合、例えば、Aが「Z株式の全てをBに相続させる」旨の遺言をしておけば、資産を細分化させることなく、Z株式はB1人に帰属するので、そのような事態は生じないということです。

ただ、この遺言によるスキームには、少し問題があります。

一番大きな点は、Cが遺留分減殺請求権を行使した場合、Z株式につきCが権利（Aにその他の財産がないとすればZ株式の4分の1）を取得する可能性があるという点です。

※この場合のB、Cの権利関係については「9-8 遺留分減殺請求権の行使②」を参照ください。

結局、遺言によっても、似たような事態が生じ得るという訳です。Aが死亡した後では、B、Cの関係調整はより難しくなるだろうという問題もあります。

3）特別受益の問題

それに加えて、特別受益の問題も生じます。

即ち、遺留分算定の基礎となる財産額には、生前贈与された財産も合算します。

そして、配偶者や子といった法定相続人への贈与は相続の前渡し分（特別受益）とされ、原則として何年前の贈与であっても合算の対象となります。

この場合、合算される財産の評価時点は贈与時ではなく、相続開始時となります。すると、後継者（例えば子）に生前贈与された株式の価値が、後継者自身の貢献により上昇した場合であっても、価値が上昇した分を含

めて遺留分減殺請求の対象となります。

これでは、生前贈与を受けた後継者は、その努力により株式の価値を高めても、後継者以外の者の遺留分が増えるという皮肉な結果になってしまいます。

遺留分に関する民法の特例

そこで、相続紛争や自社株式の分散を防止し、後継者にスムーズに事業承継させるべく法4条以下で遺留分に関する民法の特例が定められました。

この特例は、Aから後継者Bへの生前贈与によるスキームです。

この特例を受けるためには、「特例中小企業者」の「旧代表者」が「後継者」にその株式または持分（以下、株式等）を贈与した場合、推定相続人の全員が一定の合意をし、経済産業大臣の確認を受け、家庭裁判所の許可を得る必要があります。

1）対象者
① 特例中小企業者

中小企業（※）で、非上場、かつ、3年以上事業継続している必要があり、これを、特例中小企業者といいます（法3条1項、法施行規則2条）。

※資本金等、従業員数、業種によって定まるもので、中小基本法2条1項に定めるものとほぼ同じです（法2条）。

② 旧代表者

特例中小企業の代表者であった者（但し、これから事業承継をさせようとしている者も含める必要があるので、現代表者でも可とされています。）であり、その推定相続人（※）のうち、少なくとも1人に対し、特例中小企業者の株式等を贈与したことがある者をいいます。

※推定遺留分権利者であり、旧代表者の兄弟姉妹等を除きます。かかるスキームは、遺留分対策のものであるため、子等がおらず兄弟姉妹等に事業承継をさせる場合であれば、前述した遺言のみによる対応で足りるからです。

③ 後継者

後継者とは、旧代表者の推定相続人であって、旧代表者から株式等の贈与等を受け、当該特例中小企業者について、総株主等の議決権の過半数を有している、代表者である者をいいます。

2) 適用要件

① 現実の贈与等

対象株式等（合名会社、合資会社、合同会社といった持分会社の持分も含むことから株式等という表現をとっています。）は、旧代表者（A）から後継者（B）に現実に贈与等が履行されたものでなければなりません。

※事業承継研究会「事業承継問題の研究」大阪弁護士会14頁。

なお、贈与等という表現は、例えば、旧代表者が祖父として孫が後継者となる場合その祖父が亡父に贈与しその孫が相続等したものも含むという意味で用いられています。

② 民法特例に係る合意

後継者が、旧代表者から贈与等を受けた株式等によって当該特例中小企業者の総株主等の議決権の50％を超える数を有するに至った場合、当該株式等について、旧代表者の他の推定相続人との間で、書面によって、以下の合意をすることができます（法4条1項）。

除外合意（同項1号）	当該株式等の価額を遺留分を算定するための財産の価額に算入しないこと
固定合意（同項2号）	当該株式等の価額を遺留分を算定するための財産の価額に算入すべき価額を当該合意の時における価額とすること

なお、固定合意をする際は、弁護士、公認会計士等が「合意の時の相当な価額として証明」することが必要です。

9-14

事業承継と遺留分に関する民法の特例②
合意と手続の留意点

　自社株式などの承継に関する遺留分制度の限界を補うため、平成20年5月に成立した経営承継円滑化法に基づき、遺留分に関する民法の特例ができました。

　この特例は、一定の要件を満たす後継者が、遺留分権利者全員との合意及び所要の手続（経済産業大臣の確認、家庭裁判所の許可）を経ることにより、以下の効果を得られることができます。

① 　生前贈与された自社株式を遺留分算定基礎財産から除外（除外合意）
② 　生前贈与された自社株式を遺留分算定基礎財産に算入する際の評価額を予め固定（固定合意）

合意における留意点

　合意には除外合意と固定合意がありますが、当該合意をする際は、後継者が当該株式等を処分した場合や代表者として経営に従事しなくなった場合の措置も、併せて書面で定めなければなりません（法4条3項）。
　そのような場合は、特例が前提としていた「経営の承継の円滑化」を図る必要がなくなるからです。

　ちなみに、以上の合意をする際に、株式等以外の財産についても同様の合意をすることが出来ます（法5条）。
　中小企業では、代表者個人の財産と会社の経営が分離されていない場合が多く、その工場が個人所有の敷地の上に建っていたり、その金繰りを個

人からの貸付（代表者貸付）によって賄っていたりしています。そのような場合、当該個人資産も対象に据えなければ「経営の承継の円滑化」は図れないことから、このような定めが置かれている訳です。

大臣の確認と裁判所の許可

その上で、後継者は、当該合意が成立した日から1月以内に経済産業大臣の確認を受けるための申請をし、その確認を受けた日から1月以内に家庭裁判所の許可を受けるための申立をする必要があります（法7条、8条）。

家庭裁判所としては、当該合意が「当事者全員の真意に出たものであるとの心証」を得た場合に、これを許可することになります（法8条2項）。

遺留分の事前放棄制度の補完

これと同様の結果は遺留分の放棄という制度（1043条）でも導けます。

ただし、その遺留分放棄の許可の申立自体が遺留分放棄をする推定相続人に委ねられていて、また、家庭裁判所が許可をする時点で遺留分放棄の意思があるかが確認されるのでその段階で翻意される可能性もありました（確実な申立が期待できない）。

そこで、より利用し易くするため、申立自体は後継者ができるようになりました。

家庭裁判所が心証を抱くのも、文言からすれば「合意が当事者全員の真意に出たものである」か否かという点が中心になるので、翻意の可能性も狭まるのではないかという意見もあります（鳥飼『経営承継円滑化法と民法特例の法実務』清文社、116頁）。

なお、司法統計年報（家事編）によれば、その申立と（認容）許可の数は、以下の通りであり、まだまだ申立数等は少ないようですが、そのほかにも、金融支援や相続税の課税措置も定められていますので、子への事業承継を考えているのなら検討してみるのも悪くないかもしれません。

	申立数	（認容）許可の数
平成 21 年度	7 件	5 件
平成 22 年度	19 件	20 件
平成 23 年度	19 件	15 件
平成 24 年度	9 件	13 件

9-15

事業承継と遺留分に関する民法の特例③
適用の効果と具体例

　自社株式などの承継に関する遺留分制度の限界を補うため、平成20年5月に成立した経営承継円滑化法に基づき、遺留分に関する民法の特例ができました。

　この特例は、一定の要件を満たす後継者が、遺留分権利者全員との合意及び所要の手続（経済産業大臣の確認、家庭裁判所の許可）を経ることにより、以下の効果を得られることができます。

① 　生前贈与された自社株式を遺留分算定基礎財産から除外（除外合意）
② 　生前贈与された自社株式を遺留分算定基礎財産に算入する際の評価額を予め固定（固定合意）

具体例
　遺留分算定の基礎となる財産額には、生前贈与された財産も合算します（1029条1項）。
　なお、配偶者や子といった法定相続人への贈与は相続の前渡し分（特別受益）とされ、原則として何年前の贈与であっても合算の対象となります。

　従来の遺留分制度では、後継者以外の者の遺留分額が大きくなります。
　しかし、この特例の要件となっている遺留分権利者全員との合意により、以下の効果を得ることができます。

設例
Aは100%株式を有する会社Zの代表者です。AにはB、Cの子がいましたが、AはZ株式全部を後継者Bに生前贈与していました（生前贈与時の評価額は2000万円とします。）。なお、A死亡時点で、Z株式の評価額が5000万円で、Aには他に1000万円の定額貯金しかありませんでした。

従来の遺留分制度

1029条1項に従えば、Z株式の価格を加えて算定する結果、Cの遺留分は以下の通りになります。

遺留分額	遺留分の基礎となる財産額×遺留分の割合×法定相続分
	1500万円＝（貯金1000万円＋Z株式5000万円）×1/2（※）×1/2（※2）

※1 遺留分の割合
　　直系尊属のみが相続人の場合：1/3（1028条1号）
　　その他の場合：1/2（1028条2号）
※2 法定相続分
　　本件では子2人による相等しい相続分（900条4号）であり、1/2

除外合意の効果

株式等の価額を遺留分を算定するための財産の価額に算入しないことについての合意を行うことにより、以下の効果を得ることができます。

遺留分額	遺留分の基礎となる財産額×遺留分の割合×法定相続分
	250万円＝貯金1000万円×1/2×1/2

株式評価の時点はA死亡時と解されていますので、1000万円の貯金だけでは対応できず、CはZ株式に遺留分減殺請求権を行使することが可能になります。

ところが、除外合意をすれば、Z株式の価額を加えて算入する必要がないので、Cの遺留分は貯金の範囲で対応できることになります。

固定合意の効果

当該株式等の価額を遺留分を算定するための財産の価額に算入すべき価額を当該合意の時における価額とすることにより、以下の効果を得ることができます。

除外合意と同じく貯金の範囲で対応できます。

遺留分額	遺留分の基礎となる財産額×遺留分の割合×法定相続分
	750万円=(貯金1000万円+Z株式2000万円)×1/2×1/2

Cとしても、除外合意までは出来ないにしても、仮に、生前贈与時点でZ株式の評価額が2000万円であった場合は、その限度で合意することは十分考えられますし、Bとしても、自らの経営努力によってZ株式の評価額を5000万円まで押し上げたのですから、そのインセンティブを確保したいと思うのはもっともかと思います。

第 10 章
相続回復請求権

相続回復請求権について、出来るだけ判りやすく、説明したいと思います。

～～～～～～～～～～～～～～～～～～～～～～～～～～～～～～～～

【この章で取り扱うテーマ】

- 10-1　相続回復請求権とは？
- 10-2　相続回復請求権の法的性質（集合権利説）
- 10-3　相続回復請求権の消滅時効①　884条の制度趣旨
- 10-4　相続回復請求権の消滅時効②
　　　　早期かつ終局的な確定についての考察
- 10-5　相続回復請求権の相手方
- 10-6　相続回復請求権と共同相続人①　相続権の侵害はあるのか
- 10-7　相続回復請求権と共同相続人②　主観的事情
- 10-8　相続回復請求権と共同相続人③　立証責任を負う者
- 10-9　相続回復請求権と共同相続人④　具体例
- 10-10　相続回復請求権と共同相続人⑤　遺産分割協議

10-1

相続回復請求権とは？

相続回復請求権とは

相続人が有する相続権を他人が侵害している場合、相続人が侵害者に対し、相続財産の返還等を請求し、相続人の地位としての回復を請求することができる権利をいいます。

民法は「相続回復の請求権は、相続人…が相続権を侵害された事実を知った時から5年間行使しないときは、時効によって消滅する。」としています（884条本文）。

この条文について、幾つか例を挙げながら、簡潔に解説してみます。

相続回復請求権の具体例

1) 子の取り違えに関する相続関係

病院内で子供が取り違えられた事件を題材にした「そして父になる」という映画が話題を呼びました。

この場合の父親をA、他の父親の戸籍に入ったAの真実の子をB、取り違えられてAの戸籍に入った子をCとして、Aが死亡した場合の取扱いを検討してみます（Aの妻は既に死亡しているものとします。）。

第10章 相続回復請求権

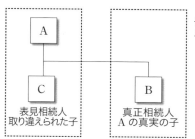

子供が取り違えられた事件において
Aが自宅を残して死亡した場合の問題
　A：父親
　B：他の父親の戸籍に入ったAの真実の子
　C：取り違えられてAの戸籍に入った子

表見相続人
取り違えられた子

真正相続人
Aの真実の子

　Aが自宅（以下、本件建物といいます。）を残して死亡した場合、戸籍上Aの子はCになっているので、一見CはAの相続人と思われます。
　※このようなCを講学上「**表見相続人**」と呼んでいます。ただ、後述しますが、判例では「表見相続人」とは、もう少し狭い意味で用いられており、CがBの相続権を侵害することについて善意・無過失であった場合に限られています。

　しかし、親子関係は血縁で決まるので、Aの子はBであってBが相続人ということになります。
　※このようなBを講学上「**真正相続人**」と呼んでいます。

　つまり、本件建物の所有権を相続によって取得するのは、CではなくBです。

2）相続回復請求権の行使
　そこで、Bは所有権に基づき、仮に本件建物の登記がC名義に変わっているなら自己名義への変更を、仮に本件建物にCが居住しているなら自らへの明渡しを、それぞれCに請求することが出来ます。
　このような所有権に基づく請求権を「**物権的請求権**」といいます。

表見相続人の具体例
　表見相続人の例としては、以下を挙げることができます。

①　相続欠格者・相続を廃除された者
　この点については「2-3 相続欠格とは」「2-7 相続廃除とは」を参照ください。
②　無効な遺言によって遺産を譲り受けた者
　遺言が無効になる場合については「7-8 遺言能力とは①」を参照ください。
③　他人の子を自らの子として届出る藁の上の養子
　この点の詳細は「4-5 遺産分割協議の進め方②」を参照ください。
　このような子は相続人になりませんが、仮に親にこのような子しかなかった場合、その親の直系尊属（その親の親）や兄弟姉妹が相続人になります（900条2、3号）。
　すると、直系尊属や兄弟姉妹が真正相続人ということになり、その子（藁の上の養子）は表見相続人となります。
④　その他
　子がいないものとして、直系尊属や兄弟姉妹が（表見）相続人として扱われたものの、死後認知（781条2項）等がされた場合があります。

10-2

相続回復請求権の法的性質
（集合権利説）

　相続回復請求権とは、相続人が有する相続権を他人が侵害している場合、相続人が侵害者に対し、相続財産の返還等を請求し、相続人の地位としての回復を請求することができる権利をいいます。

　なお、相続財産の本来の所有者である相続人は、侵害者に対して、<u>所有権に基づき財産の返還等を求めることができ</u>、これを**物権的請求権**といいます。

【物権的請求権の例】
① 　返還請求権：所有権が占有によって侵害されている場合にその返還を請求すること
② 　妨害排除請求権：所有権が占有以外の態様（所有者でない者の登記がある場合等）によって侵害されている場合にその排除（その登記の抹消等）を請求すること
③ 　妨害予防請求権：侵害されるおそれがあるとき（隣地から土砂が崩れ落ちてきそうになっている場合等）にそれを予防すること

相続回復請求権の法的性質
　民法884条は「相続回復の請求権」としていますので、物権的請求権とは別個の請求権が存在するようにも思えますが、そのような特別な請求権は存在せず、個々の財産を基準にした権利・法律関係が存在するに過ぎないとされています。

そのような権利・法律関係が相続によって取得され、しかも、その相続関係について表見相続人が侵害していると真正相続人が主張する場合を、相続回復請求権が行使されたと考える訳です。

　例えば、不動産の登記が侵害者（表見相続人）名義になっていてこれを占有している場合、侵害者名義の登記を自己名義へと変更を求める物権的請求権（妨害排除請求権）と侵害者に対し自らへの明け渡しを求める物権的請求権（返還請求権）の２つを行使することが可能ですが、この２つの権利を集合して（同時に）行使している状態が相続回復請求権を行使している状態といえる訳です。

　このように、相続回復請求権といっても独立した権利ではなく、侵害者名義の登記に関する物権的請求権（妨害排除請求権）や、侵害者の占有に関する物権的請求権（返還請求権）の集合に過ぎないと考える訳で、このような見解を「**集合権利説**」といい、実務上とられている見解といえます。

　[参考] 戦前の戸主権
　戦前は、家制度の下で「戸主権」というものが存在し、その戸主権と財産権が「家督相続」によって、前戸主から新戸主へ包括的に譲渡されるという、単独相続の形式を採っていました。

　しかし、現在では、遺産は共同相続人間で個々に分けられ、これとは別に「戸主権」というものも存在しません。従って、このような包括的請求権の存在を認め、これが「相続回復請求権」であると説明することは難しいと思われます。

10-3

相続回復請求権の消滅時効①
884条の制度趣旨

　相続財産の本来の所有者である相続人は、侵害者に対して、所有権に基づき相続財産の返還等を求めることができ、これを物権的請求権といいます。この相続財産の帰属を巡って真正相続人と表見相続人が争われている状態が相続回復請求権の問題です。

相続回復請求権の消滅時効
　物権的請求権は消滅時効にかからないとされていますが、これが相続回復請求権の問題になると「時効によって消滅する」とされています（884条）。ですから、単に物権的請求権が行使されたと全く同じ場合とはいい切れず、何故、それが時効によって消滅するのか、その違いを明らかにしなければなりません。

相続回復請求権（884条）の趣旨
　所有権に基づく物権的請求権が時効にかからないことに比べると、相続権の侵害に対する回復請求は侵害を知った時から5年間行使しない場合は時効にかかり、権利が制限されています。

　これは相続による権利変動を早期に安定させるための制限であるといえます。
　例えば、表見相続人が相続財産を取得している事実状態が生じた後、相当な年月を経てからこの事実状態を覆し、真正相続人に権利を回復させた場合、当事者または第三者の権利関係に混乱を生じさせる恐れがあります。

つまり、当事者等に混乱を生じさせないよう「表見相続人が、外見上相続により相続財産を取得した事実状態を、早期かつ終局的に確定させる」ということです。「相続に関する争いは、なるべく長く尾を引かないようにすることに、この制度の存在意義がある」とされるところです（鈴木『相続法講義』創文社、55頁）。

そこで、以下の判決の通り、C（表見相続人）のB（真正相続人）に対する所有権の行使には消滅時効の援用が認められる場合があります。

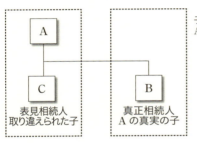

> 最大判昭和53年12月20日民集32巻9号1674頁、家月31巻4号42頁、金判565号3頁（以下、昭和53年判決）
>
> 民法884条の相続回復請求の制度は、いわゆる表見相続人が真正相続人の相続権を否定し相続の目的たる権利を侵害している場合に、真正相続人が自己の相続権を主張して表見相続人に対し侵害の排除を請求することにより、真正相続人に相続権を回復させようとするものである。そして、同条が相続回復請求権について消滅時効を定めたのは、表見相続人が外見上相続により相続財産を取得したような事実状態が生じたのち相当年月を経てからこの事実状態を覆滅して真正相続人に権利を回復させることにより当事者又は第三者の権利義務関係に混乱を生じさせることのないよう相続権の帰属及びこれに伴う法律関係を早期にかつ終局的に確定させるという趣旨に出たものである。

10-4

相続回復請求権の消滅時効②
早期かつ終局的な確定についての考察

　相続回復請求権が行使された場合には消滅時効があります。
　これは、当事者等に混乱を生じさせないよう、相続による権利変動を早期かつ終局的に確定させ、相続に関する争いは極力長引かせないとする制度趣旨によるものとされています。

　ちなみに、この場合に何故「早期かつ終局的に確定」させる必要があるのかについての説明は、難しいところがあります。

明治民法の影響

　明治民法 966 条本文は「家督相続回復ノ請求権ハ家督相続人…カ相続権侵害ノ事実ヲ知リタル時ヨリ五年間之ヲ行ワサルトキハ時効ニ因リテ消滅ス」としていて、これが 993 条で遺産相続にも準用されていました。
　現在の民法 884 条は、これを引き継いだものです。明治民法下では、「家督相続」というものがあり、このような「一家一族ノ為メ並ニ第三者ニ対シテ種々ノ重大ナル利害関係ヲ有スル事項」であることが、5 年という短期の時効消滅を認めた理由といえました（昭和 53 年判決判例解説〈昭和 53 年民事篇〉563 頁）。
　しかし、現在ではそのような説明も困難です。

有力な説明

　有力な説明としては、「一方で、侵害の事実を知りながらそれを放置している被侵害者がおり、他方で、被侵害者の存在を知らないで、かつ、知らないことに過失がないまま、使用・収益の事実を積み重ねてきた侵害

者がいる。そのようなときに、事実を積み重ねてきた者を保護することがあってもおかしくないだろう。少なくとも立法政策としては十分にありうることだと思われる」とするものがあります。

(道垣内『民法解釈ゼミナール5 親族・相続』有斐閣、170頁)

戸籍制度からの説明

中でも、その立法政策として「戸籍制度」を指摘し、「わが国においては、遺産占有は通常は戸籍の記載に従って行われ、相続登記も戸籍の記載と連動して行われるために、このような表見相続を争う事例とは、必然的に、戸籍に記載された法定相続人の地位を争う類型の事案となる」として、「相続回復請求権とは、原則的に、戸籍上の相続人でない真正相続人が戸籍上の表見相続人に相続回復を請求する権利」と捉え、このような戸籍に記載された者の地位を早期に安定させるのが884条の趣旨だとする説明があります。

(水野「相続回復請求権に関する一考察」『現代社会と民法学の動向下』有斐閣、441頁以下、特に418頁)

そして、この見解は、実親子関係存否確認の訴えを制限しようとする最高裁の立場とも通じるところがあります。

例えば、下図のC（取り違えられてAの戸籍に入った子）等について、その保護の見地から、B（真正相続人）の請求を制限することを理論付けるものとして、説得力を有しています。時間もたってAも死亡した後「あなた（C）とAは親子ではない」といわれてしまうとCとしては居た堪

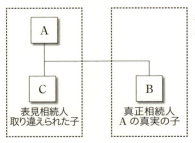

子供が取り違えられた事件において
Aが自宅を残して死亡した場合の問題
A：父親
B：他の父親の戸籍に入ったAの真実の子
C：取り違えられてAの戸籍に入った子

れない場合も多いのではないでしょうか。

　※実親子関係存否確認の訴えについては「4-5 遺産分割協議の進め方②」
　　を参照ください。

10–5

相続回復請求権の相手方

　相続によって取得した権利が侵害されている場合であっても、その侵害の排除を求める場合に常に884条が適用される訳ではありません。
　相続に無関係な第三者による相続財産の不法占拠等の場合には、相続による権利変動を安定させることが問題になっておらず、このような侵害者に対する権利行使には884条も適用されません。

相続回復請求権の相手方
　相続に関し物権的請求権が問題となる全ての場面に884条が適用されるという訳ではなく、その相手方がCというような**表見相続人**であることが必要です（下図参照）。そのような者によって「外見上相続」が生じたという事実状態を確定させるのが、同条の趣旨だからです。
　すなわち「相続財産に対する侵害であるならその侵害の排除を求めること全てが相続回復請求権の行使として早期かつ終局的な確定が必要」という訳ではなく、結果として、884条による消滅時効が援用できる場合も限

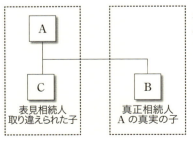

子供が取り違えられた事件において
Aが自宅を残して死亡した場合の問題
　A：父親
　B：他の父親の戸籍に入ったAの真実の子
　C：取り違えられてAの戸籍に入った子

られています。

　例えば、生前Aがその所有する自転車を相続に無関係な第三者Dに盗まれ、そのままだったとします。
　この場合、Dに対する自転車の返還を求める権利（物権的請求権）を行使できるのは、真正相続人Bです。

　そこで、Bが訴訟で勝とうとすれば、自ら自転車の所有権を有していることを主張立証しなければならず、通常は、Aが自転車を所有していたこと及びBがこれを相続したことを主張立証していくことになります。つまり、Bが自転車を相続したこと、即ち、Aが死亡した事実・BがAの子であるという事実（このような事実が存在して相続という法的効果が発生します、882条、887条1項、896条）が訴訟における争点になります。

　この訴訟の中で、Dは「Bが相続人でないこと」を主張し争うこともできます。
　すると、一見この訴訟も「相続」に関する訴訟で相続回復請求権（884条）の対象になるかのように思えますが、この例では、昭和53年判決が述べる「外形上相続」があったかどうかは問題になっていないので、884条の対象外ということになります。

> 最大判昭和53年12月20日民集32巻9号1674頁、家月31巻4号42頁、金判565号3頁
>
> 民法884条の相続回復請求の制度は、いわゆる表見相続人が真正相続人の相続権を否定し相続の目的たる権利を侵害している場合に、真正相続人が自己の相続権を主張して表見相続人に対し侵害の排除を請求することにより、真正相続人に相続権を回復させようとするものである。そして、同条が相続回復請求権について消滅時効を定めたのは、表見相続人が外見上相続により相続財産を取得したような事実状態が生じたのち相当年月を経てからこの事実状態を覆滅して真正相続人に権利を回復させることにより当事者又は第三者の権利義務関係に混乱を

> 生じさせることのないよう相続権の帰属及びこれに伴う法律関係を早期にかつ終局的に確定させるという趣旨に出たものである。

（下線は筆者）

　結局、同じ物権的請求権とはいえ、884条は、B（真正相続人）のC（表見相続人）に対する請求については適用されますが、BのD（相続に無関係な第三者）に対する請求については適用されません。
　これを昭和53年判決は以下の通り表現しています。

> 最大判昭和53年12月20日民集32巻9号1674頁、家月31巻4号42頁、金判565号3頁
>
> 相続財産に関して争いがある場合であっても、相続に何ら関係のない者が相続にかかわりなく相続財産に属する財産を占有管理してこれを侵害する場合にあっては、当該相続財産がたまたま相続財産に属するというにとどまり、その本質は一般の財産の侵害の場合と異なるところはなく、相続財産回復という特別の制度を認める理由は全く存在せず、法律上、一般の侵害財産の回復として取り扱われるべきもの

10–6

相続回復請求権と共同相続人①
相続権の侵害はあるのか

　相続回復請求権は侵害を知った時から5年間行使しない場合は時効にかかります。相続開始の時から20年を経過したときも、同様とされています（884条）。

　相続回復請求権は、表見相続人（相続に全く無関係な第三者）との関係よりも、共同相続人の間で問題になることが多く見られます。通常、相続財産を占有等しているのは、それなりの相続権を有する者だからです。
　しかし、共同相続人は、相続人として、自己の持分の範囲で相続権を有しています。このような共同相続人が「相続権の侵害」をすることがあるのかが、問題になります。

共同相続人に「相続権の侵害」はあるのか
　しかし、自己の持分を超える部分に対する権利に関しては、これを合理的な事由もなく占有管理すれば、何の権利もない第三者が勝手に占有管理しているのと同じこととなります。
　その意味で、共同相続人も「相続権を侵害」するということは考えられます。

> 最大判昭和53年12月20日民集32巻9号1674頁、家月31巻4号42頁、金判565号3頁
>
> 共同相続人のうちの一人又は数人が、相続財産のうち自己の本来の相続持分をこえる部分について、当該部分についての他の共同相続人の

> 相続権を否定し、その部分もまた自己の相続持分であると主張してこれを占有管理し、<u>他の共同相続人の相続権を侵害している場合は、右の本来の相続持分をこえる部分に関する限り</u>、共同相続人でない者が相続人であると主張して共同相続人の相続財産を占有管理してこれを侵害している場合と理論上なんら異なるところがない。

（下線は筆者）

[参考]
　戦前にも民法884条と似た条文がありますが、その当時の解釈として「この消滅時効を援用できるのは、表見相続人（ではあるが、全くの無権利者）である」という立場が有力でした。

　しかし、戦前は家制度があり、前戸主である親から家督を譲り受けた新戸主である子だけが相続人となり、前戸主に他に子がいたとしてもその子は相続について無権利者でした。つまり、子らの相続争いといっても「非相続人」対「相続人」という図式がありました。
　一方、戦後は共同相続制度が採られ、子は全て相続人になったため(887条1項)、子らの相続争いは「相続人」対「相続人」という構図を描くことになりました（潮見『相続法〔第2版〕』弘文堂、303頁）。

　だとすれば、相続争いは共同相続人間でも起こり得るわけで、その争いを早期に解決しようとする884条の適用を、無権利者・非相続人に限る必要はありません。
　この点について昭和53年判決はこれを肯定し、共同相続人にも相続権の侵害は考えられると解釈しました。

10–7

相続回復請求権と共同相続人②
主観的事情

　相続回復請求権は、侵害を知った時から5年間行使しない場合は時効にかかります。相続開始の時から20年を経過したときも、同様とされています（884条）。

　共同相続人についても「相続権の侵害」ということは考えられます（この点については「10-6 共同相続人に対する相続回復請求権の行使」を参照ください）。

884条の趣旨
　しかし、だからといって「相続権の侵害」をしている共同相続人に、常に884条の消滅時効の援用を認めるのは相当ではありません。本来時効消滅しない権利を短期で時効消滅させるには、早期に相続紛争を解決しようとした884条の趣旨に適う場合でなければなりません。

相続回復請求権の消滅時効を援用できる場合
　共同相続人に対しても884条が適用されますが、昭和53年判決（最大判昭和53年12月20日）は、以下の2つの場合の者だけが、相続回復請求権の消滅時効を援用できると判断し、実務もこれに沿った運用がされています。

① 侵害者が他の相続人の相続権を侵害していることを知らない場合
② 他の相続人の相続権を侵害していないと信じる合理的な事由（※）がある場合（無過失と表現される場合が多い。）

③

> 最大判昭和53年12月20日民集32巻9号1674頁、家月31巻4号42頁、金判565号3頁
>
> 共同相続人のうちの一人若しくは数人が、他に共同相続人がいること、ひいて相続財産のうちその一人若しくは数人の本来の持分をこえる部分が<u>他の共同相続人の持分に属するものであることを知りながら</u>その部分もまた自己の持分に属するものであると称し、又はその部分についても<u>その者に相続による持分があるものと信ぜられるべき合理的な事由</u>（たとえば、戸籍上はその者が唯一の相続人であり、かつ、他人の戸籍に記載された共同相続人のいることが分明でないことなど）があるわけではないにもかかわらずその部分もまた自己の持分に属するものであると称し、これを占有管理している場合は、もともと相続回復請求制度の適用が予定されている場合にはあたらず

（下線は筆者）

※合理的な事由とは、自分以外の相続人がいるとは知らない止むを得ない事情があった場合を指します。
　例えば、死後認知により被相続人との親子関係が確定される場合、他人の子が実子として届けられている者が共同相続人にいた場合（藁の上の養子）が挙げられるでしょう。

　すなわち、侵害者たる共同相続人が相続回復請求権の消滅時効を援用するためには、侵害者が善意かつ無過失であることが必要とされています。
　侵害者たる共同相続人が他の相続人がいることに気付いていた場合や自分だけが相続人であると信じていることについて合理的な事由がない場合においては、たとえ相続開始の時から20年を経過したとしても、消滅時効を援用することができないとされています。

　このように、昭和53年判決において、884条の消滅時効の利益を享受できる侵害者が限定されました（主観的事情による884条の適用制限）。

10-8

相続回復請求権と共同相続人③
立証責任を負う者

　共同相続人についても「相続権の侵害」は考えられますが、昭和 53 年判決（最大判昭和 53 年 12 月 20 日）は、884 条の消滅時効の利益を享受できる者を限定しました（主観的事情による 884 条の適用制限）。

　すなわち、侵害者が他の相続人の相続権を侵害していることを知っていた場合や自分だけが相続人であると信じていることについて合理的な事由がない場合、たとえ相続開始の時から 20 年を経過したとしても、侵害者は時効の消滅を主張することはできません。

884 条の適用制限の理由

　このように昭和 53 年判決は主観的事情による 884 条の適用制限を認めています。

　その理由は、相続回復請求制度を一種の外観保護の制度、すなわち戸籍上は相続人らしい外観が整っている表見相続人を一定の条件のもとに保護すべき制度と解している点にあります（昭和 53 年判決判例解説 583 頁参照）。

　そのため、昭和 53 年判決は、「一般に各共同相続人は共同相続人の範囲を知っているのが通常であるから、共同相続人相互間における相続財産に関する争いが相続回復請求制度の対象となるのは、特殊な場合に限られる」としています。

立証の責任を負う者

　上記を前提とした平成 11 年判決はかかる主観的事情について、「相続回

復請求権の消滅時効を援用しようとする者が立証しなければならない」としました（最 1 小判平成 11 年 7 月 19 日民集 53 巻 6 号 182 頁、家月 52 巻 1 号 85 頁）。

　つまり、主観的事情の立証責任は侵害者たる表見相続人側にあり、この立証も簡単なものではないことから、表見相続人が相続回復請求権の消滅時効を援用することはさらに困難なものとなったとされています（平成 11 年判決判例解説〈平成 11 年民事篇下〉545 頁参照）。

10-9

相続回復請求権と共同相続人④
具体例

　共同相続人に対しても884条が適用されますが、昭和53年判決（最大判昭和53年12月20日）は、以下の2つの場合にあたる者だけが、相続回復請求権の消滅時効を援用できると判断し、実務もこれに沿った運用がされています。
　①　侵害者が他の相続人の相続権を侵害していることを知らない場合
　②　他の相続人の相続権を侵害していないと信じる合理的な事由がある場合

以下、具体例を挙げて解説していきたいと思います。

消滅時効を援用できる場合
1）藁の上の養子の真実の親との相続関係

　甲夫婦（以下、単に甲といいます。）間に、子乙が生まれました。ただ、既に子丙がおり、子のない丁夫婦（以下、単に丁といいます。）に懇願されたこともあって、乙を丁の子として届け出たとします。

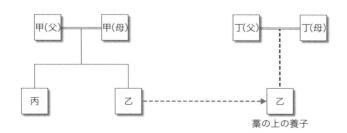

藁の上の養子

この場合、乙は、丁との関係では藁の上の養子にあたり、丁の子ではないので丁の相続人にはなりません。他方、乙は、甲との関係では子になるのでその相続人にはなります。

2) 真実の親の死亡と相続の発生

ただ、このような事情を丙があずかり知らないことは多く、甲死亡の際、その所有していた自宅（以下、本件建物といいます。）を相続したとして、本件建物の登記名義を丙単独名義に変更し、本件建物に住み続けていたとします。

この場合、甲の相続人は乙、丙であり、本件建物の登記も乙と丙が2分の1ずつを共有するというのが真実の姿です。

※「子が…数人あるときは、各自の相続分は、相等しい」（900条4号）

相続の結果、乙は相続により不動産に関し、2分の1の権利を取得しています。

にもかかわらず、丙単独名義の登記があるというのは間違っているので、乙は丙に対し共有権に基づく物権的請求権として、その登記抹消を請求する、或いは、登記名義を乙丙の共有名義に更正せよ（「改めよ」という意味です。）という請求をすることができます。

では、このような乙の請求に対し、丙が相続回復請求権に関する消滅時効（884条）を援用することができるでしょうか。

3) 884条の消滅時効の援用の可否

今回具体例において検討している丙は、乙の存在について、これを知らないこともあり得ますし、甲・丙の戸籍からも窺い知れないので、これに気付かないことも尤もだという合理的な事情が存在することも多いでしょう。

このため、他の相続人の相続権を侵害していないと信じる合理的な事由（※）がある場合に該当し、丙が884条の消滅時効を援用できる可能性が

高いと思われます。

※合理的な事由(「10-7 相続回復請求権と共同相続人②」を参照ください)。

消滅時効を援用できない場合
1) 昭和53年判決の概要

相続回復請求権に関する消滅時効を援用することができるかという点に関する判断をしたのが、昭和53年判決であり、この判決の事案の概要を、前記事案になぞらえ簡略化すると次の通りとなります。

共同相続人である丙が、<u>他に共同相続人として乙がいることを知りながら</u>、これを排除して相続不動産に丙単独名義の相続登記をしました。しかし、乙が相続により取得した所有権(共有権)侵害の排除を求めるため、その相続登記の抹消を求めた事案です。

2) 884条の消滅時効の援用の可否

昭和53年判決の事案は、共同相続人丙が他の共同相続人乙の存在を知りながら丙単独名義の登記をしたものです。

侵害者が他の相続人の相続権を侵害していることを知らないとは言えず、884条の適用は認められませんでした。

現実にあり得る事案

ただし、このような事案は、少ないのではないかと思われます。

むしろ、ありえる事案としては、他に共同相続人が存在することを知りながら、例えば、自らに全てを相続させる旨の遺言が存在すると信じていた場合等でしょう。

どのような場合に「信じていた」といえるか、という主観的事情の立証責任は侵害者たる表見相続人側にある、とされました(最1小判平成11年7月19日民集53巻6号182頁、家月52巻1号85頁)。

しかし、上記のような現実にあり得る事案について、主観的事情を如何

なる事実に基づいて判断するかは、平成 11 年判決でも明らかでなく、事案の集積が待たれます（平成 11 年判決判例解説 544 頁）。

10–10

相続回復請求権と共同相続人⑤
遺産分割協議

　共同相続人による他の相続人に対する侵害について、昭和53年判決（最大判昭和53年12月20日）は、884条の消滅時効の利益を享受できる者を限定し、消滅時効を援用できる場合を定めました。

　ところで現実には、相続後も相続財産の登記が済ませていない場合等では、相続財産の侵害者に対して遺産分割協議の申入をする局面も多いかと思います。
　しかも、遺産分割協議については、共同相続人はいつでもその協議を申入ることができ、時効にかからないとされています（907条1項）。
　すると、遺産分割協議の申入は、907条1項の定めるとおり「いつでも」可能で時効消滅しないのか、それとも884条の相続回復請求権に対する消滅時効に服するのか問題になります。

　昭和53年判決の判例解説によれば「遺産分割協議は実質的に相続回復請求」であるとして、遺産分割協議申入についても884条の消滅時効の援用は認められるのではないかとされています。
　ところが、このような結論は不当であるとして、むしろ、最高裁の多数意見に対する少数意見として、そもそも「共同相続人には884条は適用されない」という意見が述べられましたので、参考までに紹介したいと思います。

1）藁の上の養子の真実の親との相続関係

　甲夫婦（以下、単に甲といいます。）間に、子乙が生まれました。ただ、既に子丙がおり、子のない丁夫婦（以下、単に丁といいます。）に懇願さ

れたこともあって、乙を丁の子として届け出たとします。

この場合、乙は、丁との関係では藁の上の養子にあたり、丁の子ではないので丁の相続人にはなりません。他方、乙は、甲との関係では子になるのでその相続人にはなります。

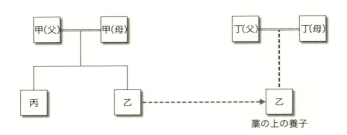

2) 真実の親の死亡と相続の発生

甲には所有していた自宅（以下、本件建物といいます。）がありました。

甲死亡後も本件建物の登記名義を甲のままにして、丙が本件建物に住み続けていた場合はどうなるでしょうか。前述したとおり、乙も甲の相続人ですから、本件建物は乙丙の共有（898条）の状態にあることになります。

3) 遺産分割協議と884条の消滅時効の援用との関係

907条1項によれば、乙は、共同相続人として「いつでも」遺産分割協議の申入等をすることが出来る筈です。

この場合、丙が884条の消滅時効の援用が出来るかどうかが問題になります。

この点、乙の遺産分割請求の内容は、以下になります。

① 被侵害者が遺産分割請求の資格すなわち相続持分権を有することの確定を求める

かつ

② 被侵害者を含む共同相続人の共有状態にあることが確定された相続財産につき分割を求める

①の部分は相続権の確定を求めるという意味で、「実質的に相続回復請求であり、要するに遺産分割請求といっても相続回復請求を含むことがある」とされています（昭和53年判決判例解説585頁）。

従って、この昭和53年判決の判例解説の見解によれば、甲が死亡してその相続が開始した後、丙が、自らのみがその相続人として本件建物の占有をし続け5年間が経過している場合は、884条の消滅時効を援用して、乙からの遺産分割協議の申入等を拒むことが出来ることになります。

4）昭和53年判決の多数意見に対する少数意見

このような結果を認めることは、907条の趣旨等に反するとして、昭和53年判決の多数意見には少数意見が付されています。
※ただ昭和53年判決は、共同相続人丙は他の共同相続人乙の存在を知りながら丙単独名義の登記をしたため、最終的には丙の884条の消滅時効の援用権を否定していますので、結論的には全員一致でした。

裁判官15人のうち9人対6人で意見が分かれ、その少数意見は「共同相続人には884条は適用されない」という意見でした。
この点、少数意見は共同相続人丙については884条の適用を否定し（た結果、消滅時効の援用権も否定し）ていますが、他方で下図の表見相続人（全くの無権利者）Cに対しては884条の適用を肯定（する結果、消滅時効の援用権を肯定）することになります。

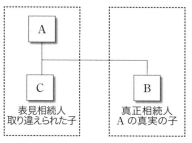

子供が取り違えられた事件において
Aが自宅を残して死亡した場合の問題
　A：父親
　B：他の父親の戸籍に入ったAの真実の子
　C：取り違えられてAの戸籍に入った子

ただ、血縁関係からみた場合、Cは全くの無権利者です。

何故、このCについてだけ短期消滅時効の利益を与えるのかという点について、少数意見は「バランスを失する」とされています（内田『民法 Ⅳ　親族・相続』東京大学出版会、439頁）。

参考文献

I　教科書
主に参考にしたもの
①　伊藤昌司『相続法』（有斐閣、2002年）
②　内田貴『民法Ⅳ　親族・相続』（東京大学出版会、2002年）
③　潮見佳男『相続法〔第2版〕』（弘文堂、2005年）
④　窪田充見『家族法－民法を学ぶ〔第2版〕』（有斐閣、2013年）

ポイントで参考にしたもの
①　遠藤浩＝川井健＝原島重義＝広中俊雄＝水本浩＝山本進一『民法（9）相続〔第3版〕』（有斐閣双書、1987年）
②　半田吉信＝鹿野菜穂子＝佐藤啓子＝青竹美佳『ハイブリッド民法5家族法』（法律文化社、2006年）
③　中川善之助＝泉久雄『相続法〔第3版〕』（有斐閣、1988年）
④　高木多喜男『口述相続法』（成文堂、1988年）
⑤　鈴木禄弥『相続法講義』（創文社、1986年）

Ⅱ　注釈書
①　『新版注釈民法（26）（27）（28）』（有斐閣、1988年～1992年）

Ⅲ　専門書（実務家向け）
主に参考にしたもの
①　一般社団法人日本財産管理協会編『Q&A成年被後見人死亡後の実務と書式』（新日本法規出版、2013年）
②　坂梨喬『特別受益・寄与分の理論と運用――裁判例の分析を中心として』（新日本法規出版、2011年）
③　片岡武＝管野眞一『新版家庭裁判所における遺産分割・遺留分の実務』（日本加除出版、2013年）
④　久貴忠彦『遺言と遺留分　第1巻遺言〔第2版〕』（日本評論社、2011年）
⑤　久貴忠彦『遺言と遺留分　第2巻遺留分〔第2版〕』（日本評論社、2011年）
⑥　東京弁護士会弁護士研修センター運営委員会編『平成17年度専門弁護士養成連続講座　家族法』（商事法務、2007年）

⑦ 東京弁護士会弁護士研修センター運営委員会編『弁護士専門研修講座 相続・遺言——遺産分割と弁護士実務』(ぎょうせい、2008年)

ポイントで参考にしたもの
① 鳥飼重和『経営承継円滑化法と民法特例の法実務』(清文社、2008年)
② 日本司法書士会連合会編『遺言執行者の実務』(民事法研究会、2009年)
③ 内田恒久『判例による相続・遺言の諸問題』(新日本法規出版、2002年)
④ 東京弁護士会 相続・遺言研究部編『実務解説相続・遺言の手引き』(日本加除出版, 2013年)
⑤ 第一東京弁護士会司法研究委員会編『新版遺言執行の法律と実務』(ぎょうせい、2004年)

Ⅳ 一般書
ポイントで参考にしたもの
① 飯村衛＝中田朋子『弁護士・信託銀行員がズバリ教える ないと困る遺言あっても困る遺言』(きんざい、2012年)
② 主婦の友社編『最新カラー版 遺言の書き方と相続・贈与』(主婦の友社、2013年)
③ 内海徹＝真田親義『遺産分割のことならこの一冊〔第2版〕』(自由国民社、2012年)
④ 平田厚＝前田敬子『くらしの相談室 死にぎわの法律Q&A』(有斐閣、1996年)

事項索引

あ行

後継ぎ遺贈……… 第 7 章 194, 第 8 章 242
遺骨…………………………… 第 1 章 7
遺言………………… 第 7 章 183-, 197
　――の解釈…… 第 7 章 230, 第 8 章 241
　――執行………………… 第 8 章 236-
　――の取消………………… 第 9 章 307
　――の方式………………… 第 9 章 307
　――の要式性……………… 第 7 章 230
遺言執行者………………… 第 8 章 236-
　――の権限…… 第 8 章 247, 267, 269, 273
　――の指定……… 第 1 章 12, 第 7 章 189,
　　209, 212, 第 8 章 237
遺言者………第 2 章 29, 31-, 第 7 章 204-
遺言書
　――隠匿………………… 第 2 章 22, 24
　――偽造………………… 第 2 章 22, 24
　――破棄………………… 第 2 章 22, 24
　――変造………………… 第 2 章 22, 24
遺言の撤回………………… 第 7 章 205
遺言能力… 第 7 章 183-, 204, 207, 211, 215
遺産
　――の再分割……………… 第 4 章 109
遺産分割………… 第 4 章 81-, 93, 95, 98,
　　100, 102, 106, 108
　――の禁止………………… 第 8 章 237
　――の対象となる相続財産…… 第 9 章
　　296, 297
遺産分割協議……… 第 4 章 81-, 93, 95, 98,
　　100, 102, 106, 108

　――の無効………………… 第 4 章 103
遺産分割協議書……………… 第 3 章 79,
　　第 4 章 107, 第 7 章 214
遺産分割時………………… 第 5 章 119
遺産分割審判…… 第 6 章 153, 154, 158,
　　159, 161, 165, 168, 170, 173, 176
遺産分割手続…………… 第 8 章 268, 271
意思能力……… 第 1 章 4, 第 7 章 204
遺贈………… 第 1 章 12, 第 5 章 113, 127-,
　　第 8 章 245, 250, 252, 254, 257
　――と登記………………… 第 8 章 252-
　――放棄…………………… 第 4 章 103
　――の減殺方法…………… 第 8 章 237
遺族年金…………………… 第 5 章 126
著しい非行………………… 第 2 章 33
委任……………………… 第 1 章 9-
遺留分………… 第 2 章 33, 第 5 章 127-,
　　130-, 第 9 章 275-
遺留分減殺
　――の意思表示…………… 第 9 章 292-
　――の順序………………… 第 9 章 306
遺留分減殺請求権……… 第 9 章 275-, 292,
　　295, 299, 303
　――と消滅時効…………… 第 9 章 303
　――の法的性質…………… 第 9 章 292
遺留分権利者……… 第 9 章 277, 292, 298
遺留分算定の基礎となる財産額… 第 9 章
　　305, 316, 323
遺留分侵害…… 第 9 章 275, 276-, 280, 282,
　　285, 287, 289
　――額…………… 第 9 章 275, 276-, 280,

282, 285, 287, 289
遺留分制度……… 第5章130, 第9章283, 315, 320, 323
姻族……………………………… 第2章16
押印……………………………… 第7章232
親子関係………………………… 第4章95
　実——存否確認の訴え…… 第4章95-

か行

価額算定の基準時……………… 第9章301
価額弁償………………………… 第9章299
核家族…………………………… 第1章1
確認の訴え…… 第4章95-96, 第7章205
家庭裁判所
　——の許可　第4章94, 第9章317, 321, 323
　——申述……… 第3章75, 78, 第4章97
家督相続…… 第7章197, 第10章332, 335
家督相続人……………… 第10章335
可分債権……………… 第2章39, 161
監護………… 第5章147, 第7章192
危急時遺言……………… 第7章210
　死亡——……………… 第7章210
虐待……………………… 第2章33
協議……………………… 第4章81-
兄弟姉妹……………… 第2章16, 19
共同遺言………………… 第7章190
　——禁止……………… 第7章190
強迫……………………… 第2章22
共有………… 第6章156-, 第9章295-
共有財産………………… 第6章165
共有物分割……………… 第9章295-
共有持分………………… 第3章73
協力扶助………………… 第5章143
挙式費用………………… 第5章113
寄与分…… 第4章83, 90-, 第5章127-151

——をめぐるトリレンマ　第5章129
金銭…………… 第6章161-, 192, 198
金銭給付……………… 第7章196
金銭債権 第4章106, 第6章161-, 170, 177-
金銭債務……………… 第9章289
均分相続……………… 第9章315
具体的相続分……… 第4章82-, 90-, 97
契印………………… 第7章190
形成権………… 第9章292, 295, 298
契約……………… 第1章4-, 8-
血縁関係　第2章16, 第4章95, 第10章354
欠格事由……………… 第2章23
血族…………………… 第2章16
限定承認……………… 第3章46-, 56
検認……… 第2章28, 第7章219, 224, 233
現物分割……………… 第6章159-
行為能力……………… 第7章204
後見…………………… 第1章4-
　——開始の審判……… 第7章204
後見人………………… 第7章192
　——の指定…………… 第7章192
公証人………… 第7章205-, 212-
公正証書遺言…… 第7章185, 189, 205
戸主…………………… 第10章332, 342
戸主権………………… 第10章332
国庫…… 第1章2, 4, 第2章21, 第7章194
婚姻のための贈与………… 第5章112-

さ行

財産の維持又は増加………… 第5章127, 133, 135, 137, 143
財産分離……………… 第6章180
祭祀関連費…………… 第3章56
祭祀主宰者…………… 第8章236
　——の指定…………… 第8章236
祭祀に関する権利……… 第1章7, 10

事項索引 359

再代襲 ································ 第 2 章 19
再転相続 ···················· 第 3 章 59-
再転相続人 ················· 第 3 章 59
債務 ··················· 第 9 章 276-, 289-
　──の弁済 ··············· 第 3 章 79
詐欺 ······· 第 2 章 22, 第 3 章 75, 第 4 章 102
錯誤 ················ 第 3 章 75-, 第 4 章 102
錯誤無効 ················· 第 3 章 75
死因贈与 ·························· 第 9 章 306-
　遺贈と── ············· 第 9 章 306-
自己決定 ················· 第 7 章 213
死後認知 ········ 第 4 章 98, 第 10 章 330, 344
　──の訴え ············· 第 4 章 98
持参金 ············ 第 4 章 85-, 第 5 章 113
自書 ··············· 第 7 章 205, 226, 228-
実親子 → じっしんし
実子 ··············· 第 4 章 95-, 第 10 章 344
実親子 ····························· 第 4 章 95-
実親子関係 ···················· 第 4 章 95-
失踪宣告 ····························· 第 4 章 93
　──の取消し ············· 第 4 章 100
指定相続分 ······················ 第 7 章 199
自筆証書遺言 ··········· 第 2 章 25, 27-, 31
　第 7 章 184, 205, 214-, 218, 220-
死亡危急時遺言 ············· 第 7 章 210
死亡退職金 ················· 第 5 章 126
死亡保険金請求権 ············· 第 5 章 124
事務管理 ······························ 第 1 章 9
氏名 ·········· 第 7 章 205, 219, 226, 229, 232
受遺者 ························· 第 2 章 23,
　第 4 章 99, 100, 第 7 章 207, 209, 211, 第 8
　章 239-, 第 9 章 292, 295, 298-, 314
　──の選定 ·················· 第 8 章 239,
集合権利説 ··············· 第 10 章 331
重大な侮辱 ····················· 第 2 章 33
受益相続人 ··············· 第 8 章 260-, 272
熟慮期間 ············ 第 3 章 42-, 59-, 65-,

　74-, 79-, 104
　──の始期 ·············· 第 3 章 45
受贈者 ························· 第 4 章 88,
　第 5 章 115, 第 8 章 242-, 245, 第 9 章 283,
　292, 295, 298-, 304, 307
取得時効 ··························· 第 9 章 303-
純相続分額 ····················· 第 9 章 287
使用貸借 ····························· 第 5 章 118-
消滅時効 ········ 第 9 章 293, 第 10 章 333-,
　338, 342-, 351-,
事理弁識能力 ·················· 第 1 章 4, 6
侵害額 ················ 第 9 章 276-, 280, 282,
　285-, 287-, 296, 299, 301
人事訴訟 ····························· 第 4 章 96
身上監護 ············ 第 5 章 147, 第 7 章 192
真正相続人 ············ 第 10 章 329-, 332-,
　336, 338-, 353
親族 ··································· 第 2 章 16-
親等 ··································· 第 2 章 16-
審判
　後見開始── ········ 第 2 章 18, 第 7 章 204
　保佐開始── ······················ 第 2 章 18
　補助開始── ······················ 第 2 章 18
信用保証協会 ················· 第 3 章 58
推定相続人 ·········· 第 2 章 33, 第 7 章 219,
　第 9 章 304, 317-, 321
生計の資本 ············· 第 4 章 83, 85
　──としての贈与 ······ 第 5 章 112, 117,
　119, 121-, 123
清算型遺贈 ········· 第 1 章 13, 第 8 章 267
生前贈与 ················ 第 3 章 49, 第 4 章 97,
　第 5 章 113, 132, 138, 第 7 章 203, 第 9 章
　281-, 284, 288, 304, 308-
成年後見 ··············· 第 2 章 17, 18
成年被後見人 ·················· 第 7 章 194
生命保険 ········ 第 5 章 123-, 第 8 章 237-
積極財産 ········ 第 3 章 46, 48, 第 9 章 279

占有権……………………… 第9章 304
相続
　——登記……… 第3章 69, 第7章 187-, 第10章 336, 349
　——の開始……………… 第2章 38, 39, 第3章 42, 45, 59, 第9章 293
　——の承認…… 第3章 46, 53, 59-, 66, 75
　——の放棄……………… 第3章 60, 65
　損害賠償請求権——……… 第6章 161
　賃貸借——………………… 第6章 160
相続開始時………… 第3章 49, 70, 71, 第5章 115, 119, 134, 138, 140, 第6章 165, 第8章 268, 271, 272, 第9章 277, 281, 290, 303, 306, 316
　——の財産　第5章 138, 第9章 278, 286, 287
相続回復請求権……………… 第10章 327-
　——の消滅時効　第10章 333, 335, 343-
相続回復請求制度……… 第10章 344, 345
相続協同体…………………… 第2章 22
相続欠格……………………… 第2章 22-
相続欠格者　第2章 23, 27-, 32, 第10章 330
相続欠格の宥恕……………… 第2章 23
相続債権者…… 第7章 199, 第8章 265, 272
相続財産管理人……………… 第1章 2, 4, 9
相続財産
　——隠匿………………… 第3章 57
　——の処分　第3章 53, 56, 第8章 248
　——の占有・管理　第8章 258, 264-, 271
「相続させる」旨の遺言 ……第7章 186-, 第8章 236, 247, 250-, 260-
相続登記……… 第3章 69, 第7章 187, 188, 第10章 336, 349
相続人
　——間の実質的公平……… 第4章 82, 84-, 90
　——間の担保責任………… 第8章 237

——の特別受益…………… 第9章 287
——の廃除………………… 第8章 236
——の不存在……………… 第1章 2
二重資格の——…………… 第2章 20
相続税……… 第5章 123, 第7章 197, 201, 第9章 321
相続分……… 第2章 19, 31, 33-, 第4章 82-
　——に応じて……… 第4章 97, 106, 108, 第6章 161, 165, 166, 177, 180, 198, 第8章 258, 259
　——の指定……… 第2章 33, 第7章 185, 187, 199, 第8章 237, 第9章 297
　——の譲渡……………… 第4章 99, 100
相続放棄…………………… 第3章 42-
　——と不動産登記……… 第3章 69, 72
　——の申述……… 第2章 32, 第3章 52, 70, 80
贈与………… 第3章 57, 76, 第4章 83, 85, 88, 97, 第5章 112-, 115-, 119, 121-, 141, 第8章 246, 第9章 277, 280-, 292-, 295-, 299, 303-
損害賠償請求権………………… 第6章 161
尊属………………………… 第2章 17, 19

た行

対抗問題…………………… 第8章 245
対抗要件………… 第8章 246, 257-, 272
第三者………… 第3章 69, 72, 73, 74, 第8章 239, 247-, 254-
胎児……………………… 第4章 98, 100
代襲………………… 第2章 19, 第5章 112
代襲相続……… 第2章 19, 23, 第5章 112
代襲相続人………………… 第2章 20
代理………… 第1章 4, 5, 第4章 98, 第8章 239, 252-
単純承認………………… 第3章 46, 53-

事項索引　361

担保責任…………　第4章108, 第8章237
嫡出子……………　第2章35-, 第4章96
　——相続分………………　第2章35-
超過特別受益………　第4章88, 第9章283
調停………………………　第6章158
直系………………　第2章16, 17, 20
直系姻族……………………　第2章17
直系血族………………　第2章16, 17, 18
直系尊属……　第2章17, 19, 第3章43, 44,
　第9章278, 286, 312, 324, 330
賃借権…………………………　第6章159-
賃料債権………………　第7章197, 198, 199
通称………………………　第7章232
停止条件……………………　第4章98
同意権………………………　第1章5
登記手続……　第7章186-, 第8章252, 263
特定遺贈…………　第8章245-, 252, 273,
　第9章298
特別縁故者……　第1章10, 第7章194, 205
特別受益……　第4章83, 85-, 第5章112-,
　138, 142, 144, 第9章277-, 280-, 303, 305,
　316, 323
　——の持戻し……　第5章115, 116, 128,
　　第9章303
　——の持戻し免除……　第5章115, 128
特別代理人………………………　第4章98
特別の寄与…………　第4章82-, 90-, 105,
　第5章127, 132, 133, 135, 137, 141, 143,
　145, 149
特別養子……………………　第4章97

な行

内縁関係……………………　第7章188
二重の故意…………　第2章25, 27-, 30-
認知
　——の訴え……　第1章2, 第4章98, 101

死後——……………………　第4章98

は行

配偶者………　第2章16, 19-, 第5章131,
　133, 143-, 第7章185, 第9章316, 323
廃除…………　第2章23-, 第8章236
　——の取消し………………　第2章23
被後見人……………………　第7章194
被相続人
　——の意思…………　第2章29, 33,
　　第5章127-, 第9章300
　——の財産の維持又は増加……　第5章
　　127, 133 135, 137, 143
卑属………………………　第2章17
非嫡出子……………　第2章35, 37, 39-
日付………　第7章205, 219, 226, 229-
表見相続人…………　第10章329-, 332-,
　336, 338-, 345-, 349, 353
扶助義務……………………　第5章143
負担付死因贈与………………　第9章307
負担付遺贈…………　第1章12, 第7章196
負担付贈与……………………　第7章195
物権的効力説…………………　第9章298
物権的請求権……　第10章329, 331-,
　338-, 348
不当利得……………　第6章170, 174, 178
扶養………　第4章90, 第5章120, 122, 125
扶養義務…………　第2章18, 第5章120,
　122, 145, 149-
扶養義務者……………………　第5章150
扶養料……………………　第5章149-
　過去の——…………………　第5章149
分割債権・債務の原則………　第6章161,
　第7章198
分割方法の指定…………　第7章187, 188,
　第8章237, 260

返還請求権……………… 第10章331, 332
妨害排除請求権………… 第10章331, 332
包括遺贈……………… 第2章25, 第7章210,
　第8章237, 240-, 第9章298
包括受遺者……………… 第4章99, 100
傍系姻族………………………… 第2章11
傍系血族……………………… 第2章16, 17
傍系尊属………………………… 第2章17
法定相続……………………… 第9章289
法定相続分…………………… 第2章19, 25,
　第4章82-, 105, 第7章185, 第9章277-
法定代理人……………………… 第4章98
法定単純承認………… 第3章53-, 56-, 79-
法律婚………………………… 第2章36-
保険金………………………… 第5章123-
　生命──の受取人………… 第8章237
保険金受取人………………… 第5章124
保険金請求権………………… 第5章124
保佐…………………………… 第1章5, 6
　──開始………… 第2章18, 第7章192
保佐人…………… 第1章5, 6, 第2章18,
　第7章192
補助…………………………… 第1章5, 6
　──補助開始…… 第2章18, 第7章192
補助人…………… 第1章5, 6, 第2章18,
　第7章192

ま行

未成年後見人………………… 第8章237
　──の指定………………… 第8章237
未成年者……………………… 第3章75
みなし相続財産……… 第4章83, 86-, 90-,
　第5章113, 118, 144
民法改正…………………… 第2章37, 38
明治民法…………………… 第10章335
持戻し免除………… 第5章115-, 120, 128,
　第8章237

や行

養親→ようしん
結納金………………………… 第5章113
宥恕………………………… 第2章23, 33
養子…… 第2章16, 19-, 第4章95-, 100
養子縁組……… 第2章16, 19-, 第4章95-
要式行為……… 第4章95, 第7章205,
　219, 221, 224, 226, 229, 232
養親……………………… 第4章96, 97
預金債権………… 第6章163, 第7章189,
　202, 210

ら行

履行補助者…………………… 第5章144
離婚……………………………… 第2章40
立証責任……………… 第10章345-, 349
留学費用……………………… 第5章122
連帯保証債務………………… 第3章52

わ行

藁の上の養子…………… 第4章95-, 100,
　第10章330, 344, 347-, 351-
割印………………………… 第7章225

判例索引

〔大審院〕

大判昭三・七・三新聞二八八一号六頁
.... 第3章57

〔最高裁判所〕

最3小判昭和4・9・22金法1358号55
頁 第1章9
最2小判昭和25・12・28民集4巻13号
701頁 第4章95
最1小判昭和29・4・8民集8巻4号
819頁 第2章39, 第4章106,
第6章161, 166, 第7章198, 第8章258
最3小判昭和30・5・31民集9巻6号
793頁 第6章159
最3小判昭和32・5・21民集11巻5号
50頁 第9章309
最2小判昭和34・6・19民集13巻6号
757頁 第2章39
最2小判昭和34・6・19民集13巻6号
757頁 第9章290
最1小判昭和36・6・22民集15巻6号
1622頁 第7章225
最1小判昭和37・6・21家月14巻10号
100頁 第3章54
最2小判昭和38・2・22民集17巻1号
235頁 第8章261
最小2判昭39・8・28民集18巻7号
1354頁 第7章202
最1小判昭和40・5・27家月17巻6号
251頁 第3章76
最大判昭和41・3・2民集20巻3号360
頁 第6章156
最小1判昭和41・7・14民集20巻6号
1183頁 第9章292
最2小判昭和42・1・20民集21巻1号
16頁 第3章70, 71, 73
最大判昭和42・11・1民集21巻9号
2249頁 第6章162
最2小判昭和43・5・31民集22巻5号
1137頁 第8章254
最小1判昭44・7・17民集23巻8号
1610頁 第7章202
最3小判昭和46・1・26民集25巻1号
90頁 第3章72, 73
最3小判昭和46・11・16民集25巻8号
1182頁 第8章245
最1小判昭和47・5・25民集26巻4号
805頁 第9章307
最3小判昭和47・7・18金法662号21
頁 第8章250
最2小判昭和49・9・20民集28巻6号
1202頁 第4章104
最2小判昭和51・8・30民集30巻7号
768頁 第9章300
最3小判昭和52・4・19家月29巻10号
132頁 第7章230
最2小判昭和52・11・21家月30巻4号
91頁 第7章230
最大判昭和53・12・20民集32巻9号
1674頁 第10章334, 339, 340,

341, 344

最 1 小判昭和 54・5・31 民集 33 巻 4 号
445 頁 ……………… 第 7 章 229

最 3 小判昭和 54・7・10 民集 33 巻 5 号
562 頁 ……………… 第 9 章 300

最 2 小判昭和 56・4・3 民集 35 巻 3 号
431 頁 ……………… 第 2 章 24, 28

最小 2 判昭和 56・9・11 民集 35 巻 6 号
1013 頁 ……………… 第 7 章 190

最 2 小判昭和 56・12・18 民集 35 巻 9 号
1337 頁 ……………… 第 7 章 221

最 2 小判昭和 57・4・30 民集 36 巻 4 号
763 頁 ……………… 第 9 章 307

最 2 小判昭和 58・3・18 家月 36 巻 3 号
143 頁 ……………… 第 7 章 195, 230

最 2 小判昭和 59・4・27 民集 38 巻 6 号
698 頁 ……………… 第 3 章 45, 48, 51

最 1 小判昭和 61・3・13 民集 40 巻 2 号
389 頁 ……………… 第 6 章 156

最 1 小昭和 61・11・20 民集 40 巻 7 号
1167 頁 ……………… 第 8 章 237

最 1 小判昭和 62 年 4 月 23 日民集 41 巻
3 号 474 頁 ……………… 第 8 章 247

最 1 小判昭和 62・10・8 民集 41 巻 7 号
1471 頁 ……………… 第 7 章 226

最 3 小判昭和 63・6・21 家月 41 巻 9 号
101 頁 ……………… 第 3 章 61, 63

最 1 小判平成元・2・9 民集 43 巻 2 号 1
頁 ……………… 第 4 章 109

最小 1 判平成元・2・16 民集 43 巻 2 号
45 頁 ……………… 第 7 章 233

最 1 小判平成 2・9・27 民集 44 巻 6 号
995 頁 ……………… 第 4 章 108

最小 2 判平成 3・4・19 民集 45 巻 4 号
477 頁 ……………… 第 7 章 186, 199

最 2 小判平成 4・4・10 家月 44 巻 8 号
16 頁 ……………… 第 6 章 165, 173, 177

最 3 小判平成 5・1・19 民集 47 巻 1 号 1
頁 ……………… 第 8 章 239

最 3 小判平成 5・10・19 家月 46 巻 4 号
27 頁 ……………… 第 7 章 190, 228

最小 1 判平成 5・12・16 家月 46 巻 8 号
47 頁 ……………… 第 4 章 102

最 2 小判平成 6・6・24 家月 47 巻 3 号
60 頁 ……………… 第 7 章 223

最 1 小判平成 6・10・13 家月 47 巻 9 号
52 頁 ……………… 第 7 章 205

最 2 小判平成 8・1・26 民集 50 巻 1 号
132 頁 ……………… 第 9 章 298

最 3 小判平成 8・11・26 民集 50 巻 10 号
2747 頁 ……………… 第 9 章 277

最 3 小判平成 8・12・17 民集 50 巻 10 号
2778 頁 ……………… 第 5 章 120

最 3 小判平成 9・1・28 民集 51 巻 1 号
184 頁 ……………… 第 2 章 23, 25, 26, 27

最 1 小判平成 10・2・26 民集 52 巻 1 号
274 頁 ……………… 第 9 章 314

最 2 小判平成 10・2・27 民集 52 巻 1 号
299 頁 ……………… 第 8 章 267, 271

最 3 小判平成 10・3・24 民集 52 巻 2 号
433 頁 ……………… 第 9 章 282

最 3 小判平成 10・6・11 民集 52 巻 4 号
1034 頁 ……………… 第 9 章 293

最 2 小判平成 11・6・11 民集 53 巻 5 号
898 頁 ……………… 第 4 章 103

最 1 小判平成 11・6・24 民集 53 巻 5 号
918 頁 ……………… 第 9 章 304

最 1 小判平成 11・12・16 民集 53 巻 9 号
1989 頁 ……………… 第 8 章 262

最 3 小判平成 12・7・11 民集 54 巻 6 号
1886 頁 ……………… 第 9 章 301

最 1 小判平成 11・7・19 民集 53 巻 6 号
182 頁 ……………… 第 10 章 346, 349

最 2 小判平成 14・6・10 家月 55 巻 1 号

判例索引　365

77 頁 ……………………… 第 8 章 261
最 3 小判平成 16・4・20 家月 56 巻 10 号
　48 頁 ……………………… 第 6 章 178
最 2 小決平成 16・10・29 民集 58 巻 7 号
　1979 頁 …………………… 第 5 章 124
最 1 小判平成 17・9・8 民集 59 巻 7 号
　1931 頁 …………………… 第 7 章 198
最 2 小判平成 18・7・7 家月 59 巻 1 号
　98 頁 ………………………… 第 4 章 96
最小 3 判平成 21・3・24 民集 63 巻 3 号
　427 頁 ………… 第 7 章 199, 9 章 291
最 2 小判平成 22・10・8 民集 64 巻 7 号
　1719 頁 ……… 第 6 章 164, 8 章 259
最 大 決 平成 25・9・4 民集 67 巻 6 号
　1320 頁 …………………… 第 2 章 36

〔高等裁判所〕

東京高決昭和 28・9・4 高民集 6 巻 10 号
　603 頁 ……………………… 第 4 章 99
東京高判昭和 45・3・17 高等民集 23 巻
　2 号 92 頁 ………………… 第 2 章 32
大阪高決昭和 54・3・22 家月 31 巻 10 号
　61 頁 ……………………… 第 3 章 57
東高決昭和 57・8・27 家月 35 巻 12 号
　84 頁 ……………………… 第 7 章 190
東高判昭和 59・3・22 東高民時報 35 巻
　1-3 合併号 47 頁 ………… 第 7 章 227
東京高決昭和 61・9・10 判タ 637 号 189
　頁 ………………………… 第 5 章 149
東京高判昭和 63・4・25 高民集 41 巻 1
　号 52 頁 …………………… 第 3 章 78
大阪高判平成 2・6・26 家月 43 巻 8 号
　40 頁 ……………………… 第 7 章 208
東高決平成 3・11・20 家月 44 巻 5 号 49
　頁 ………………………… 第 7 章 210
東京高決平成 3・12・24 判タ 794 号 215
　頁 ………………………… 第 5 章 130
名古屋高判平成 5・6・29 家月 46 巻 11
　号 30 頁 …………………… 第 7 章 210
高松高裁決定平成 8・10・4 家月 49 巻 8
　号 53 頁 …………………… 第 5 章 139
大阪高決平成 10・2・9 家月 50 巻 6 号
　89 頁 ……………………… 第 3 章 79
東京高判平成 10・8・26 判タ 1002 号
　247 頁 ………… 第 7 章 209, 212
福岡高判平成 10・8・26 判時 1698 号 83
　頁 ………………………… 第 3 章 78
東高判平成 11・2・17 金商 1068 号 42
　頁 ………………………… 第 4 章 103
名古屋高決平成 11・3・31 家月 51 巻 9
　号 64 頁 …………………… 第 3 章 49
東京高判平成 11・9・21 金商 1080 号 30
　頁 ………………………… 第 8 章 238
東高判平成 12・3・8 高民集 53 巻 1 号
　93 頁 ………… 第 9 章 307, 311
東京高判平成 12・3・16 判タ 1039 号
　214 頁 …………………… 第 7 章 209
東京高決平成 12・12・7 家月 53 巻 7 号
　124 頁 …………………… 第 3 章 49
札高決平成 14・4・26 家月 54 巻 10 号
　54 頁 ……………………… 第 7 章 227
大高決平成 14・7・3 家月 55 巻 1 号 82
　頁 ………………………… 第 3 章 58
東高判平成 15・4・23 金法 1681 号 35
　頁 ………………………… 第 7 章 189
東高決平成 17・10・27 家月 58 巻 5 号
　94 頁 ……………………… 第 5 章 125
名古屋高判平成 18・3・27 家月 58 巻 10
　号 66 頁 …………………… 第 5 章 125
東高判平成 18・10・25 判タ 1234 号 159
　頁 ………………………… 第 7 章 233
東京高判平成 21・12・21 判タ 1328 号
　134 頁 ……………………… 第 1 章 7

東京高判平成 22・7・15 判タ 1336 号 241 頁 …………………… 第 7 章 216

〔地方裁判所・家庭裁判所〕

東家審昭和 48・4・20 家月 25 巻 10 号 113 頁 …………………… 第 7 章 227
和歌山家審判昭和 59・1・25 家月 37 巻 1 号 134 頁 …………… 第 5 章 131
大地判昭和 61・4・24 判タ 645 号 221 頁 ………………………… 第 7 章 209
高松家丸亀支審判平成 3・11・19 家月 44 巻 8 号 40 頁 ……… 第 5 章 121, 138
東地判平成 4・6・19 家月 45 巻 4 号 119 頁 ……………………… 第 7 章 209
和歌山地判平成 6・1・21 判タ 860 号 259 頁 …………………… 第 7 章 211
大地判平成 6・11・7 判タ 925 号 245 頁 ……………………… 第 4 章 102
東地判平成 6・6・28 金商 979 号 31 頁 ………………………… 第 7 章 229
東地判平成 10・4・24 判タ 987 号 233 頁 ……………………… 第 3 章 54
東京地判平成 12・3・21 家月 53 巻 9 号 45 頁 ………………… 第 3 章 57
京都地判平成 13・10・10　第 7 章 209, 213
東地判平成 18・7・14 金法 1787 号 54 頁 ……………………… 第 6 章 163
大家審判平成 19・2・8 家月 60 巻 9 号 110 頁 ………………… 第 5 章 147
東京地判平成 20・11・13 判時 2032 号 87 頁 …………………… 第 7 章 216
東家審平成 21・1・30 家月 62 巻 9 号 62 頁 …………………… 第 5 章 122
広島家呉支部審判平成 22・10・5 家月 63 巻 5 号 62 頁 ……… 第 5 章 145
東京地判平成 24・12・27 … 第 7 章 214

〔簡易裁判所〕

松山簡判昭和 52・4・25 判時 878 号 95 頁 …………………… 第 3 章 57

【著者略歴】

村 上 博 一 （むらかみ・ひろかず）

1990年	関西学院大学法学部卒業
1995年	関西学院大学法学部大学院前期課程民刑事法専攻修了
	最高裁判所司法研修所入所（49期）
1997年	大阪弁護士会登録　上原綜合法律事務所入所（アソシエイト）
2001年	西田・村上法律事務所開設（現弁護士法人村上新村法律事務所・パートナー）
	関西学院大学司法研究科助教授（現教授）
2006年	株式会社クリスタル社外監査役（2008年まで）
2009年	株式会社ロプロ社外監査役（2010年まで）

日本民事訴訟法学会会員
日本私法学会会員

相続法実務入門

2015年3月5日初版第一刷発行

著　者　　村上博一

発行者　　田中きく代
発行所　　関西学院大学出版会
所在地　　〒662-0891
　　　　　兵庫県西宮市上ケ原一番町1-155
電　話　　0798-53-7002

印　刷　　大和出版印刷株式会社

©2015 Hirokazu Murakami
Printed in Japan by Kwansei Gakuin University Press
ISBN 978-4-86283-183-5
乱丁・落丁本はお取り替えいたします。
本書の全部または一部を無断で複写・複製することを禁じます。